Mark Danner (Utica, Nueva York, 1958) es escritor, periodista y profesor universitario. Durante las últimas tres década ha escrito numerosos artículos sobre política internacional y áreas en conflicto para medios tan prestigiosos como el *New Yorker* o el *New York Review of Books*. Es autor de varios libros sobre violaciones de los derechos humanos en América Central, Haití, los Balcanes e Irak. *Masacre: la guerra sucia en El Salvador* es su primera obra traducida al castellano.

MASACRE

Colección LO REAL
dirigida por Jorge Carrión

MARK DANNER

MASACRE

LA GUERRA SUCIA EN EL SALVADOR

TRADUCCIÓN DE
ROCÍO GÓMEZ DE LOS RISCOS

MALꟼASO

BARCELONA   MÉXICO   BUENOS AIRES   NUEVA YORK

A Sheila

NOTA DEL AUTOR

Casi todas las entrevistas previas a la redacción de este libro se realizaron durante un viaje a El Salvador en noviembre de 1992 y varios a Washington durante los tres meses siguientes. A los individuos que vivían en lugares más lejanos los entrevisté por teléfono; así ocurrió con Todd Greentree, por aquel entonces responsable de asuntos políticos en la embajada de Katmandú, y con el coronel John McKay, luego destinado a la sede de la OTAN en Bruselas. El único personaje clave que se negó a hacer declaraciones fue Deane Hinton, antiguo embajador estadounidense en El Salvador y, después, en Panamá. El gabinete de prensa del Ejército salvadoreño no prestó ninguna colaboración significativa, pero algunos oficiales accedieron a hablar conmigo cuando me puse en contacto con ellos, los menos abiertamente y la mayoría de forma confidencial.

El objeto de las notas a pie de página no es ofrecer un registro exhaustivo de las fuentes, sino complementar el relato y proponer nuevas lecturas a quienes estén interesados en El Salvador y Centroamérica en general.

1.

LA EXHUMACIÓN

Cuando viajas a las cumbres de Morazán envuelto en la luminosa claridad del aire, ya cerca de la frontera con Honduras, cruzas el río Torola por un estrecho puente de madera cuyos tablones crujen al paso de las ruedas y te adentras en la más violenta de las antiguas *zonas rojas* salvadoreñas (ése era el término que empleaban los militares durante la larga década de guerra civil). Tras un rato de ascenso abandonas el castigado asfalto para continuar varios kilómetros por un áspero camino de tierra que bordea una ladera recorriendo poblaciones en ruinas que lenta y penosamente regresan a la vida. Entre ellas hay una aldea, ahora apenas un montón de escombros, que la naturaleza se apresura a recuperar: los muros de adobe se agrietan y desmoronan abriéndose a una invasión de hierbajos alimentada por los aguaceros de la tarde y la espesa niebla nocturna del valle.Cerca de allí, en los pueblos tanto tiempo deshabitados, se aprecian indicios de vida, incluso en Arambala, como a un kilómetro y medio, con su amplia plaza cubierta de hierba rodeada por edificios derrumbados y dominada, donde una vez hubo una hermosa iglesia, por un campanario acribillado a balazos y un arco dentado de adobe que se alzan contra el cielo: un niño lleva una vaca baya atada a una cuerda; un hombre con gorra y vaqueros camina fatigado cargando madera a sus espaldas; tres niñas se asoman de puntillas tras la barandilla de un porche y sonríen a un coche que pasa.

Pero si sigues por el camino pedregoso, que serpentea y se retuerce por el bosque, en pocos minutos entras en un gran claro y, allí, todo está tranquilo. Nadie ha vuelto a El Mozote. Vacío y salpicado por la luz del sol, el lugar sigue siendo *es-*

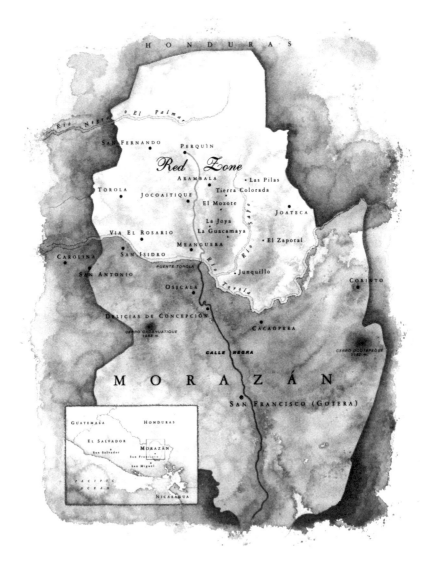

La zona roja de Morazán en 1981.

pantoso,* como me dijo estremecido un joven guerrillero que patrulló por aquí durante la guerra: espeluznante, pavoroso, horrible. Después de echar un vistazo, seis estructuras (sin techo, sin puertas y sin ventanas, medio engullidas por la maleza) apuntan a una cierta pauta: las cuatro ruinas de la derecha debieron de delimitar la calle principal, la quinta, el principio de un carril lateral y, en el lado opuesto de un claro, a pesar de que no se ve iglesia alguna, debió de haber una plaza pública, ahora apenas un montículo irregular, una especie de plataforma de tierra casi invisible debido a una gran maraña de maleza y matorrales.

En este tranquilo claro, a mediados de octubre de 1992, irrumpió un convoy de todoterrenos y camionetas de los que se apearon una veintena de desconocidos. Algunos de estos hombres y mujeres (la mayoría, jóvenes vestidos de manera informal, con camisetas y vaqueros o pantalones de trabajo) comenzaron a tirar al suelo polvoriento un brillante amasijo de machetes, picos y azadas. Otros se situaron alrededor del montículo, consultaron portafolios, cuadernos y mapas y escudriñaron los altos matorrales. Finalmente, agarraron unos machetes y empezaron a cortar las malas hierbas, teniendo cuidado de no arrancar ninguna, no fuera que el movimiento de las raíces alterase lo que había debajo. Poco a poco, mientras cortaban y talaban bajo el sol de la mañana, descubrieron una parcela de tierra de color marrón rojizo y en poco tiempo dieron con una pequeña elevación que sobresalía varios centímetros del suelo, como un promontorio inclinado apenas sustentado por un murete de piedra.

Clavaron estacas en el suelo y delimitaron el terreno con cinta de color amarillo brillante para después dividirlo en cuadrículas con cuerda; sacaron cintas métricas, reglas y niveles para anotar

---

* Las palabras o frases marcadas con letra cursiva aparecen en castellano en el texto original.

MASACRE

sus medidas y trazar sus contornos. Y entonces empezaron a excavar. Primero removieron la tierra con azadas, la sacaron con palas, la pusieron en cubos de plástico y fueron echándola en una criba lo suficientemente grande como para que fueran necesarias varias personas para agitarla. A medida que excavaban más hondo, cambiaban las herramientas por otras más pequeñas y precisas: palas de mano, paletas, cepillos, recogedores, cedazos... Poco a poco y con cuidado, excavaron y cribaron, abriéndose camino a través de los varios centímetros de tierra y restos de adobe (vestigios de las paredes de una construcción) y, al terminar el segundo día, encontraron astillas de vigas de madera y fragmentos de tejas, ahora ennegrecidos por el fuego, que habían formado parte del techo. Después, al final de la tarde del tercer día, sentados en cuclillas para apartar las partículas de polvo rojizo con pequeños pinceles, empezaron a emerger de la tierra formas oscuras que parecían fósiles incrustados en piedra y pronto advirtieron que se habían topado, en la esquina noreste de la sacristía en ruinas de la Iglesia de Santa Catarina de El Mozote, con los cráneos de quienes antaño habían orado allí. Aplastados por los ladrillos desprendidos, tras once años de sueño bajo el suelo ácido, aquellos cráneos estaban teñidos de un pálido marrón café con leche, pero no había duda de su procedencia. Para la tarde siguiente, los trabajadores ya habían descubierto veinticinco y, excepto dos, todos era cráneos de niños.

Ese mismo día, los jefes del equipo (cuatro jóvenes expertos del Equipo Argentino de Antropología Forense,[1] de reputación

[1] El Equipo Argentino de Antropología Forense nació en Buenos Aires, en 1984, durante la exhumación de las fosas comunes de quienes «desaparecieron» a lo largo del mandato de las juntas militares. En febrero de 1992, invitados por la organización de derechos humanos salvadoreña Tutela Legal, cuatro miembros el equipo (Mercedes Doretti, Claudia Bernardi, Patricia Bernardi y Luis Fondebrider) viajaron a El Salvador. En octubre, los cuatro fueron nombrados «asesores técnicos» de la Comisión de la Verdad de Naciones Unidas.

mundial por haber exhumado fosas en Guatemala, Bolivia, Panamá e Irak, así como en sus propios países) montaron en su todoterreno blanco y fueron por el camino que salía de El Mozote. Despacio, atravesaron Arambala saludando a las niñas sonrientes que estaban de puntillas en el porche y salieron a la *calle negra*, que trazaba su recorrido hacia arriba por la columna vertebral de la zona roja, extendiéndose hacia el norte desde San Francisco Gotera hasta el pueblo de Perquín, bastante cerca de la frontera hondureña. En la calle negra, los argentinos giraron a la izquierda, como hacían todas las noches, para dirigirse hacia Gotera, pero esa vez, después de conducir más allá de los irregulares cerros con plantaciones de sorgo, maíz y agave (un arbusto espinoso con aspecto de cactus que parece una maraña de pelo verde oscuro) y de pasar los edificios bajos de madera que albergaban la fábrica de botas y el taller de artesanía, así como los otros establecimientos que los exiliados habían traído consigo desde los campos de refugiados de Honduras hacía dos años, pararon delante de una pequeña casa. Se trataba, en realidad, de una cabaña hecha con restos de madera y láminas de chapa situada entre bananeros, a unos catorce metros de la carretera. Salieron del vehículo, saltaron la alambrada de espino (había una especie de entrada hecha con un tronco en forma de tenedor) y llamaron a alguien. Enseguida apareció por la puerta

Cuando por fin empezaron a excavar, después de una serie de frustrantes retrasos, el Instituto de Medicina Legal de El Salvador y la Unidad de Investigación Especial enviaron a varios técnicos para que los ayudaran. Los restos se llevaron a un laboratorio situado a las afueras de San Salvador, donde un equipo forense estadounidense dirigido por Clyde Snow (reconocido experto que participó en la creación del equipo argentino) examinó las muestras. Los textos completos están a disposición del lector en «Documentos», al final del libro. Para saber más sobre los antropólogos, véase el informe anual del Equipo Argentino de Antropología Forense de 1992 (EAAF, Buenos Aires, 1992), especialmente las páginas 11-18.

una mujer de mediana edad, fornida, con pómulos altos, rasgos marcados y muchísima dignidad. Los argentinos le contaron sus hallazgos. La mujer escuchó en silencio y, cuando terminaron, se detuvo y habló: «¿No les dije? —preguntó—. *Si sólo se oía aquella gran gritazón*».

Durante once años, Rufina Amaya Márquez había sido la testigo más elocuente de lo que había sucedido en El Mozote, pero, a pesar de haber contado su historia una y otra vez, la mayoría de la gente se había negado a creerla. En el mundo polarizado e inhumano de El Salvador en tiempos de guerra, la prensa y la radio ignoraron lo que Rufina tenía que decir como solían ignorar los incómodos relatos sobre cómo el Gobierno estaba gestionando la guerra contra los rebeldes izquierdistas.

Al final de la tarde del tercer día, sentados en cuclillas para apartar las partículas de polvo rojizo con pequeños pinceles, empezaron a emerger de la tierra formas oscuras que parecían fósiles incrustados en piedra y pronto advirtieron que se habían topado, en la esquina noreste de la sacristía en ruinas de la Iglesia de Santa Catarina de El Mozote, con los cráneos de quienes antaño habían orado allí.

Y, para los destinados a saber lo que pasó en El Mozote (los rebeldes salvadoreños y los posibles campesinos simpatizantes), los testimonios directos bastaban.

Sin embargo, en Estados Unidos, la versión de Rufina de lo que había sucedido en El Mozote apareció en las portadas del *Washington Post* y el *New York Times*, coincidiendo con el amargo debate en el Congreso sobre si debían retirarse las ayudas al régimen salvadoreño, tan desesperado que, al parecer, había recurrido a los más salvajes métodos de guerra. El Mozote parecía encarnar esos métodos y, en Washington, la historia condujo al clásico debate de finales de la Guerra Fría entre quienes sostenían que, dados los intereses geopolíticos en Centroamérica, Estados Unidos no tenía más remedio que brindar su apoyo a un régimen «amigo», a pesar del posible descrédito, ya que la al-

Durante once años, Rufina Amaya había contado lo que pasó en El Mozote a todo aquel que quisiera escucharla, pero el Gobierno de Estados Unidos se negó a creerla.

ternativa (otra posible victoria comunista en la zona) era claramente peor, y quienes insistían en que el país tenía que estar dispuesto a lavarse las manos frente a lo que se había convertido en una lucha moralmente corrupta. La historia de Rufina llegó a Washington justo cuando las primordiales preocupaciones de seguridad nacional en cuanto a la Guerra Fría discrepaban (de una forma tan clara y patente que no se repetiría en cuatro décadas) del noble respeto a los derechos humanos.

La libertad de prensa no se cuestiona en Estados Unidos: se informó sobre El Mozote, se habló de la historia de Rufina y se intensificó el acalorado debate en el Congreso, pero la Administración republicana, bajo la presión de sus deberes con la seguridad nacional, negó que existieran pruebas fiables de una masacre y el Congreso, tras denunciar una vez más los abusos criminales del régimen salvadoreño, acabó aceptando la «garantía» de la Administración de que su aliado estaba haciendo un «esfuerzo coordinado significativo para respetar los derechos humanos internacionalmente reconocidos». Las ayudas continuaron y, al poco tiempo, aumentaron.

A principios de 1992, cuando finalmente se firmó un acuerdo de paz entre el Gobierno y los guerrilleros, los estadounidenses habían invertido más de cuatro mil millones de dólares en la financiación de una guerra civil que duró doce años y acabó con la vida de setenta y cinco mil salvadoreños. Para entonces, como cabía esperar, hacía ya tiempo que la amarga lucha por El Mozote había quedado relegada al olvido. Washington miraba hacia otros lugares y otros asuntos y la mayoría de los estadounidenses hacía tiempo que se habían olvidado de El Salvador, pero aquella masacre bien puede haber sido la mayor en la historia moderna de Latinoamérica. El hecho de que en Estados Unidos llegara a ser conocida y de que saliera a la luz para después dejarla caer en la oscuridad convierte la historia de El Mozote (cómo llegó a suceder y cómo se olvidó) en una gran parábola de la Guerra Fría.

2.
MUERTE EN LA ZONA ROJA

En las semanas siguientes al descubrimiento de los cráneos de los niños, cada día de trabajo en El Mozote revelaba una nueva remesa, de forma que la cifra inicial pareció quedarse corta, pero bastaron esos primeros cráneos para desatar una nociva polémica en San Salvador, a cinco horas por carretera hacia el oeste, donde el presidente Alfredo Cristiani, los generales y los guerrilleros convertidos en políticos debatían sobre si debía llevarse a cabo una purga del cuerpo de oficiales, cláusula que había resultado ser la más compleja del acuerdo de paz firmado hacía diez meses[1] (es decir, un debate sobre qué tipo de «reconciliación» podría darse en El Salvador tras más de una década de guerra despiadada). El naciente cuerpo político salva-

[1] Alusión a los Acuerdos de Chapultepec (así llamados por el castillo en Ciudad de México en el que se firmaron el 16 de enero de 1992) entre el Gobierno salvadoreño y el FMLN, el paso culminante de una negociación de tres años para poner fin a la guerra civil. Los acuerdos estipulaban la creación de la Comisión de la Verdad y la Comisión Ad-Hoc; la primera la formaban tres respetados estadistas extranjeros a quienes se les asignó el objetivo de investigar «graves hechos de violencia ocurridos desde 1980, cuya huella sobre la sociedad [reclamaba] con mayor urgencia el conocimiento público de la verdad», y la segunda estaba formada por tres políticos salvadoreños a los que se les encomendó analizar el historial de derechos humanos de los oficiales del Ejército de El Salvador para «poner en marcha [...] una purga del cuerpo de oficiales». Mientras los expertos excavaban en El Mozote, la Comisión Ad-Hoc preparaba su informe para Naciones Unidas; la expectativa por dicho informe generó muchas tensiones entre el Ejército salvadoreño y el Gobierno de Cristiani. Para una explicación breve a la par que interesante del proceso que llevó hasta Chapultepec, véase Terry Lynn Karl, «El Salvador's Negotiated Revolution», *Foreign Affairs*, primavera de 1992, páginas 147-164.

doreño se tomó la noticia de esos 23 cráneos, junto con casi un centenar más que se descubrieron los días siguientes, de dos maneras. Por un lado, los miembros de grupos defensores de los derechos humanos (es decir, hombres y mujeres que habían sobrevivido a la guerra) y los políticos de la izquierda (muchos habían abandonado la guerrilla recientemente) recibieron el descubrimiento como una prueba concluyente de que en Morazán había tenido lugar una matanza: por fin se había demostrado que era cierto aquello que llevaban once años diciendo. Por otro lado, miembros del Gobierno y varios militares se vieron forzados a admitir que realmente había pasado algo en Morazán, pero insistieron en que la situación era más complicada de lo que parecía. El doctor Juan Mateu Llort, director del Instituto de Medicina Legal de El Salvador, declaró que los cráneos por sí solos no demostraban nada porque «hubo numerosos niños armados que participaron en las guerrillas». *Diario de Hoy,* un influyente periódico de derechas, publicó una reconstrucción según la cual los guerrilleros se habían «atrincherado en lo que parecía haber sido un centro religioso y, desde allí, abrieron fuego contra las tropas, por lo que era posible que hubieran muerto niños, mujeres y ancianos». El Gobierno del presidente Cristiani, que ya estaba en el punto de mira por impedir la destitución de altos mandos, mantuvo la posición de que no había registros de ninguna operación del Ejército llevada a cabo en Morazán a principios de diciembre de 1981.[2]

Y, sin embargo, el día 9 de aquel mes, cualquier lector de *La Prensa Gráfica,* uno de los principales periódicos de San Salva-

---

[2] En concreto, el presidente Cristiani dijo que su gobierno «no encontró ningún registro» sobre quién era el responsable. «No podemos olvidar —dijo— que en ese momento había un gobierno de hecho [...] y una reestructuración de las fuerzas armadas. Respondimos a lo que pudimos, pero no podemos inventarnos la información». Véase *Diario Latino,* 21 de octubre de 1992. La «reconstrucción» de *Diario de Hoy* se publicó el 22 de octubre de 1992.

dor, podría haber leído lo siguiente: «Todas las carreteras con acceso a Gotera y otras poblaciones en el departamento de Morazán se hallan bajo estricto control militar [...]. Queda prohibida la entrada de vehículos o individuos a las zonas de conflicto con el fin de evitar accidentes o malentendidos [...]. También queda prohibida la entrada de periodistas». Se había aislado el departamento de Morazán del resto del país. Cuatro mil hombres de las fuerzas de seguridad (la Guardia Nacional y la Policía de Hacienda) y de unidades regulares del Ejército salvadoreño estaban trabajando duro. La zona situada al norte del río Torola, el corazón de la zona roja, bullía con el ruido sordo de los morteros, el repiqueteo de armas cortas y el estruendo intermitente de los helicópteros. Hacía dos días que había comenzado la Operación Rescate.

Muchos pueblos ya estaban vacíos: a raíz de las operaciones llevadas a cabo por el Ejército en la primavera y el otoño anteriores, miles de campesinos habían abandonado sus hogares y comenzado un largo éxodo a través de las montañas hacia la frontera con Honduras y los campos de refugiados. Para los vecinos que se quedaron se convirtió en una rutina abandonar sus pueblos a la primera señal de acercamiento del Ejército y esconderse en las cuevas, los barrancos y las quebradas de aquella región montañosa, pero El Mozote estaba abarrotado, pues los días anteriores a la Operación Rescate la gente de las zonas cercanas había llegado a la aldea de forma masiva.

Mientras observaba desde la cinta amarilla a los expertos inclinados sobre la tierra marrón de la sacristía de Santa Catarina, un viejo campesino llamado Sebastiano Luna me dijo lo siguiente: «Muchas personas que pasaban por delante de casa decían "vamos, vengan a El Mozote"». Bajo los pies de los expertos se extendían escombros oscuros, un paisaje en miniatura de cerros, crestas y valles de todas las tonalidades posibles de marrón. Costaba un poco distinguir los cráneos y los pequeños fragmentos óseos entre los montículos de aquel color marrón sucio; todo estaba marcado con un trocito de cinta adhesiva roja y un número y, debajo de los cráneos, los fragmentos y los escombros de tierra, se apilaban decenas de pequeños bultos marrones entrelazados e impregnados de sangre y tierra de tal forma que costaba reconocer que se trataba de ropa.

En medio de los escombros del rincón noreste del pequeño habitáculo llamado *el convento* (en realidad, se trataba de una mezcla de sacristía y casa parroquial donde, cuando iban sacerdotes itinerantes a la aldea, éstos se cambiaban y, a veces, pasaban la noche), se encontraba arrodillada una joven de cabello oscuro vestida con un mono vaquero. Se inclinó hacia delante para extender una cinta métrica sobre los escombros y llamó a los coordinadores con su suave acento argentino, mientras que a unos centímetros de ella otra joven posaba una regla en su cuaderno e inscribía un punto rojo para colocar el número 59 entre los otros puntos ya agrupados que llenaban la página. Entonces, la mujer del mono se agachó y tiró con cuidado de uno de los bultos alisando con delicadeza pliegues y arrugas y deshaciendo aquella maraña. Sacó al fin lo que parecía un puñado de pequeñas ramas. Finalmente comenzó a extraer los trocitos de color marrón con una delicadeza casi agonizante y a colocarlos sobre un cartón: «Tibia izquierda, sólo fragmentos —dijo en voz baja y monótona—. Vértebras: una, dos, tres... seis en total... Tibia; izquierda, creo... Metacarpos...».

Cerca, sentado en el murete de piedra, un hombre con gorra escribía con diligencia en su portafolio. Tras unos minutos, el número 59 empezó a tomar forma sobre el cartón. Sí, estaba incompleto, pero se podía reconocer: un esqueleto pequeño, de unos cuarenta y cinco centímetros.

Ella empezó a desenmarañar los jirones de tela descompuestos: «Camisa, color claro, retazos, con botones... Cinturón de piel ma-

rrón, hebilla metálica... Pantalones, color claro, con parches azules y verdes en la parte trasera... En el bolsillo hay... a ver...».
Su voz fuerte empezó a sonar más baja, hasta detenerse. Observé por encima de ella cómo miraba lo que tenía en la palma de la mano y, entonces, la oí maldecir en voz alta: «¡Hijo de puta!».
Se giró y abrió la mano para mostrar una figurita: un caballito de plástico de color naranja brillante. El número 59 había sido un niño afortunado, pues su familia había sido lo suficientemente próspera como para poder regalarle un juguete de la suerte.

Poco después, la antropóloga Mercedes Doretti se pronunció: «Normalmente podríamos usar esto para su identificación; es decir, incluso después de once años cualquier madre reconocería un juguete de su hijo, ¿no? —preguntó volviendo la mirada hacia el número 59 y luego hacia los escombros—, pero aquí... aquí también mataron a las madres».

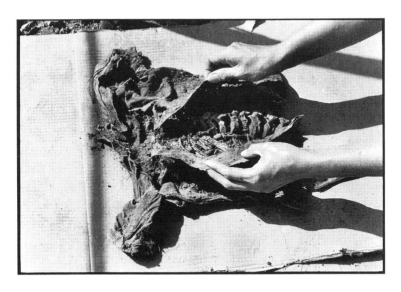

El cuarto día, los investigadores habían encontrado los restos de veinticinco habitantes de El Mozote, todos niños excepto dos.

Detrás de la cinta amarilla, Sebastiano Luna y Alba Ignacia del Cid, su esposa, permanecían en silencio, observando en medio de la multitud de campesinos. Habían ido caminando desde su pequeña casa, situada a varios kilómetros de El Mozote, donde el camino de tierra se cruza con la calle negra. Hacía ya once años, a principios de diciembre de 1981, decenas de personas habían pasado por delante de su casa, arrastrando a sus hijos de la mano, tambaleándose bajo el peso de sus pertenencias. «¡Vengan con nosotros! ¡Vengan con nosotros a El Mozote!», decía la gente a la pareja de ancianos.

La víspera, los habitantes de El Mozote se habían reunido a unos cincuenta metros de la iglesia, frente a la tienda de Marcos Díaz. (En la actualidad es fácil identificar el edificio, ya que todavía se intuye, a pesar de las polvorientas ruinas de adobe, la división entre la vivienda y la tienda; sin embargo, no se aprecia tan bien que aquella casa había sido la más grande de la aldea, no se ve que Díaz había sido el hombre más rico del pueblo.) Marcos Díaz había convocado a toda la gente del pueblo, vecinos y clientes, y cuando ya estaban reunidos (quizá unos doscientos campesinos: los hombres, con gorras y sombreros de paja; las mujeres, con faldas de colores vivos y niños en los brazos), se dirigió a ellos desde la entrada de su casa. Según dijo, acababa de llegar tras un viaje de aprovisionamiento a San Miguel y, mientras esperaba en el puesto de control de Gotera, a la entrada de la zona roja, un oficial lo saludó (Marcos Díaz era un hombre importante que tenía amigos entre los militares). Después lo llevó aparte para tener una pequeña charla con él. El oficial le dijo que hacía bien en abastecerse porque el Ejército estaba a punto de comenzar una gran operación en Morazán y «nada ni nadie» podría entrar o salir de la zona. «Pero mi amigo Díaz no tiene de qué preocuparse», le aseguró. Los habitantes de El Mozote no tendrían problemas si no se movían de donde estaban.

Aquel día, las palabras de Marcos Díaz abrieron un debate en la calle. Algunos querían irse a las montañas de inmediato ya que últimamente la guerra se había ido acercando a la aldea: hacía apenas una semana, un avión había dejado caer dos bombas cerca de El Mozote (el colegio, un edificio que contaba con una sola aula, había sufrido daños) y, aunque nadie resultó herido, la gente estaba aterrorizada. «Muchos querían irse, teníamos mucho miedo. Y algunos así lo hicieron. Mi padrino se fue con su familia. Mis hijos lloraban y me decían "mamá, vámonos"», me contó Rufina Amaya cuando la visité en noviembre de 1992, pero Marcos Díaz, hombre influyente, había puesto su prestigio en juego e insistió en que sus vecinos estarían a salvo sólo si se quedaban en sus hogares; si se iban de la aldea, ellos y sus familias correrían el riesgo de verse atrapados en la operación. El militar había sido muy claro. «Aquello era mentira. Fue un engaño. De lo contrario, la gente se habría ido», me dijo Rufina. Al final se impuso el prestigio de Marcos Díaz. Aunque la discusión aún continuó durante la tarde y la mañana del día siguiente, la mayoría de los habitantes de El Mozote aceptó finalmente sus garantías.

Después de todo, ya habían visto soldados antes, era normal verlos atravesar el pueblo en patrullas y a veces compraban suministros en El Mozote. Justo hacía un mes, los soldados se habían presentado allí y se habían apostado en El Chingo y La Cruz, dos cerros que dominan la población. Aunque en El Mozote se podían oír morteros y disparos dispersos a lo lejos, los soldados no los molestaron. En el abigarrado Morazán septentrional de 1981, una región donde los pueblos «pertenecían» al Gobierno, a la guerrilla, a ninguna de las dos partes o a ambas, donde los militares clasificaban pueblos y aldeas con distintos tonos de rosa y rojo, El Mozote no era conocido por ser un pueblo de guerrilleros. «El Ejército pasó mucho tiempo aquí. Todos les vendíamos alimentos. No nos importaba que los soldados

21

buscaran guerrilleros porque nosotros no teníamos nada que ver con ellos. Y los guerrilleros eran conscientes de la relación que teníamos con el Ejército», me contó Rufina.

Los guerrilleros lo sabían y los soldados también: a principios de los ochenta, el norte de Morazán era un mundo muy pequeño donde la identidad, o la manera como se percibía ésta, a menudo marcaba la diferencia entre la vida y la muerte. Que, a finales de 1981, El Mozote no era una aldea de guerrilleros es un hecho central en la historia de Rufina y en ello radica el misterio de lo que sucedió allí; sin embargo, aunque aquello fuera un hecho (que casi todo el mundo de la zona corrobora), parece que fue un poco más complicado de lo que Rufina cuenta. Al igual que en muchas otras comunidades del norte de Morazán, los habitantes de El Mozote luchaban por mantener el equilibrio en medio del peligrosamente inestable terreno de una guerra brutal, se esforzaban por permanecer en términos amistosos con los soldados y, al mismo tiempo, temían enemistarse con los guerrilleros. Joaquín Villalobos, *comandante* del Ejército Revolucionario del Pueblo (ERP), el principal grupo guerrillero de Morazán, durante la entrevista que le hice en San Salvador, me dijo rotundamente que el pueblo de El Mozote nunca los apoyó, para reconocer veinte minutos después que sus combatientes habían comprado suministros en la aldea en alguna ocasión. «Su relación con nosotros era mínima, meramente comercial», señaló Villalobos. Licho, un comandante rebelde criado en Jocoaitique, a pocos kilómetros de El Mozote, reconoció durante una entrevista en Perquín que, a finales de los años setenta, algunas personas de El Mozote los habían apoyado, pero que, mucho antes de 1981, esos partidarios ya se habían unido a ellos. Y añadió rápidamente que las personas que todavía vivían en El Mozote les tenían miedo.

Pero, al parecer, la razón no era sólo el miedo (el verdadero terror que a muchos aldeanos de la zona les provocaba la idea de estar expuestos a las represalias del Ejército), sino también su ideología. Si bien en Morazán el apoyo a los guerrilleros había crecido en gran medida sobre suelo abonado con la obra de la teología de la liberación (con las enseñanzas de sacerdotes católicos de izquierdas), El Mozote se había mostrado poco receptivo a este tipo de propaganda, pues la aldea era conocida en toda la zona por ser un baluarte del movimiento evangélico protestante. La gente ya había empezado a convertirse a mediados de los sesenta,[3] y, hacia 1980, la mitad de la población de El Mozote se consideraba cristiana renacida; los evangelistas tenían su propia capilla y su propio pastor y eran conocidos (al igual que los otros protestantes de toda Centroamérica) por su anticomunismo. «Todo el mundo sabía que había muchos evangelistas en El Mozote y esa gente no nos apoyaba. A veces nos vendían cosas, sí, pero no querían tener nada que ver con nosotros», me dijo Licho.

Así, a diferencia de muchas otras aldeas de Morazán, El Mozote era un lugar donde los guerrilleros sabían que no podían buscar reclutas, pero ambas partes habían logrado coexistir en base a un acuerdo tácito por el que las dos miraban hacia otro lado. Los guerrilleros sólo pasaban por El Mozote de noche y, según Rufina, cuando lo hacían, los vecinos oían a los perros ladrar y sentían miedo. Sólo recuerda haber visto guerrilleros a plena luz del día en una ocasión: unos jóvenes andrajosos, desarmados y vestidos de civil entraron en la aldea e intentaron celebrar una asamblea en la pequeña Iglesia de Santa Catarina. Rufina no acudió, casi nadie del pueblo fue entonces a la iglesia. «La gente decía "no hay que involucrar-

---

[3] Para un apunte conciso pero interesante sobre el crecimiento del movimiento evangelista en El Salvador, véase Marlise Simons, «Protestant Challenge in El Salvador», en Gettleman *et al.* (eds.), *El Salvador: Central America in the New Cold War* (Grove Press, Nueva York, 1986).

se, tenemos que seguir con nuestras vidas, trabajar... sin comprometernos". La gente no quería relacionarse con todo aquello. Yo tenía cuatro hijos que cuidar. Lo único que te preocupa es dar de comer a tu familia, tratas de no prestar atención a lo demás», recuerda Rufina.

Así que, cuando Marcos Díaz contó las noticias de Gotera; cuando transmitió las duras palabras del oficial y presentó las opciones (abandonar la aldea y correr el riesgo de «involucrarse» en la operación o quedarse donde estaban y permanecer a salvo), nadie dudó de la decisión que tomarían los vecinos. Esa misma tarde, a instancias de Marcos Díaz, la gente comenzó una batida por las áreas circundantes para difundir el mensaje de que todo el mundo tenía que ir rápidamente a El Mozote porque sólo allí estaría segura. Para ayudar, Marcos Díaz anunció que ofrecería a crédito todos los alimentos y provisiones que fueran necesarios a los recién llegados. «Pidió que se corriera la voz de que todos tendrían comida aquí, que estarían a salvo», cuenta Rufina.

Y llegaron tantísimos campesinos a la aldea que éstos ocuparon todos los rincones de la aldea. Rufina recuerda que todas las habitaciones de la casa de Marcos Díaz se llenaron de gente. Todos los hogares acogieron a personas de fuera. Y, como las pocas casas que había no eran suficientes para todos, la plaza de la iglesia también se llenó de gente.

«"Vengan a El Mozote", sí, eso es lo que todo el mundo decía», me contó el anciano campesino Sebastiano Luna. Alba Ignacia del Cid y él habían visto a la gente pasar por delante de su casa, pero decidieron no ir. Continuó: «Yo tenía el presentimiento de que algo malo podía pasar, así que le dije —señalando a su esposa— que fuera ella si quería, pero que yo no iba a ir». A lo que Alba le respondió: «No, no, no iré sin ti porque me preguntarán dónde está mi marido. Dirán que no está porque es guerrillero y después me matarán. O vamos los dos o no va ninguno». Así que Sebastiano y Alba se escondieron en las montañas que se elevaban por encima de su casa. Vieron a los soldados pasar y vieron un helicóptero dar vueltas y descender. Y más tarde vieron densas columnas de humo saliendo de El Mozote: se podía oler algo que parecía carne quemada.

3.
LA MISIÓN DE MONTERROSA

Unos seis kilómetros y medio al sur de El Mozote, a las afueras de la aldea de La Guacamaya, los guerrilleros del ERP también aguardaban a los soldados. Gracias a sus infiltrados en la capital, sabían que habían estado llegando grandes cargamentos de munición estadounidense al aeropuerto de Ilopango, así como que varios camiones cargados de tropas circulaban por la carretera Panamericana hacia Morazán. El 1 de diciembre, Jonás, el *comandante* principal de la zona, se había llevado a un lado a Santiago, el director de la emisora clandestina del ERP, Radio Venceremos, para informarle de que se estaba planeando «una operación de gran magnitud llamada "yunque y martillo"». Santiago recuerda que «fuentes de la inteligencia dentro del propio Ejército» habían pasado un informe sobre una reunión clave en el alto mando.[1] De acuerdo con la reconstrucción de las fuentes, el ministro de Defensa, el general José Guillermo García, dijo a sus oficiales que la operación debía «neutralizar la ofensiva del FMLN (Frente Farabundo Martí para la Liberación Nacional)» (una agrupación de guerrillas de la que formaba parte el ERP junto con otros cuatro grupos). Su viceministro, el coronel Francisco Adolfo Castillo, añadió que las tropas debían avanzar costara lo que costara hasta llegar al puesto de mando y a Radio Venceremos. Entonces intervino el teniente

---

[1] El director de Radio Venceremos, Santiago, recordó esta versión de la reunión durante una entrevista en San Salvador. Carlos Henríquez Consalvi (el verdadero nombre de este periodista e hijo de diplomático venezolano) incluye un relato similar en sus memorias, *La terquedad del Izote* (Editorial Diana, México, 1992), páginas 91-92. Dichas memorias, cuyo subtítulo es «La historia de Radio Venceremos», ofrecen una valiosa versión de la guerra desde el bando guerrillero.

coronel Domingo Monterrosa Barrios, el enérgico comandante del batallón de élite Atlacatl, para decir que también él consideraba que hasta que no acabaran con Radio Venceremos seguirían teniendo aquel grano en el culo. Todo el mundo sabía que el coronel Monterrosa, por aquel entonces el soldado más célebre del Ejército salvadoreño, estaba obsesionado con Radio Venceremos. Y no era el único: la radio, especializada en la propaganda ideológica, los comentarios mordaces y la ridiculización del Gobierno, exasperaba a la mayoría de los militares ya que en todas sus emisiones recordaba al mundo la inutilidad del Ejército en gran parte de Morazán. Y lo peor es que resultaba divertido. «Incluso representaban a diario una serie, una especie de radionovela en la que salía el embajador Hinton[2] (recuerda un agregado de Defensa estadounidense de la época). Se referían al embajador como "el gringo prometido con una salvadoreña" (Deane Hinton estaba a punto de casarse con una mujer de una familia local adinerada) y terminaban diciendo: "Sintonízanos de nuevo mañana". No se podía hacer nada al respecto. En la embajada, a casi todo el mundo le gustaba escucharlo, incluso al embajador.» Los humillados militares salvadoreños sostenían que las emisiones procedían de Nicaragua u Honduras.

El coronel Monterrosa también se sentía humillado por Radio Venceremos, pero, a diferencia de sus colegas, había decidido, movido por la rabia y la frustración, hacer algo al respecto. Los asesores militares estadounidenses llegaron a reconocer que Monterrosa pertenecía a una clase de oficial poco frecuente en El Salvador. A finales de 1981, con la firme opo-

[2] En la obra de Ignacio López Vigil *Las mil y una historias de Radio Venceremos* (UCA Editores, San Salvador, 1992), páginas 224-231, se ofrece una entretenida narración sobre este programa. Aunque la obra cubre prácticamente lo mismo que las memorias de Santiago, su tono es más ligero y consigue dar una viva imagen del día a día entre los guerrilleros.

sición del Congreso y de la ciudadanía estadounidenses a enviar fuerzas de combate a Centroamérica, se había hecho muy evidente que el único modo de evitar otro caso como el de Nicaragua era, de alguna manera, «reformar» el Ejército salvadoreño. «Estábamos en las últimas. O llevábamos a cabo una reforma o perdíamos, y no porque los guerrilleros fueran muy buenos, sino porque el Ejército era malísimo», me contó un asesor militar estadounidense que estaba por entonces en el país. Las tropas salvadoreñas enviadas al campo de batalla apenas contaban con entrenamiento; los soldados rara vez salían del barracón pasadas las cinco de la tarde, menos aún los oficiales. «La institución simplemente no respaldaba que los hombres fueran buenos comandantes, es decir, nunca se relevó a nadie. Habría dado igual que te rindieras con ochenta y cinco hombres porque no te habría pasado nada», me dijo ese mismo asesor.

Sin embargo, los estadounidenses pronto se dieron cuenta de que «reformar» significaba rehacer un cuerpo de oficiales que había desarrollado unos criterios propios muy especiales en cuanto a promoción y retribución. Aquello no tenía que ver con la competencia militar, sino con la política, con mostrar una lealtad sin límites a la «institución» y, sobre todo, a los compañeros de la academia militar (a la *tanda*, como se la llamaba). Si un centenar de adolescentes entraban en la Escuela Militar Capitán General Gerardo Barrios,[3] después de cuatro

---

[3] Las singularidades del Ejército salvadoreño se abordan, entre otras, en las siguientes obras: Joel Millman, «A Force Unto Themselves: The Salvadoran Military», *The New York Times Magazine*, 10 de diciembre de 1989; en Christopher Dickey, «I Obey but I Do Not Comply»; en Leonel Gómez, «The Army (marzo de 1981)», y en Richard Millet, «Praetorians of Patriots», todos en Leiken y Rubin (eds.), *The Central American Crisis Reader* (Summit, Nueva York, 1987). También resulta útil «El Salvador's Divided Military», de Shirley Christian, incluido en Gettleman *et al.* (eds.), *El Salvador: Central America in the New Cold*

años quizá salieran de allí unos veinte hombres duros y curtidos; durante los siguientes veinticinco años, esos hombres ascenderían juntos, se harían ricos juntos y ganarían gradualmente poder juntos. Si entre ellos hubiera perfectos incompetentes, por no hablar de asesinos, violadores y ladrones, sus compañeros de promoción los protegerían y defenderían a capa y espada. Finalmente, quizá veinte años después de la graduación, uno o dos de la *tanda* (los que destacaron desde el principio como *presidenciables*, los destinados a convertirse en líderes del país) se las arreglarían para intrigar en el cuerpo de oficiales y hacerse con la presidencia de El Salvador.

Monterrosa se graduó en 1963 y, aunque en los registros aparece el cuarto de su promoción de 19 alumnos, muchos oficiales lo recuerdan como el primero, prueba del respeto que infundía. En la academia era un personaje magnético, carismático desde el primer momento. Bajo, con la cara y la nariz características de los campesinos salvadoreños, caminaba como ellos, a grandes zancadas, por lo que sus andares, que nada tenían de militares, hacían que lo reconocieran desde lejos. El general Adolfo Blandón, exjefe del Estado Mayor, en su último año de academia cuando Monterrosa estaba en el primero, recuerda que el joven «se posicionó enseguida como el mejor de su promoción: los mejores puestos en estudio, en condición física y en conocimiento sobre los conceptos de la guerra».

War, citado anteriormente. Para un testimonio oral con abundantes contribuciones de oficiales tanto estadounidenses como salvadoreños, así como de embajadores y políticos, véase Manwaring y Prisk (eds.), *El Salvador at War: An Oral History of Conflict from the 1979 Insurrection to the Present* (National Defense University Press, Washington, 1988). Por último, en *Del ejército nacional al ejército guerrillero* (Ediciones Arcoíris, San Salvador), del capitán Francisco Emilio Mena Sandoval, se ofrece un testimonio de primera mano único sobre la formación y la disolución del movimiento de la «juventud militar» en el Ejército salvadoreño y sobre las operaciones militares de los guerrilleros.

Como es normal, dicho prestigio y el respeto de sus compañeros lo señalaban como *presidenciable*, pero, al contrario que sus compañeros, Monterrosa era, en palabras de Blandón, «una rareza: un soldado cien por cien puro, un líder natural, un militar de nacimiento con la cualidad poco común de ser capaz de infundir lealtad en sus hombres».

En los años siguientes a su graduación, Monterrosa dio clases en la academia, se apuntó a cursos impartidos por estadounidenses en Panamá, viajó a Taiwán para estudiar tácticas de contrainsurgencia y sirvió en las tropas paracaidistas como parte del primer equipo de caída libre de El Salvador. Después de las polémicas elecciones de 1972, en las que una facción radical de los militares se impuso a los democristianos, que parecían ser los ganadores, Monterrosa se fue acercando al nuevo presidente, el coronel Arturo Armando Molina, gracias al alcalde de San Salvador, José Napoleón Duarte.

El Ejército intervenía activamente en política y los conflictos sociales estaban dividiendo cada vez más tanto al país[4] como al

---

[4] Hay una literatura muy extensa sobre la situación política de la época en El Salvador, pero el lector puede empezar por las dos recopilaciones ya mencionadas, en concreto, por el capítulo «Origins of the Conflict in El Salvador», en *The Central American Crisis Reader* (Leiken y Rubin), y por «Social Forces and Ideologies in the Making of Contemporary El Salvador», en *El Salvador: Central America in the New Cold War* (Gettleman *et al.*). También destaca la obra de James Dunkerley *Power in the Isthmus: A Political History of Modern Central America* (Verso, Londres y Nueva York, 1988), junto con «El Salvador, 1930-1989», en *Political Suicide in Latin America* (Verso, Londres y Nueva York, 1992), del mismo autor. También resulta útil *Inevitable Revolutions: The United States in Central America* (Norton, Nueva York, 1993), de Walter LaFeber, así como la obra, de corte más periodístico, *Inside Central America: Its People, Politics, and History* (Touchstone, Nueva York, 1991), de Clifford Krauss. Por último, *Endless War: How We Got Involved in Central America and What Can Be Done* (Vintage, Nueva York, 1984), de James Chace, ofrece un excelente relato sobre la política estadounidense en El Salvador, Nicaragua y otros países de Centroamérica.

cuerpo de oficiales. A finales de los setenta, después de que Molina colocara al general Carlos Humberto Romero tras unas cuestionables nuevas elecciones, la situación se había vuelto incluso más contradictoria. En la extrema izquierda, pequeños grupos de guerrilleros secuestraban a empresarios, robaban bancos y, a veces, incluso asesinaban a importantes líderes de la derecha. Los activistas de la izquierda moderada, después de que la habitual manipulación electoral por parte del Ejército les cerrara el camino electoral hacia la presidencia, se unieron a fuerzas populistas para organizar manifestaciones multitudinarias y lograron que cientos de miles de personas salieran a las calles. Generalmente, las fuerzas de seguridad respondían a estas manifestaciones con implacable violencia, matando a muchos salvadoreños, a veces incluso a cientos.

Entre los militares, la crisis política del país había reabierto una falla que, por periodos, se había prolongado a lo largo del siglo. Ya en 1960, una facción de militares «progresistas» había organizado un golpe de Estado que se vio truncado rápidamente por un contragolpe conservador; en 1972, cuando los militares conservadores le robaron la victoria a Duarte, los progresistas intentaron dar otro golpe, con igual resultado. Finalmente, en octubre de 1979, con el apoyo tácito de Estados Unidos, un grupo de jóvenes «reformistas» que se hacían llamar *juventud militar* derrocaron al general Romero y establecieron en su lugar una junta «progresista» que contaba con políticos de la izquierda. Sin embargo, como había ocurrido hacía dos décadas, los conservadores del Ejército recuperaron el poder casi inmediatamente y, ahora, al amparo de un Gobierno «reformista» con mayor aceptación en el ámbito internacional, se sentían libres para combatir la «agitación comunista» a su particular manera: intensificando la «guerra sucia» contra la izquierda.

Las señales más visibles de la «guerra sucia»[5] eran los cuerpos mutilados que todas las mañanas cubrían las calles de las ciudades. A veces, los cuerpos no tenían cabeza, les faltaba el rostro o sus rasgos estaban totalmente irreconocibles por culpa de un disparo de escopeta o por ácido sulfúrico; otras veces tenían los miembros mutilados, las manos o los pies cortados o los ojos arrancados; los genitales de las mujeres estaban desgarrados y ensangrentados, indicio de violaciones repetidas; a menudo, los miembros de los hombres aparecían dentro de sus bocas. Unos cortes en la espalda o en el pecho de los cadáveres probablemente fueran la firma de alguno de los «escuadrones de la muerte» que cometían aquellos actos, entre los que la Unión de Guerreros Blancos y la Brigada Anticomunista de Maximiliano Hernández Martínez eran los más temibles.

Este último se llamaba así por un general que tomó el poder en 1931, durante una época de creciente agitación izquierdista

5 La derecha salvadoreña y la «guerra sucia» se abordan ampliamente en las recopilaciones ya citadas, especialmente, en «Roots of the Salvadoran Right: Origins of the Death Squads» y «ARENA's Bid for Power», ambas de Craig Pyes e incluidas en *El Salvador: Central America in the New Cold War*, y, en la misma recopilación, «ARENA: The Salvadoran Right's Conception of Nationalism and Justice», del mayor Roberto D'Aubuisson; «Recording the Terror», de Tutela Legal, y «Communiqué from a "Death Squad"», de Maximiliano Hernández Martínez. También «Murder of the FDR Leaders (November 1980)», del embajador Robert White, en *The Central American Crisis Reader*. Entre otras obras generales, recomiendo *Weakness and Deceit: U.S. Policy and El Salvador* (Times Books, Nueva York, 1984), de Raymond Bonner. La obra de Joan Didion *Salvador* (Washington Square Press, Nueva York, 1983; reimpresión de Vintage, Nueva York, 1994) ofrece una viva imagen del sentimiento nacional en 1982. La «guerra sucia» también está debidamente documentada en informes que tratan sobre los derechos humanos, entre los que cabe destacar *Report on Human Rights in El Salvador* (Vintage, Nueva York, 1982), de Americas Watch y la American Civil Liberties Union, junto con sus diferentes suplementos bajo el título *The Civilian Toll*, y *El Salvador's Decade of Terror: Human Rights Since the Assassination of Archbishop Romero* (Yale University Press, New Haven, 1991).

entre los campesinos, quienes sufrieron una campaña de represión tan violenta que llegó a ser conocida como «la matanza».[6] En la parte occidental del país, donde tuvo su foco una rebelión fallida, miembros de la Guardia Nacional junto con civiles armados, ponían a los campesinos contra un muro y les disparaban. Asesinaron a más de diez mil personas. (Según algunas estimaciones, la cifra era cuatro veces mayor.) El argumento subyacente a la represión era muy simple: sin piedad y a conciencia, había que cortar de raíz los «brotes» de rebelión que habían surgido. Y esa técnica demostró ser muy eficaz: medio siglo después, cuando los brotes surgieron de nuevo en El Salvador, aquellas áreas donde hacía cinco décadas las matanzas habían sido descontroladas permanecían en calma.

Ahora, los militares de derechas que se consideraban orgullosos herederos de Martínez estaban decididos a atajar de raíz este nuevo brote izquierdista con el mismo rigor. Con el dinero de empresarios ricos que se habían ido a Miami para evitar el secuestro o el asesinato y apoyándose en las directrices teóricas de sus compinches ideológicos de la vecina Guatemala, los militares desataron una eficaz campaña de terror en las ciudades. Dicha campaña se intensificó dramáticamente después del golpe de Estado «progresista» de octubre de 1979. Se calcula que a finales de ese año se producían ochocientos asesinatos al mes.

[6] Un relato clásico de los acontecimientos acaecidos entre 1931 y 1932 es *Matanza: The 1932 «slaughter» that traumatized a nation, shaping U.S.-Salvadoran policy to this day* (Curbstone, Willimantic, Connecticut, 1992; publicado por primera vez en 1971), de Thomas P. Anderson. La obra de Dunkerley *Power of the Isthmus*, citada anteriormente, ofrece una crónica concisa, aunque muy buena, de estos acontecimientos. Por último, *A Brief History of Central America* (University of California Press, Berkeley, 1989), de Héctor Pérez Brignoli, sitúa este episodio en un contexto histórico más amplio.

Esta técnica resultó devastadora para la infraestructura urbana de la izquierda (la red de organizadores políticos, líderes sindicales, defensores de derechos humanos, profesores y activistas de todas las ramas progresistas que habían puesto en marcha las masivas manifestaciones de finales de los setenta). «Estas personas no estaban organizadas militarmente, lo que las convertía en blancos fáciles», me contó William Stanley, profesor de Ciencias Políticas en la Universidad de Nuevo México, en una entrevista que tuvo lugar en San Salvador. La represión continuó y, con el transcurso de los meses, fue volviéndose cada vez menos selectiva. «Hacia el final, la matanza desbordó la capacidad analítica del Ejército y los servicios de seguridad y se empezó a matar a la gente en función de unos perfiles muy toscos —me contó Stanley—. Por ejemplo, recuerdo escuchar que una mañana descubrieron una enorme pila de cadáveres formada principalmente por mujeres jóvenes con pantalones vaqueros y zapatillas deportivas. Al parecer, alguien de la inteligencia había decidido que ese "perfil", es decir, mujeres jóvenes vestidas de esa manera, facilitaba la criba de "izquierdistas", por lo que se convirtió en uno de los criterios utilizados para acorralar a los presuntos "rebeldes".»

Aunque con excepciones, fueron los oficiales de inteligencia de los diferentes servicios de seguridad y de las brigadas del Ejército quienes organizaron los escuadrones de la muerte contratando a guardias nacionales, policías de Hacienda y soldados comunes interesados en sacarse un dinero extra; les proporcionaban listas con los nombres de las personas que tenían que encontrar para interrogarlas y torturarlas. Algunos civiles estaban muy involucrados, sobre todo en la cuestión de la financiación, pero no había duda de que eran los militares, principalmente, quienes organizaban y dirigían la «guerra sucia» (ni de que la embajada de Estados Unidos era bien consciente de ello). En una entrevista, Howard Lane, encargado de las relaciones públicas de la embajada entre 1980 y 1982, me dijo lo siguiente: «No era ningún secreto quiénes eran los responsables de la matanza, es decir, cualquiera se percataba de ello en cuanto llegaba al país y para nada era un secreto, excepto, quizá, en la Casa Blanca». En público se mantuvo firmemente la farsa de que la identidad de los asesinos era un misterio, que los asesinatos eran obra de «justicieros derechistas». Esta campaña de mentiras se concibió en parte para transigir con los remilgos de la Administración en Washington, que tuvo que hacer frente a la creciente preocupación en el Congreso por las «violaciones de los derechos humanos», especialmente después de varios casos escandalosos: el asesinato, en marzo de 1980, del arzobispo Óscar Romero mientras decía misa; la violación y el asesinato, en diciembre de ese mismo año, de cuatro religiosas estadounidenses, y el asesinato, en enero de 1981, del director del Instituto Salvadoreño de Transformación Agraria y de dos de sus asesores estadounidenses.

La tarde del 1 de diciembre de 1981, Santiago, el director de Radio Venceremos, después de que Jonás, el *comandante*, le hablara de la inminente operación, partió a pie desde la base de la guerrilla en La Guacamaya, unos seis kilómetros y medio al sur de El Mozote. Cuando cayó la noche, Santiago subió hacia el este por los cerros atravesando las quebradas, cruzó el río Sapo y bajó hacia el boscoso barranco de El Zapotal. Allí, excavado en un nicho de la roca a unos dos metros bajo tierra, estaba el «estudio» de Radio Venceremos, que consistía en un pequeño transmisor, un pesado generador de gasolina, varias grabadoras, micrófonos y demás parafernalia y una antena flexible que serpenteaba hacia arriba atravesando la maleza. Santiago reunió a su joven plantilla y, al poco rato, la noticia de la inminente operación ya se había emitido en toda la zona.

De vuelta en el campamento de La Guacamaya, unos doscientos hombres y mujeres jóvenes, vestidos con una mezcla de ropa

LA MISIÓN DE MONTERROSA

campesina y prendas de camuflaje (en el segundo caso, seguramente se habían apropiado de ellas, las habían robado o se las habían comprado al Ejército salvadoreño), estaban preparándose.

Algunos limpiaban sus armas, en su mayoría viejos M-1 y máu-
seres, además de algunos G-3 alemanes y M-16 americanos de
los que se habían apropiado. Muchas mujeres estaban agacha-
das en matotes moliendo maíz, haciendo la comida que serviría
de sustento a la compañía los próximos días, pues, ante la llegada de miles de soldados, los guerrilleros del ERP se estaban
preparando no para luchar, sino para huir.

La movilidad y la rapidez siempre habían sido fundamentales
en la fortaleza de los guerrilleros,[7] tanto como su familiaridad
con el terreno montañoso. Al igual que pasó con los otros grupos radicales de El Salvador, el ERP surgió entre jóvenes intelectuales que fundaron la organización en Ciudad de México en
1972 y que, a mediados de los setenta, financiaron principalmente atracando bancos y secuestrando a empresarios ricos por
los que luego pedían un rescate, mientras luchaban entre ellos
por su liderazgo esgrimiendo abstractos argumentos izquierdistas salidos de tono que más de una vez acababan en violentas es-
cisiones. (El conflicto más conocido tuvo lugar en 1974, cuando
Villalobos y otros líderes del ERP acusaron a uno de los suyos, el

---

[7] Para una introducción sobre los rebeldes, véanse «The Salvadoran Rebels», en
El Salvador: Central America in the New Cold War, y los diferentes documentos del
FMLN recopilados en *The Central American Crisis Reader*, especialmente los relacionados con el caso Dalton. En «Enemy Colleagues», de Gabriel Zaid, extraído
de la recopilación de Leiken y Rubin, se puede leer un relato brillante a la par que
despiadado sobre los guerrilleros salvadoreños y las luchas internas que llevaron
a ejecutar a Dalton; si al lector le interesa, también puede remitirse al texto completo, en la revista *Dissent* (primavera de 1982). La obra de Manwaring y Prisk *El
Salvador at War: An Oral History*, citada anteriormente, presenta otra perspectiva
de los guerrilleros, especialmente en las páginas 123-167.

famoso poeta Roque Dalton, de ser un contrarrevolucionario y agente de la CIA; lo ejecutaron tras un simulacro de juicio.)

En las montañas del norte, el movimiento guerrillero arraigó algo más tarde. «El proceso revolucionario comenzó en Morazán entre 1977 y 1978, con la toma de conciencia de las «comunidades cristianas de base» dirigidas por sacerdotes radicales», me contó Licho, el comandante rebelde, cuyos padres eran campesinos residentes en El Mozote. «Nosotros, los jóvenes, leíamos la Biblia para aplicarla a nuestra propia situación y, poco a poco, empezamos a tomar conciencia política», añadió. Cuando los chicos alcanzaban la mayoría de edad, los líderes de la guerrilla los instaban con frecuencia a alistarse en el Ejército (así le ocurrió a Licho) para recibir entrenamiento militar y conocer de primera mano al enemigo, así como para proporcionar información útil hasta que pudieran volver a sus

Santiago, el director de Radio Venceremos, emitió la noticia de la inminente operación en toda la zona.

provincias de origen para tomar las armas. (Estas filtraciones generalizadas en sus filas casi provocan el pánico entre muchos militares salvadoreños. En un extenso telegrama confidencial enviado al Departamento de Estado a principios de 1980, Frank Devine, el embajador estadounidense, mencionaba que los oficiales temían que entre los nuevos reclutas llegaran sujetos... de organizaciones izquierdistas cuyo propósito fuera infiltrarse en las tropas... y, en última instancia, acabar con el Ejército desde dentro.)

Hacia 1980 había pequeños grupos de jóvenes guerrilleros operando en todo el norte de Morazán. Esos jóvenes conseguían alimentos y apoyo de los campesinos simpatizantes y, de vez en cuando, lanzaban ataques contra las bases urbanas de la Guardia Nacional. Atacaban de repente, mataban a algunos guardias nacionales, se apropiaban de sus armas y desaparecían por el monte. Después de reforzar las bases, los guardias respondían, como llevaban años haciéndolo, dando palizas o matando a los campesinos que sospechaban que estaban «contaminados» de simpatías comunistas. Eso aceleró el flujo de hombres y mujeres hacia las montañas. Pronto, algunos pueblos empezaron a estar habitados casi exclusivamente por ancianos y madres con hijos. Los guardias nacionales abandonaron por completo algunos pueblos y, así, prácticamente se los cedieron a los guerrilleros. Y la gente también abandonó otros pueblos, ya fuera para huir hacia los campos de refugiados que había más allá de la frontera con Honduras, ya fuera para unirse a los guerrilleros, de manera que, con el paso del tiempo, se formó un convoy de *masas* (civiles simpatizantes) casi permanente. «Las personas que nos apoyaban nos seguían y nos cubrían las espaldas, proporcionándonos comida y otra ayuda; en algunas zonas, los simpatizantes eran mayoría; en otras, no», me dijo Licho. La diferencia entre combatientes y civiles, nunca muy clara en la guerra de guerrillas, se volvió más imprecisa todavía.

Al alto mando salvadoreño le inquietaba cada vez más la situación en Morazán. En un telegrama fechado en 1980, el embajador estadounidense, Frank Devine, advertía lo siguiente: «Para los militares, la situación en el campo es crítica. En aquellas zonas que ellos consideran "liberadas" no se atreven a intervenir debido a la concentración de fuerzas terroristas de izquierdas». Cuando les parecía, los guerrilleros concentraban sus fuerzas, atacaban ciudades y merodeaban por las bases desiertas hasta que llegaban los refuerzos del Gobierno.

En enero de 1981, el FMLN anunció una «ofensiva final» (los guerrilleros, conscientes de estar muy mal equipados, esperaban desencadenar una insurrección popular, como habían hecho los sandinistas en Nicaragua hacía dieciocho meses, y querían que estallara justo antes de que Ronald Reagan asumiera la presidencia en Washington), pero la gente no se rebeló y la ofensiva terminó en una costosa derrota. Tras el fracaso, cientos de combatientes se fueron de las ciudades y se dirigieron hacia las montañas. Al no haber podido derrocar al Gobierno y después de haber visto a muchos civiles simpatizantes morir a manos de los escuadrones de la muerte los últimos meses, los guerrilleros decidieron concentrar sus fuerzas en una insurgencia rural a gran escala arraigada en las montañas del norte.

Poco después, formados en bloque, los soldados se atrevieron a cruzar el Torola y, organizados en pequeñas tropas, lograron guarecer varias poblaciones. En noviembre, preocupado por la situación, el Pentágono envió al general Fred F. Woerner para evaluar la guerra en El Salvador. En las conclusiones de su informe secreto[8] advertía que la situación sobre el terreno había em-

---

[8] Aunque el *Report of the El Salvador Military Strategy Assistance Team* (más conocido como «informe Woerner») influyó muchísimo en la formulación de la política estadounidense en El Salvador, no se hizo público hasta principios de

peorado tanto que para el Ejército salvadoreño se había convertido en un objetivo primordial «evitar el establecimiento de una zona insurgente "liberada" en el departamento de Morazán, pues ello podría hacer que los insurgentes terminaran siendo reconocidos internacionalmente como una fuerza beligerante». No era un temor infundado: apenas hacía tres meses que Francia y México habían reconocido el FMLN como «una fuerza política representativa». Los militares salvadoreños temían que, si no se expulsaba a los guerrilleros de Morazán, su país acabaría partido en dos.

El 1 de diciembre de 1981, después de que Radio Venceremos anunciara que el Ejército se estaba acercando, los habitantes del norte de Morazán hablaron, discutieron y tomaron decisiones. En el transcurso de los días siguientes, muchas familias abandonaron sus hogares y subieron a las cuevas y quebradas que rodeaban sus pueblos, en algunos casos dejando al padre o al hijo mayor al cuidado de la casa, ya que en algunas operaciones anteriores, después de declarar que debían de pertenecer a los guerrilleros, los soldados habían quemado las que habían encontrado desocupadas. Otros se prepararon para huir de allí. A las afueras del campamento de la guerrilla de La Guacamaya, cientos de personas se congregaron con sus hijos, aprovisionados con las tortillas y los frijoles que les quedaban, listos para el duro camino que tenían por delante.

Según Joaquín Villalobos, más o menos al mismo tiempo, representantes de la guerrilla se acercaron a El Mozote para intentar advertir a los campesinos. «Siempre tuvimos gente cu-

---

1993, cuando se cedió al Archivo Nacional de Seguridad, una institución de investigación privada de Washington D.C. El informe y el telegrama de Devine, así como otros citados en esta obra que no constan en «Documentos», al final del libro, pueden consultarse en el Archivo Nacional de Seguridad, avenida Massachusetts 1.755, Northwest, Washington D.C., 20.036.

briéndonos las espaldas tras la línea de batalla, políticos; así que cuando la lucha comenzó en el sur, se recomendó a la gente del norte que saliera de la zona», cuenta. Pero la gente en El Mozote ya había tomado una decisión. «Por apenas tener relación con nosotros y por ser evangelistas, concluyeron que poco tenían que temer al Ejército», asegura Villalobos. Lo más probable es que, tras escuchar las palabras de Marcos Díaz, hubieran determinado que el peligro sería mayor si dejaban la aldea que si se quedaban.

«Les dijimos lo que podía pasar, pero no creyeron que el Ejército les fuera a hacer nada», cuenta Licho. Quizá consideraron (quienes los escuchaban, entre los que no se encontraba Rufina) las advertencias de los guerrilleros un intento de conseguir reclutas. Como bien sabía la gente de El Mozote, a ojos del Ejército salvadoreño, estar con los guerrilleros significaba ser un guerrillero.

El 8 de diciembre, un martes por la mañana (mientras, a unos kilómetros al norte, los últimos grupos de campesinos rezagados en El Mozote dejaban sus pertenencias donde buenamente podían en aquella aldea superpoblada), los guerrilleros en La Guacamaya oían el estrépito de la batalla, los morteros y las armas cortas, procedente, al parecer, de todas partes. Por entonces ya sabían que alrededor de cuatro mil soldados habían entrado en la zona, que las tropas habían cruzado el Torola y se acercaban hacia ellos por el sur y que otras se aproximaban al río Sapo desde el este. Parecía que la única vía de escape estaba en el norte, hacia la frontera hondureña, pero, mientras los locutores de Radio Venceremos emitían por última vez instando a los vecinos a unirse a las columnas guerrilleras, los guerrilleros oyeron los helicópteros acercarse y los vieron sobrevolar el norte, hacia el pueblo de montaña de Perquín, con las tropas del Batallón Atlacatl de Domingo Monterrosa a bordo.

4.

YUNQUE Y MARTILLO

Para llegar a Perquín desde El Mozote hay que girar a la derecha en la calle negra y empezar a subir. La pendiente enseguida se vuelve más pronunciada, la maleza tropical da paso al pino de montaña y el aire es más fresco. Entre los árboles, asoman algunas plantas de sorgo, maíz y agave, pero, progresivamente, de la tierra roja de la ladera de la montaña sólo surgen grandes rocas blancas. El penetrante olor a pino recién cortado anuncia la aldea de La Tejera y su aserradero, un edificio de poca altura hecho con troncos sin descortezar rodeado de montones de tablones nuevos. Finalmente, una señal anuncia Perquín: la carretera, tras una empinada subida, se convierte en una calle de adoquines grandes y, después del momentáneo traqueteo, el viajero llega a una plaza perceptiblemente irregular, la cual, a pesar de los edificios derribados y de las calles deterioradas, sigue siendo un lugar de una tan extraña belleza que parece de otro mundo. En el centro, hay un curioso parque herboso bastante salvaje, como las terrazas desiguales de una ladera cultivada pero devastada. Bordeando el parque, hay un consultorio pintado de amarillo, una pequeña y rudimentaria cabaña y una singular iglesia coronada por una torre en forma de bulbo con reminiscencias de Europa del Este y enormes murales en dos de sus muros: mirando hacia el parque, bendiciendo sosegado su rebaño, la enorme cara del arzobispo Óscar Romero, mártir asesinado mientras decía misa, y, en la fachada norte, un mapa de colores brillantes de las Américas y Europa, en el que una colorida estela de productos (coches, neveras, lanchas...) que emana del Nuevo Mundo va a parar al Antiguo, con una leyenda en la parte inferior: «Quinientos años de saqueo».

Cuando el coronel Monterrosa llegó allí en helicóptero en diciembre de 1981, se encontró con una población que estaba en manos del Gobierno, aunque a duras penas. Sólo hacía cuatro meses, a mediados de agosto, los guerrilleros habían peinado los cerros circundantes y atacado el puesto de la Guardia Nacional hasta matar a cuatro hombres y apresar a cinco. «Había mucha gente joven, pero también muchas personas mayores —le contaron los niños de Perquín a Alma Guillermoprieto, antigua corresponsal del *Washington Post*—. Había ocho mujeres. Algunas vestían de uniforme, pero la mayoría llevaba ropa andrajosa, como nosotros. Conocíamos a algunas, eran del pueblo.» Los guerrilleros habían pasado una semana y media cavando trincheras defensivas, comprando maíz en la cooperativa y marchando por las calles al grito de «¡pueblo libre!» y otras consignas. Cuando, diez días después, la fuerza aérea empezó a bombardear la población, los guerrilleros desaparecieron rápidamente desvaneciéndose entre las montañas y los barrancos que tan bien conocían, dejando atrás a los cuatro hombres muertos, enterrados en el cráter de una bomba, y también a los civiles que habían estado allí todo el tiempo, unos civiles que, tras ser anfitriones de los guerrilleros durante diez días, ahora miraban con toda su inocencia los rostros de los soldados de la Guardia Nacional que habían llegado a reemplazar a sus compañeros muertos.

El coronel Monterrosa había reflexionado largo y tendido sobre la guerra entre civiles y guerrilleros, sobre la necesidad de una contrainsurgencia, sobre las frustraciones de aquel peculiar y sangriento conflicto por el que un Ejército salvadoreño desbordado había estado luchando y perdiendo. Cuando, aquel martes de diciembre por la mañana, los hombres del Batallón Atlacatl aterrizaron en Perquín, se bajaron enfurecidos de los helicópteros y, en cuclillas, sujetándose los cascos bien fuerte por la estela turbulenta de los rotores, los oficiales se guardaron en los bolsillos unas listas con nombres para dárselas a los guardias nacionales, que las estaban esperando. Mientras los capitanes del Atlacatl reunían a sus tropas, los guardias fueron por el pueblo aporreando las puertas. Eran hombres grandes y bien alimentados y, con aquellas botas negras altas[1] y sus pesados uniformes de color marrón verdoso, con rifles automáticos a sus espaldas y machetes afilados colgando de los cinturones, parecían incluso más grandes de lo que eran.

«Aquellos días, cuando iban a tu casa para pedirte que fueras con ellos para "hacer algo", terminabas muerto», me contó un hombre de Perquín que recibió la visita de la Guardia Nacional aquella misma mañana. Cuando oyó los golpes, abrió la puerta y vio allí a los guardias mirándolo amenazadoramente (siempre lo hacían, ya que su obligación era, y siempre lo había sido desde principios de siglo, inducir el miedo en las zonas rurales y acabar con la rebelión en cuanto ésta asomaba en los ojos del campesino con una mirada menos temerosa que hasta entonces), lo único que pudo hacer este hombre fue intentar controlar el miedo; los guardias lo observaron un momento y le gritaron: «¡Eh, tenemos trabajo que hacer! ¡Venga con nosotros a ayudarnos!». El hombre salió, vio a uno de los guardias recorrer con el dedo la lista que la gente de Monterrosa le había entregado, levantó la vista, intercambió una mirada con su compañero y murmuró «Ya vamos dándole». El hombre de Perquín supo a qué se refería (la masacre iba a comenzar) y, aterrorizado, comenzó a protestar, buscando en su bolsillo un carné que lo identificara y suplicando a los guardias que se fijaran bien en él. Finalmente, después de unos minutos horribles, logró convencer a aquellos hombres impasibles de que el nombre de la lista no era el suyo, uno de los apellidos era diferente.

---

[1] La relación entre los campesinos y la Guardia Nacional en las zonas rurales se describe de manera contundente y evocadora en la novela corta de Manlio Argueta *Un día en la vida* (UCA, Editores, San Salvador, 1980).

Sin embargo, los guardias lo arrastraron junto a ellos por las calles y, mientras recorrían el pueblo, iban aporreando otras puertas y recogiendo a otros hombres asustados. La cifra ya era de diez para cuando llegaron al claro situado frente al consultorio, donde bullía una actividad fuera de lo normal: helicópteros que aterrizaban, se cernían o despegaban y, en medio de las explosiones y el estruendo de los rotores, cientos de hombres vestidos de verde moviéndose sin parar, comprobando sus armas, ajustando las correas de sus mochilas y hablando entre ellos mientras los oficiales iban y venían gritando órdenes. Para entonces, varios cientos de soldados del Atlacatl ya habían desembarcado enfurecidos de los helicópteros, casi todos ellos vestidos de verde oliva, algunos con atuendo de camuflaje y botas militares negras. En las hombreras de sus uniformes llevaban, bordadas en blanco o amarillo, la figura de un indio y la palabra «Atlacatl» (el nombre de un legendario guerrero indio que había liderado la lucha contra los conquistadores). Para el más avezado, aquellos hombres no se parecían a la mayoría de los soldados salvadoreños (todos ellos más serios, incluso podían parecer sombríos) y su equipamiento era mejor: tenían los más recientes M16 americanos, un montón de ametralladoras M-60, fusiles sin retroceso de 90 milímetros y morteros de 60 y de 81 milímetros.

Pero no era su equipamiento lo que los convertía en «el Batallón Atlacatl, élite entrenada por los estadounidenses» (en las noticias así se referían a ellos constantemente), sino su agresividad y su predisposición a «llevar a cabo el trabajo», una predisposición de la que carecía el resto del Ejército, cuyos entrenamiento y gestión no eran buenos. Puede que parte de esa agresividad se la inculcaran los instructores estadounidenses (personal de las fuerzas especiales que, desde marzo, había estado acudiendo desde el Comando Sur, en Panamá, para enseñar a los reclutas salvadoreños a disparar y tomar posiciones). Sin embargo, la mayor agresividad derivaba de Monterrosa. Entre los comandantes de campo más veteranos (muchos, según me dijo un teniente, «ni siquiera tenían uniforme de combate»), Monterrosa parecía el típico soldado: agresivo y carismático, un hombre al que nada le gustaba más que salir al campo de batalla y luchar junto a sus tropas. A los soldados de infantería salvadoreños (en su mayoría, jóvenes campesinos analfabetos, a muchos de los cuales los habían sacado de autobuses o carreteras secundarias para obligarlos a alistarse, sin tener apenas entrenamiento y, menos aún, el respeto de sus oficiales) les gustaba Monterrosa por su predisposición a mancharse las manos y luchar junto a ellos. A la prensa también le gustaba: aparte de ser un fenómeno nato (un coronel enérgico y entusiasta), siempre estaba dispuesto a invitar a los periodistas a ir con él en su helicóptero (a pesar de la perceptible hostilidad del cuerpo de oficiales hacia la prensa). Y, por supuesto, a los estadounidenses les gustaba: por ejemplo, el coronel John Cash, agregado de Defensa de Estados Unidos, decía de él que era «un estratega de primera a la altura de cualquier personalidad estadounidense».

Para entonces, los estadounidenses estaban desesperados. La guerra avanzaba hacia el campo y el Gobierno de Estados Unidos ya no podía negar el gran problema que se llevaba entre manos. No hay duda de que los salvadoreños habían logrado «cortarle la cabeza» a la izquierda civil, pero el enemigo apenas había contado con armas. En el campo, los guerrilleros respondieron con disparos y los militares estaban demostrando ser totalmente incapaces de luchar en aquella guerra de contrainsurgencia rural. No sólo estaba el Ejército extremadamente sobrecargado, con un total de trece mil hombres enfrentándose aproximadamente a una tercera parte de esos guerrilleros, sino que los militares cargaban con el peso de una complicada estructura política y de un insidioso sistema antiincentivos. Los puestos más importantes desde el punto de vista militar eran los menos atractivos, razón por la que esos puestos solían asignarse a los miembros del cuerpo de oficiales menos influyentes políticamente y, con frecuencia, también menos capaces. «Los tipos que ocupaban los puestos de combate reales solían ser unos tremendos incompetentes —me contó Todd Greentree, por aquel entonces subagregado de información en la embajada de Estados Unidos—. Los enviaban al frente y ellos pasaban los días bebiendo en el *cuartel*.»

Los responsables de la embajada rogaron reasignaciones, pero sólo después de un enorme esfuerzo llegó algún que otro cambio. La razón no era únicamente el enorme poder político y económico del ala derecha del cuerpo de oficiales, sino el hecho de que el sistema de *tandas*, por el que los compañeros de promoción se defendían a capa y espada sin importar sus defectos, parecía inmune a la presión externa, incluida la estadounidense pese a los cientos de millones de dólares enviados al país. Como bien sabían los oficiales, la sanción definitiva a la que los estadounidenses podrían recurrir (cerrar el grifo de las ayudas) amenazaba con perjudicar a los propios estadounidenses tanto como a los salvadoreños, ya que el temor de los primeros a que un El Salvador comunista se alineara con una Nicaragua sandinista se había convertido en su mayor preocupación. Incluso durante los últimos meses de la Administración Carter, esta realidad subyacente se hizo obvia de forma vergonzosa cuando el presidente, después de recortar las ayudas en respuesta al asesinato de las religiosas estadounidenses, volvió a abrir el grifo apenas unas semanas después a las puertas de la «ofensiva final» de los rebeldes.

Ronald Reagan no padecía la misma ambivalencia. Para el otoño de 1981 había destituido al embajador Robert White, un hombre sin pelos en la lengua; había prometido, a través del secretario de Estado Alexander Haig, «poner límites» en El Salvador contra la subversión comunista en el hemisferio; había casi duplicado las ayudas económicas para El Salvador, alcanzando los 144 millones de dólares; había aumentado las ayudas militares, de 26 a más de 35 millones, y, en noviembre, había empezado a financiar a los contrarrevolucionarios nicaragüenses como fuerza de representación contra el Gobierno sandinista. A finales de ese año, las prioridades de la política estadounidense en El Salvador eran inequívocas.[2]

Los estadounidenses habían dado un paso adelante en la financiación de la guerra, pero no estaban dispuestos a luchar: derrotar a la guerrilla era cosa de los salvadoreños. En aquella época, los miembros del Ejército solían decir «El guerrillero siempre se lleva a las *masas* al campo de batalla»,[3] una lección de sabiduría herencia del periodo más oscuro de la guerra civil salvadoreña, obra del mismo coronel Monterrosa. No era sólo una declaración de intenciones, sino también una afirmación de principios universal: en aquella guerra sangrienta, en las zonas rojas, no había civiles.

Un gran ejército profesional volvió a ocupar el territorio y envió patrullas agresivas, mientras en el campo, con el fin de recuperar la lealtad de la gente, se desplegaba un «trabajo político». De hecho, aquello formaba parte de la razón de ser de las opera-

---

[2] Para el contexto de la política de Reagan, véanse «The Hobbes Problem» y «U.S. Security and Latin America», de Jeane Kirkpatrick, y «A New Inter-American Policy», de la Comisión de Santa Fe, todo ello contenido en *The Central American Crisis Reader*.

[3] El coronel Monterrosa ofreció una versión más completa de su filosofía a Christopher Dickey: «Es normal que en estos reductos subversivos los hombres armados no estén solos, es decir, necesitan a sus "masas": cualquier persona, mujeres, ancianos y niños, incluidos los niños mensajeros, o las esposas, y todos se mezclan con los propios subversivos, con los hombres armados. Así que es normal que... murieran personas en los enfrentamientos; algunas, sin armas de por medio, incluso mujeres, y tengo entendido que también niños». Véase Christopher Dickey, «U.S. Tactics Fail to Prevent Salvadoran Civilian Deaths», *The Washington Post*, 10 de junio de 1982.

ciones de búsqueda y destrucción. «Hay muchas formas de referirse a la lucha contra la guerrilla —me dijo en una entrevista el coronel Castillo, por aquel entonces viceministro de Defensa—. Ya lo llamen yunque y martillo, pistón o cualquier otra cosa, la idea es la misma: intentar expulsar a los guerrilleros de la zona, echarlos a patadas de las áreas en las que habían impuesto un sistema marxista-leninista. En cuanto lográramos echarlos, perderían el apoyo de toda la gente que habían adoctrinado.»

En aquel momento, según reconoció Castillo, el Ejército «no tenía el equipamiento adecuado ni los soldados suficientes como para mantener las operaciones el tiempo necesario». Como consecuencia de ello, el Ejército entraba en bloque en una zona; los guerrilleros, tras algunas refriegas, huían, y los soldados, después de matar a varios supuestos «subversivos» (civiles que quizá sí fueran simpatizantes de la guerrilla, pero quizá no y simplemente no habían sido lo suficientemente rápidos o inteligentes como para quitarse de en medio), evacuaban la zona, dejando atrás una fuerza simbólica, a la que los guerrilleros, cuando volvían unos días más tarde, atacaban y expulsaban.

La táctica del Ejército no fue eficaz (murieron pocos guerrilleros y no se acabó con el apoyo civil) y eso generó primero una gran frustración y, posteriormente, el miedo de una parte del alto mando salvadoreño. «Entonces se extendió la idea de que el Ejército no estaba preparado para una guerra como aquélla —me contó un oficial superior de El Salvador—. Teníamos un ejército pequeño y mal equipado y estábamos empezando a recibir ayudas de Estados Unidos. Sabíamos que nos ayudaban para hacer frente a la ofensiva de los marxistas contra la sociedad, sabíamos que nos encontrábamos en el corazón de la Guerra Fría, justo donde estas dos grandes corrientes, Unión Soviética y Estados Unidos, chocaban. Como consecuencia de todo ello, en este pequeño país hubo una sobrecarga ideológica. Y no hacía falta mucho más para que surgiera un contexto en el que uno solamente pudiera ser amigo o enemigo. Si no estás conmigo, estás contra mí, y si estás contra mí, tengo que acabar contigo.» Esa idea, junto con la desesperación subyacente, preparó el terreno para una guerra especialmente violenta. «Cuando llegué aquí, en junio de 1982, los militares salvadoreños se jactaban de no hacer prisioneros —me dijo el coronel Cash, agregado de Defensa—. Decían que querían evitar enaltecerlos. Ni siquiera se referían a ellos como prisioneros o guerrilleros: los llamaban *"terroristas, delincuentes terroristas"*». (El general Blandón, exjefe del Estado Mayor, me dijo que «hasta 1983 nunca [habían] hecho prisioneros de guerra».) Mientras a los guerrilleros se los reducía a la condición de delincuentes terroristas, los civiles de ciertas zonas se vieron reducidos a la condición de *masas* partidarias de la guerrilla, convirtiéndose así en objetivos legítimos. Al norte del río Torola, por ejemplo, se pensaba que los civiles y los guerrilleros estaban mezclados, que eran un todo.

Hacia finales de 1980, el Ejército comenzó a usar una táctica a la que el profesor de Ciencias Políticas William Stanley se refiere como «matar por zonas». Una de las primeras operaciones de este tipo tuvo lugar en octubre y comenzó con una reunión de personal en Perquín. «El coronel Castillo dijo que había que detener la revolución comunista, que había que convertir este lugar en un ejemplo para evitar tener los mismos problemas en otras zonas del país —me contó un oficial que había estado presente en la reunión—. Dijo que debíamos tener en cuenta que la gran mayoría de la gente de aquí eran guerrilleros. Así que, bajo la táctica de "yunque y martillo", la idea era rodearlos a todos y llevarlos a Villa El Rosario, donde se desataría una gran descarga de artillería. Se destruiría la población por completo. Íbamos a usar a aquella gente para predicar con el ejemplo.» Visto ahora, esta operación, centrada en el otro lado de la calle negra, parece una versión menos ambiciosa que la Operación Rescate. «Los militares formaron un gran círculo cubriendo la retaguardia en el norte a lo largo de la carretera, perimetraron la zona y se fueron acercando —me contó Licho, el comandante guerrillero—. Luchamos durante quince días, nos llevábamos a la población con nosotros. Establecimos una línea de resistencia, con la gente a nuestras espaldas; resistimos y, luego, nos retiramos. Luchábamos y luego los desplazábamos, así todo el tiempo. Cuando se acabaron las balas y las provisiones, nos llevamos a los chicos con nosotros como combatientes; cruzamos el río y dejamos a los demás en El Rosario.»

Cuando entraron finalmente en El Rosario, los soldados mataron a varios lugareños, se estima que unos cuarenta. Según un relato, se evitó una matanza aún mayor en parte por el desacuerdo entre los militares implicados: algunos todavía se consideraban miembros de la «juventud militar» progresista y estaban decididos a refutar las órdenes de la línea dura. «Iba a desatarse una descarga de artillería y un bombardeo sostenido —me contó el excapitán Marcelo Cruz Cruz en una entrevista que tuvo lugar en Perquín—. Cuando llegamos a Villa El Rosario, nos encontramos con que la gente estaba hacinada en la iglesia. Hablamos para decidir qué hacer, si seguíamos las órdenes del alto mando de matar a todo el mundo. Aquello podría haber sido una gran masacre. Finalmente, Mena Sandoval (el capitán Francisco Emilio Mena Sandoval, otro famoso "progresista") habló por radio con los comandantes y les dijo que había tomado el pueblo y que no era necesario bombardear.»

Los supervivientes que pudieron huyeron, dejando atrás un bonito pueblo fantasma habitado por un viejo cascarrabias y poco más. Los soldados quemaron todos los cultivos que encontraron a su paso provocando así el primero de los grandes éxodos de Morazán: los campesinos huyeron hacia el norte por la frontera hondureña, a Colomoncagua y otros campamentos, y, hacia el sur, a los campamentos de desplazados asentados a las afueras de San Francisco Gotera. Para regocijo del Ejército, la zona había empezado a vaciarse. Si los guerrilleros eran como peces nadando en un océano de personas, como decía Mao, el Ejército haría todo lo que estuviera en su mano para vaciarlo, para «quitarle el agua al pez», como decían los militares.

Nicolás Romero, un anciano que se negó a dejar Villa El Rosario, me contó lo siguiente: «Los soldados llegaban y decían "Bueno, los que no son guerrilleros se han ido" y el resto de la gente se iba porque no querían que los acusaran de ser guerrilleros. Entonces venían éstos y decían a todo el mundo que era mejor que se fueran porque iban a atacar el pueblo. Si sobreviví fue porque, cuando venían los guerrilleros, era amable con ellos y, cuando venían los soldados, lo mismo. Me guardé el rabo entre las piernas: de no haber sido así, llevaría mucho tiempo muerto. Me negué a irme, mi cordón umbilical está enterrado justo aquí, nunca he salido de este lugar, pero a veces pensé en suicidarme. Aquello era horrible: bombas, disparos, granadas... todo el rato. Estabas comiéndote la sopa y, de repente, caía una bomba cerca que te tiraba al suelo. No había dinero, ni cultivos, ni alimentos. Ni siquiera podías ir al pueblo vecino a pedir comida porque había aviones que descargaban en cuanto veían a alguien».

A pesar del éxito del Ejército vaciando el océano, los peces siguieron multiplicándose y se hicieron más fuertes. En noviembre de 1980, un mes después de la operación de Villa El Rosario, los guerrilleros empezaron a recibir el primero de una serie de envíos de pequeñas armas de parte del régimen sandinista en Nicaragua («un batiburrillo de fusiles FAL, M-16 y Uzis», según Stanley). Tras el fracaso de la «ofensiva final», en enero los guerrilleros también se beneficiaron de una nueva inyección de mano de obra, que no sólo incluía a los combatientes que habían huido de las ciudades, sino también un número importante de desertores del Ejército, entre ellos los capitanes Cruz Cruz y Mena Sandoval; el segundo había tomado y retenido con éxito a la segunda brigada en Santa Ana. Cuando la rebelión fracasó, ambos oficiales se unieron a la guerrilla y finalmente lograron llegar a los *comandantes* del ERP en Morazán. Aquello era el final del movimiento «progresista» en el Ejército salvadoreño.

Aquel martes de principios de diciembre, en medio de la estela turbulenta de los helicópteros, los hombres del Atlacatl se preparaban frente al consultorio de Perquín. El Batallón Atlacatl Nacional, que para entonces ya había reunido a los diez lugareños, empujaba hacia el frente su reacia carga abriéndose camino entre las tropas hasta toparse con un militar alto de ojos verdes vestido con el uniforme de combate que caminaba a zancadas en medio de la conmoción, señalando aquí y allá y dando órdenes. Uno de los hombres de Perquín, un hombre que había servido en el Ejército hacía varios años, reconoció a aquel militar como el mayor Natividad de Jesús Cáceres Cabrera, una figura legendaria: el sexto de su promoción en la academia, convertido al cristianismo, anticomunista exaltado y, ahora, oficial del Batallón Atlacatl. (Más tarde, la leyenda creció: como coronel al mando de Chalatenango en 1986, obligó a todos los lugareños a «expresar su deseo de paz [...] su pureza, su alma y su pulcritud» pintando toda la población de blanco y, en 1989, en una carretera salvadoreña, Cáceres ordenó a sus hombres bloquear el convoy del embajador estadounidense William Walker y, cuando éste se negó a salir e identificarse, lo amenazó con volar su limusina con armas antitanque. Este último incidente hizo que, finalmente, el ministro de Defensa lo relevara de su cargo y lo enviara a Chile como agregado de Defensa.)

Aquel martes, frente al consultorio de Perquín, el mayor Cáceres pasó revista a aquellos diez hombres e hizo una señal a cinco capitanes que estaban organizando las compañías bajo su mando. «Puso a dos en cada compañía —me contó uno de los hombres de Perquín— y dijo "nos gustaría que vinieran con nosotros para enseñarnos la zona".» Los habían llevado allí para ser guías del Atlacatl.

El mayor Cáceres reunió a los capitanes, les asignó seudónimos para cuando hablaran por radio (él sería Charlie) y dio varias órdenes. A continuación, las cinco compañías del Atlacatl se fueron montaña abajo. Confundiéndose con el estruendo de los helicópteros, se oían por todas partes el ruido sordo de los morteros y el estrépito de la artillería. «Fue una operación de gran envergadura —me contó el guía de Perquín—. Las montañas estaban atestadas de helicópteros y aviones, de equipamiento pesado y de tropas que incluso contaban con animales que cargaban con parte de las armas de fuego y la munición.»

Aunque el guía no lo sabía, se había convertido en parte de la táctica de «yunque y martillo» de la Operación Rescate. Mientras los hombres del Atlacatl partían hacia el sur desde Perquín, otros cientos de soldados se dirigían hacia el norte a buen paso. Tras haberse desplegado como una fuerza de bloqueo a lo largo de los ríos Torola y Sapo, hacia el sur y el este, y, por la calle negra, hacia el oeste, se disponían a estrechar el perímetro. Estas unidades, el martillo de la operación, tenían que llevar a todos los guerrilleros de la zona hacia el yunque del Atlacatl para que las mejores tropas del Ejército acabaran con ellos, pero, dada la envergadura de la operación, ésta no pasaría desapercibida a los guerrilleros y tendrían tiempo de sobra para huir. Al respecto, un teniente implicado en la operación decía así: «Coges todas las tropas del país, las metes en unos noventa camiones y te las llevas hasta Morazán por la carretera Panamericana... ¿De verdad cree que nadie se iba a dar cuenta?».

Mientras los hombres de Monterrosa rodeaban los cerros a los pies de Perquín, los guerrilleros del ERP finalizaban con los preparativos en La Guacamaya, mucho más al sur. Cuando se toparon con aquellas fuerzas al sur bloqueando el río y con el Atlacatl bajando desde el norte, los guerrilleros se dirigieron directamente hacia el oeste, abriéndose camino a golpes entre las líneas de militares de la calle negra. Aquella noche, varios convoyes comenzaron la travesía: largas filas de campesinos, cargados con pertenencias y alimentos y con los niños a las espaldas, iniciaron una ardua caminata en fila india a través de las montañas, un gran éxodo nocturno que los llevaría hasta la frontera hondureña.

La mañana del miércoles 9 de diciembre, con los valles aún cubiertos por la espesa niebla, los hombres de la tercera compañía del Atlacatl amanecieron en el campamento asentado en el cerro El Gigante, levantaron el campamento y regresaron a la calle negra. Aquella tarde, en la aldea de La Tejera, capturaron a tres civiles (dos jóvenes y un anciano de ochenta años o más), los llevaron a empujones hasta un prado bastante cercano al aserradero y empezaron a interrogarlos «de forma muy contundente y violenta», según el guía de Perquín. Los oficiales acusaban a los hombres de ser guerrilleros y les exigían que les dieran los nombres de sus camaradas, que les dijeran dónde habían escondido las armas. Cuando los hombres negaron los cargos, el mayor Cáceres anunció que serían ejecutados y que aquello era el comienzo de la matanza, pero entonces se acercó un labrador de la zona. Le dijo al mayor que los dos jóvenes trabajaban para él y protestó vehemente que no tenían nada que ver con los guerrilleros. Uno de los guías dio fe de ello y, tras una larga discusión, dejaron vivir a aquellos hombres.

Esta discusión sobre la identidad, sobre quién era guerrillero y quién no y sobre cómo se podía demostrar en uno u otro caso, se repitió los dos días siguientes. Ya en La Tejera, los militares discutieron por haber perdonado la vida a esos hombres: según el guía, al capitán Walter Oswaldo Salazar, el comandante de la compañía, no le sentó nada bien enterarse de que otro oficial había dicho que había que tratar a los lugareños con respeto siempre que no hubiera pruebas de que fueran guerrilleros: «Salazar dijo que no, que todos eran guerrilleros, dijo que los soldados podían seguir adelante y matar a cualquiera de ellos o a todos.» Ese mismo día, según cuenta el guía, el capitán Salazar dejó caer su sospecha de que el otro oficial debía de ser guerrillero y juró matarlo. No se trataba de una paranoia. «Hubo muchos infiltrados en aquella época —me dijo el mayor implicado en la operación—. Sabíamos que determinadas ventas de armas eran para ellos, que se estaba filtrando información: todas nuestras operaciones, todos nuestros movimientos...» El incontenible recelo que eso generaba, junto al pánico creciente entre los oficiales por el deterioro de la posición del Gobierno, dio a los militares de la línea más dura un poder decisivo.

«Los del núcleo duro lo consideraban un virus, una infección —dijo Todd Greentree—. Siempre hablaban de "cáncer", ya sabe, "el comunismo es un cáncer". Si eras guerrillero, no sólo te mataban a ti, sino que también mataban a tu primo, es decir, a toda tu familia, para asegurarse de que acababan con aquél.»

Y lo cierto era que estos militares, tenían la historia salvadoreña de su parte. «Tenían una mentalidad "aniquiladora" —me dijo el profesor Stanley—. Después de todo, ¿qué había pasado en 1932? Aquí, a día de hoy, cuando alguien quiere hacer una amenaza... ¿por qué cree que se invoca a Martínez, el autor de la *matanza*? Porque es un icono, por eso. Lo de ir a las zonas y matar a todo el mundo no es una idea nueva. Es una idea ya probada.»

La misión del Batallón Atlacatl era hacer realidad esa idea ya probada. Los estadounidenses, con la esperanza de garantizar que al menos una unidad del Ejército salvadoreño estuviera adecuadamente preparada para luchar, enviaron instructores de las fuerzas especiales a principios de 1981 con el fin de formar a los primeros reclutas del nuevo batallón de infantería de reacción inmediata (BIRI). Sin embargo, como los asesores estadounidenses sabían muy bien, la expresión «élite entrenada por estadounidenses» que utilizó la prensa para describir al

Atlacatl sonaba a broma. «No tenían formación especializada —me dijo uno de los instructores de las fuerzas especiales de por aquel entonces—. Recibían un entrenamiento personalizado mínimo, ya sabe: tiro básico, puntería, tácticas de escuadrones... Sí, la diferencia era que los salvadoreños apenas contaban con unidades entrenadas en su país, por lo que aquélla sería la primera unidad que recibiera entrenamiento.»

A algunos militares de la embajada y del Pentágono les habría gustado que se entrenara a toda la unidad en Estados Unidos y, de hecho, más tarde, ese mismo año, los reclutas del segundo BIRI, el Belloso, se trasladaron en masa a Fort Bragg, en Carolina del Norte, pero el Atlacatl tenía algo que el Belloso no tenía: el Atlacatl contaba con Monterrosa. «Que el batallón fuera entrenado aquí por Monterrosa, en vez de enviarlo a Estados Unidos, dice mucho de su autoridad —me dijo un coetáneo suyo—. El alto mando había estado preparándolo, formándolo. Había hecho todos los cursos impartidos por los estadounidenses, también los destinados a paracaidistas y comandos. Para cuando Estados Unidos decidió dirigir una iniciativa de contrainsurgencia aquí, su ambición estaba clara: no dudó en unirse al Atlacatl.»

Desde el principio, Monterrosa trabajó para dotar a su nueva fuerza de una *mística*. «Mataban animales y se restregaban su sangre por la cara; los abrían en canal y se bebían la sangre —me dijo un teniente de otra unidad—. Era una unidad brutal. Carecían totalmente de disciplina de fuego, es decir, disparaban contra cualquier cosa que se moviera: ciervos, cerdos... lo que fuera. Estabas en el campo intentando dormir y los muy capullos se pasaban la noche disparando contra cosas.» Según un reportero, para celebrar su graduación, los soldados del Atlacatl cogían todos los animales muertos que encontraban en las carreteras (perros, buitres... cualquier cosa) y hacían una sopa sangrienta que luego se tomaban de un trago. Después, se ponían firmes y cantaban a todo pulmón el himno de la unidad, *Somos guerreros:*

¡Somos guerreros!
¡Todos guerreros!
¡Seguiremos adelante y mataremos
a una montaña de terroristas!

Para el otoño de 1981, el Atlacatl se había hecho a esa montaña. La pauta de sus operaciones era bien conocida: unidades del Ejército regular y las fuerzas de seguridad se desplazaban siguiendo la frontera de una de las zonas rojas y, sirviéndose muchas veces de una barrera natural, ya fuera un río o una montaña, la rodeaban; a continuación, una fuerza de bloqueo invadía la zona, arrasando con todo ser viviente, y, por último, aparecían los helicópteros e irrumpían los hombres del Atlacatl, que primero acribillaban a todos los que habían caído en la trampa con artillería y morteros para terminar después con armas cortas.

Soldados del Batallón Atlacatl, unidad de élite del Ejército salvadoreño entrenada por instructores de las fuerzas armadas estadounidenses y comandada por el teniente coronel Domingo Monterrosa.

Una de las operaciones de «búsqueda y destrucción» más conocidas había tenido lugar en noviembre, en la provincia de Cabañas. Philippe Bourgeois, un estudiante de posgrado estadounidense que quedó atrapado en la batida de Cabañas, contó lo siguiente en el Congreso:[4] «Había soldados hondureños a lo largo de la orilla del río Lempa bloqueando la ruta de evacuación de la población civil. Durante los catorce días siguientes, estuve huyendo junto con los lugareños: bombardeos desde el aire, fuego de artillería, helicópteros ametrallando y ataques de soldados salvadoreños de a pie. Al echar la vista atrás, creo que el Gobierno de El Salvador quería aniquilar a todo ser viviente, ya fuera humano o animal, que se encontrara en los confines de aquellos ochenta kilómetros cuadrados».

Se trataba de la estrategia de «vaciar el océano» o, como Monterrosa lo describió alguna vez, de hacer «*La limpieza*». Se dedicaban a desinfectar sin piedad aquellas áreas de El Salvador que estaban «contaminadas» y, aunque aquello implicara acabar también con zonas sin contaminar, acabarían con aquel cáncer. «El Mozote estaba en un área controlada al cien por cien por los guerrilleros —me contó uno de los asesores estadounidenses que por aquel entonces estaba con el Atlacatl—. Intentábamos vaciar la zona, sabíamos que no podríamos trabajar con aquello lleno de civiles, nos resultaba imposible establecer allí una base permanente. Así que decidimos matar a todo el mundo. Eso asustaría a la gente, la gente acabaría huyendo. Se hizo más por frustración que por cualquier otra razón.»

Joaquín Villalobos, el *comandante* del ERP, reconoció abiertamente en una entrevista que en varias de las operaciones más

---

[4] Philippe Bourgeois declaró ante al Subcomité de Asuntos Interamericanos el 23 de febrero de 1982. También describió su experiencia en un artículo del *Washington Post* del 14 de febrero de ese mismo año.

famosas, tanto antes como después de El Mozote, muchos de los civiles asesinados simpatizaban con los guerrilleros. «Como en San Vicente en 1982, en la masacre de El Calabozo, en la que se vieron involucradas más de doscientas personas —dijo—. En aquel contexto, el Ejército era más fuerte, nuestra fuerza guerrillera era demasiado débil como para poder proteger a nuestros simpatizantes. Sencillamente, no pudimos proporcionarles protección militar suficiente. Pasó lo mismo en 1980, en el río Sumpul, en Chalatenango, donde un grupo de simpatizantes huyó tratando de cruzarlo.» Los guerrilleros, que contaban con muy buena inteligencia y una movilidad excelente, solían lograr escapar de las zonas sacándole ventaja al Ejército, así que fueron sus partidarios y cualesquiera civiles que estuvieran allí quienes recibieron el castigo.

Así, en muchas de las masacres que tuvieron lugar a principios de los ochenta, los militares lograron aquello que se habían propuesto: matar a los salvadoreños que simpatizaban con los insurgentes. A pesar de que este comportamiento violaba flagrantemente la ley marcial (y a pesar de lo infame de asesinar a hombres, mujeres y niños en masa, sin juicio ni investigación, simplemente por las simpatías políticas de algunos de ellos), la estrategia tenía al menos «cierta» razón de ser. Incluso en aquel contexto sombrío, El Mozote sobresalía del resto. «El Mozote no era precisamente un pueblo militante —dijo Villalobos—. Por eso lo que ocurrió allí fue diferente.»

En algún momento durante el incidente acaecido en La Tejera aquel miércoles por la tarde, se escuchó en la radio la noticia de que la primera compañía del Atlacatl se había enfrentado a los guerrilleros. «Hubo un intercambio de disparos, un enfrentamiento armado», cuenta el guía, pero, como casi todo en esta historia, la batalla (su intensidad e incluso su ubicación exacta) terminaría siendo objeto de discusión.

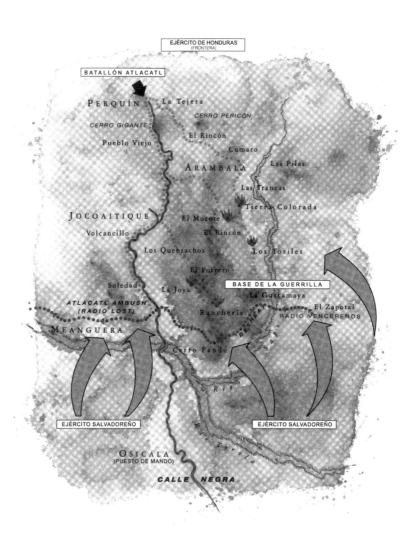

Operación Rescate (diciembre de 1981).

Desde el principio, los militares salvadoreños afirmaron que los combates tuvieron lugar en el mismo El Mozote. El 17 de diciembre (ocho días después), un agente de la CIA envió un telegrama desde San Salvador que decía que «los combates más cruentos [habían] tenido lugar en El Mozote [...],⁵ donde murieron entre treinta y treinta y cinco insurgentes y cuatro soldados salvadoreños».

Es imposible saberlo con certeza, pero, por el telegrama, parece muy probable que la información del agente de la CIA viniera, de una u otra forma, del Ejército. Por otro lado, el guía de Perquín, a pocos kilómetros de allí, había escuchado la transmisión de los combates a través de la radio del Atlacatl y lo sitúa «cerca de Arambala». Según me dijo, «hubo una pequeña refriega en El Portillón, cerca de Arambala, a unos dos kilómetros de El Mozote».

Villalobos, que parece recordar la operación con todo detalle, también insiste en que la lucha tuvo lugar en Arambala: «Era, en efecto, nuestra retaguardia; aunque la mayoría de los enfrentamientos graves tuvieron lugar al sur de donde estábamos, a lo largo del Torola, hubo algunas refriegas cerca de Arambala, puede que con algo de fuego de mortero». Y continuó hablando: «Cuando desplazas a una fuerza considerable es normal dejar atrás pequeñas unidades que protejan el refugio y mantengan la resistencia». Los escuadrones guerrilleros cercanos a Arambala, al norte de La Guacamaya, se encontraban en una posición ideal para proteger el flanco de la principal fuerza guerrillera mientras ésta se retiraba hacia el oeste.

Santiago, todavía en La Guacamaya preparando a la gente de Radio Venceremos para la retirada de aquella noche, cuenta que «la presión del enemigo aumentaba en su avance desde el norte

---

⁵ La versión completa de este telegrama de la CIA, así como la mayoría de los citados en esta crónica, se encuentra en «Documentos», al final del libro.

hacia el sur». Aquel día escribió lo siguiente en sus memorias: «Los camaradas de la sección cuarta tomaron por asalto un puesto del Batallón Atlacatl y se apropiaron de dos fusiles», una cifra plausible teniendo en cuenta los cuatro muertos que al parecer reconoció el Ejército salvadoreño, pero Santiago no menciona los «entre treinta y treinta y cinco insurgentes» muertos de los que hablaba el telegrama de la CIA y, hasta donde yo sé, tampoco se menciona en ningún otro libro de memorias guerrilleras. Se trata de un elevado número de muertos; el hecho de que nadie los mencione y de que, a raíz de esta lucha, la guerrilla realmente lograra —como relata Santiago— «mantener las líneas de fuego y organizar el movimiento para romper el perímetro y mofarse del martillazo de Monterrosa» hacen que uno se plantee si los oficiales, cuando presentaron los informes

El pueblo de Arambala en enero de 1982. A pesar de que los informes oficiales sitúan en El Mozote la refriega con el Ejército salvadoreño, los guerrilleros insisten en que tuvo lugar en las afueras de Arambala.

a sus superiores (y, posiblemente, a la CIA), se habían inventado una victoria en El Mozote partiendo de lo que en realidad había sido una derrota en Arambala. Los oficiales se habrían mostrado especialmente reacios a reconocer una derrota en manos de la sección cuarta. El capitán Francisco Emilio Mena Sandoval, un militar que desertó para unirse a la guerrilla en enero, se había encargado de instruir a esta unidad guerrillera de élite. Los militares lo odiaban profundamente por considerar que Mena Sandoval y todos los de su calaña eran seres tanto o más despreciables que, por ejemplo, Villalobos: para ellos, éste no era más que un delincuente terrorista y los militares como Mena Sandoval, traidores. Y, como se supo más tarde, los militares del Atlacatl tenían un motivo especial no sólo para odiar a Mena Sandoval, sino para recordar con gran aversión el pueblo de Arambala, así como la aldea de El Mozote, justo al final de la carretera.

Hacía ocho meses, cerca de Arambala, la primera unidad del nuevo y temerario Atlacatl se había aventurado a salir para demostrar a los guerrilleros, así como al resto de militares, de qué pasta estaban hechos y fue allí donde, para vergüenza de sus soldados, aquella tan promocionada nueva unidad sufrió una humillante derrota, debido, en parte, a que el capitán Mena Sandoval había sido lo suficientemente previsor como para robar una radio propiedad del Ejército cuando se unió a los guerrilleros. Gracias a la radio y al conocimiento de Mena Sandoval de los códigos del enemigo, los rebeldes fueron capaces de adelantarse a los movimientos de sus rivales.

«Vigilamos los movimientos de su avanzada —cuenta Mena Sandoval en sus memorias—.[6] Cayeron en la emboscada que les habíamos preparado y tan sólo respondieron con una desorde-

---

[6] El relato de Mena Sandoval se encuentra en su libro *Del ejército nacional al ejército guerrillero*, citado anteriormente, en las páginas 283-288.

nada retirada. En la radio se oían sus gritos de miedo [...]. Les causamos un buen número de bajas y obtuvimos los dos primeros M-16 arrebatados al Batallón Atlacatl.»

Mena Sandoval escribe que, más tarde, en el transcurso de la misma operación, «el enemigo dirigió varias compañías hacia las zonas de reagrupamiento de Arambala, guiando su avanzada de forma que su primer objetivo fuera llegar a la aldea de El Mozote», pero los rebeldes lucharon en aquella «guerra de posición» con una ventaja crucial sobre sus rivales. «Defendimos una línea en las afueras de El Mozote que el enemigo fue incapaz de tomar durante muchos días [...]. Nuestra moral crecía al ritmo que crecía su número de víctimas. Llevábamos doce días de combate y apenas habíamos sufrido bajas.»

Finalmente, después de veintidós días de intensos combates (según Mena Sandoval, el Ejército había intentado desplegar una operación de «ataque rápido», de unas setenta y dos horas), los guerrilleros se escabulleron por la calle negra al amparo de la noche, llevándose con ellos a dos mil civiles. La resistencia demostrada y las pocas bajas que habían sufrido les hicieron ganar una importante victoria política. En cuanto al Atlacatl, la noticia de sus malos resultados se extendió rápidamente entre el Ejército. Los militares no tardaron en bromear sobre aquello. Decían que la denominación del Atlacatl como un BIRI no hacía referencia a «batallón de infantería de reacción inmediata», como todo el mundo pensaba, sino a «batallón de infantería de retirada inmediata». Este tipo de pullas posiblemente hicieron que, ocho meses más tarde, muchos militares del Atlacatl aún guardaran vivos recuerdos de Arambala y El Mozote.

Así, según el guía, después de la intervención inicial del miércoles, escucharon por radio que la otra compañía había matado a gente en aquel lugar. Bajo la mirada del mayor Cáceres, por aquel entonces con la primera compañía, las tropas entraron en Arambala y reunieron a los vecinos que todavía seguían allí en la plaza. A las mujeres y los niños los encerraron en la iglesia. Entonces, los soldados ordenaron a los hombres que se tumbaran boca abajo; después, los ataron, les vendaron los ojos y comenzaron a golpearlos sin dejar de exigirles que les dieran información sobre los guerrilleros. Cogieron a varios hombres, se alejaron con ellos y los mataron. El guía habla de unos veinte, estimación que coincide con la cifra que aparece en un detallado análisis sobre la operación, tanto en El Mozote como en los alrededores, hecho por Tutela Legal,[7] la oficina de derechos humanos del arzobispado de San Salvador, en noviembre de 1991; sin embargo, otras estimaciones los cifran en tan sólo tres.

En Arambala, los militares seguían sus listas para decidir quién tenía que morir, pero el jueves por la tarde ya habían terminado con la última de sus listas y, en un momento dado (quizá ese mismo día, quizá ya entrada la tarde de la víspera), tomaron una decisión sobre la dirección que debía seguir la operación porque, a pesar de la amarga convicción de Rufina Amaya de que había habido un «engaño» y de que el militar que había hablado con Marcos Díaz cuando éste se iba de Gotera había participado en un perverso complot para garantizar que la gente de El Mozote se quedara en sus casas esperando lo que el destino les tenía preparado, una explicación igual-

---

[7] Varios investigadores de Tutela Legal, la oficina de derechos humanos del arzobispado de San Salvador, fueron al norte de Morazán en la primavera de 1990 para empezar a construir un caso contra las autoridades por la matanza de El Mozote. El extenso informe de Tutela Legal, *Investigación de la masacre de El Mozote y lugares aledaños*, se hizo público el 9 de noviembre de 1991. Además de la narración minuto a minuto de la operación en El Mozote y las aldeas aledañas, este documento de 81 páginas incluye un listado con los nombres de las 794 personas que murieron. (Al final de este libro se ofrece una lista basada principalmente en la lista de Tutela Legal.) El 4 de marzo de 1992, Americas Watch publicó «The Massacre at El Mozote: The Need to Remember» (*News From Americas Watch*, volumen IV, ejemplar 2), basado en el informe de Tutela Legal.

mente factible (y, en cierto modo, más terrible aún) es que el militar sí había intentado hacerle un favor a su amigo Díaz y a la población de la aldea, pues quizá, en aquel momento, nada de aquello estaba planeado.

Al margen de cuándo tomaran la decisión los militares, para cuando llegaron a El Mozote ya habían ordenado un cambio de táctica. «Tenían listas de gente desde Perquín, por el sur, hasta Arambala —me dijo el guía—, pero de más abajo no había listas. Más abajo arrasaron con todo. Más abajo... sólo había tierra quemada.»

Justo después de la medianoche del miércoles, mientras los hombres del Atlacatl se preparaban para hacer noche, a través de barrancos y quebradas, una larga columna salía de La Guacamaya serpenteando lentamente en dirección oeste hacia la calle negra. Los guerrilleros y su comitiva viajaban en silencio, lo único que se oía en aquella tensa oscuridad era el movimiento de los pies de cientos de personas. Los combatientes iban a la cabeza, cargados con fusiles, munición y con todas aquellas provisiones que pudieron acarrear. Detrás iban los civiles armados, cargados con fardos de ropa y bolsas de tortillas y café, acallando nerviosamente a sus hijos. Y al final iban los hombres y las mujeres de Radio Venceremos, encorvados por el peso del transmisor, el generador y el resto de elementos que componía el núcleo de la emisora.

A la larga, aquel lastre fue lo que los traicionó: el peso hacía que fueran más despacio, de forma que, cuando finalmente empezaron a ver la calle negra, mientras avanzaban con dificultad y el pánico aumentaba, la oscuridad comenzó a desvanecerse y el amanecer rompió a sus espaldas y, cuando alzaron la vista desde su escondite (un barranco lleno de agaves espinosos), vieron a los hombres del Atlacatl despertar y desperezarse en la carretera. Un soldado sacudía su poncho para quitarle la humedad y los primeros rayos de sol se reflejaban en las gotitas de rocío. Habían atrapado a los guerrilleros. Volver atrás era imposible: lo único que podían hacer era correr.

«¡Avancen! —ordenó Jonás, pero nadie se movió—. ¡He dicho que avancen!»

Un puñado de guerrilleros salió de su escondite y empezaron a correr en zigzag desesperados, sin control, tambaleándose bajo el peso de su equipo. Unos instantes después, se oyeron los gritos de los soldados y, casi acto seguido, sintieron las balas. Se pusieron a cubierto y devolvieron los disparos, para después seguir corriendo, ponerse a cubierto de nuevo y volver a disparar, pero estaban muy expuestos y, para cuando lograron recorrer a campo abierto unos ciento cuarenta metros, ya habían dado a tres hombres. Uno de ellos, Toni, era quien había estado cargando con el transmisor y, al derrumbarse, su valiosa carga se le deslizó por la espalda y se cayó rodando por otro barranco. Sus camaradas lo rodearon. Toni agonizaba, las balas no paraban de llegar. Y debían recuperar el transmisor. De lo contrario, Monterrosa conseguiría su botín de guerra.

Cuando las tropas se recompusieron, Jonás ordenó a los hombres de Radio Venceremos que fueran hacia el sur, a la base de la guerrilla en Jucuarán. Durante la horrible semana de marchas forzadas nocturnas que siguió, Santiago, sin voz, encendía su radio de onda corta para escuchar la voz triunfante de su adversario llegándole desde la propia emisora de propaganda de Monterrosa, Radio Verdad:[8] «Deserte, Santiago —decía—. ¿Por qué sigue ahí fuera? Lo tenemos rodeado, Jonás. Vamos a acabar con ustedes. Ya han perdido...».

---

[8] La historia de la emboscada en la calle negra y de la marcha hacia Jucuarán se narra en detalle tanto en las memorias de Santiago, *La terquedad del Izote*, como en su testimonio oral, *Las mil y una historias de Radio Venceremos*, ambas obras citadas anteriormente.

Pero eso ocurrió más tarde. La tarde siguiente, tras huir por los barrancos durante un día y una noche, los hombres de Radio Venceremos, exhaustos, se encontraban subiendo la pendiente del gran volcán que se cierne sobre el norte de Morazán cuando pararon para coger aire. Al agacharse, volvieron la vista hacia las montañas de las que acababan de huir: enormes columnas de humo negro se elevaban en la zona roja de El Mozote.

5.

LA MATANZA

Aquel martes al anochecer, por fin los hombres del Atlacatl llegaron a El Mozote. Las calles estaban desiertas. Aquellos dos últimos días, el ruido sordo de los morteros, el petardeo entrecortado de las armas cortas y el estruendo de los aviones se habían escuchado cada vez más cerca y, aquella misma mañana, varios helicópteros y aviones de las fuerzas aéreas de El Salvador ametrallaron y bombardearon las zonas cercanas a la aldea, aterrorizando a la población. «Todo estaba cada vez más cerca, el ruido era cada vez mayor —me dijo Rufina— y, al final, cuando llegó el día la gente ya estaba escondida en sus casas.»

El bombardeo cesó poco antes de que los hombres del Atlacatl entraran en la aldea, arrastrando con ellos a civiles que habían encontrado escondidos a lo largo del camino. Cansados e impacientes, los soldados pululaban por las casas de El Mozote y aporreaban las puertas con las culatas de sus M-16. «¡Salgan! —gritaban furiosos—. ¡Salgan aquí! ¡Salgan aquí ahora mismo!»

Insegura, la gente salía bajo la luz del atardecer, asustada y desorientada, sin saber qué estaba pasando. Los soldados, maldiciendo y gritando, los empujaban con la culata de los rifles hasta el centro de la calle como si fueran ganado. Rufina y su esposo, Domingo Claros, aparecieron con sus cuatro hijos: él llevaba en brazos a Marta Lilián, una niña de tres años, y, por delante, a Cristino, de nueve, mientras Rufina llevaba de la mano a María Dolores, de cinco años, y, en sus brazos, a María Isabel, de ocho meses. «Nos dijeron que nos tumbáramos *boca abajo* y empujaron a algunos contra el suelo —cuenta Rufina—.

Mientras mi marido ponía a la niña boca abajo, un soldado la tiró al suelo. La niña se puso a llorar. Para entonces, todos los críos estaban llorando.»

Todo el mundo estaba así, unas cuatrocientas personas boca abajo en el suelo, mientras caía la noche. Entre los lamentos de al menos un centenar de niños y los gritos de los soldados (ya habían llegado cientos a la aldea), el ruido debió de ser insoportable.

Los soldados iban de arriba abajo entre las filas de vecinos, soltando puntapiés aquí y allá, golpeando a otros con la culata del rifle, sin dejar de bombardear constantemente a la gente con órdenes e insultos. Según Rufina, cualquier soldado se detenía junto a un hombre o una mujer, le daba un puntapié y preguntaba a gritos quiénes eran guerrilleros, dónde estaban y dónde escondían las armas. Los lugareños insistían en que allí no había guerrilleros, que no sabían nada de ellos ni de sus armas. «Si ustedes quieren encontrar guerrilleros, busquen ahí fuera —gritaba una mujer entre lágrimas, levantando la cabeza del suelo y señalando los cerros—, pero les aseguro que aquí no hay guerrilleros.»

Aquello sólo hacía que los soldados se enfadaran más aún. «Me cago en la puta, son todos cómplices —dijo un militar—. Van a tener que pagar por esos cabrones.»

Según Rufina, en un momento dado, el influyente y acaudalado Marcos Díaz, tumbado en la calle junto con su esposa y sus hijos, levantó la cabeza: «¡Espere! —suplicó—. Me prometieron que no le pasaría nada a esta gente. Me lo dijo un oficial».

Entonces, el oficial del Atlacatl se rio y dijo: «De eso nada, desgraciado. Todos van a pagar. Vuelva a poner la cara contra el suelo». Y levantó su bota negra y golpeó la cabeza de Marcos Díaz contra la tierra.

«Eran muy violentos —dice Rufina—. No podíamos hacer nada. Tenían muchas armas. Tuvimos que obedecer.» Algunos soldados apuntaban nombres y otros recorrían las filas exigiendo a los vecinos que les enseñaran las manos para quitarles los anillos y que les entregaran sus alhajas y crucifijos y cualquier otra cosa de valor.

Los habitantes de El Mozote yacieron allí durante horas, en medio la calle, con la cara llena de polvo y los niños llorando. Los soldados gritaban, iban y venían, apuntaban a la gente con sus armas. «Pensábamos que iban a matarnos a todos, que estábamos condenados a morir allí mismo», dice Rufina.

Pero, finalmente, los soldados les ordenaron que se levantaran. Mientras el pueblo de El Mozote se ponía en pie tambaleándose, los soldados, gritando, les mandaron que volvieran a sus casas y que no asomaran por la puerta «ni tan siquiera la nariz».

La gente, aterrorizada a la vez que agradecida por estar viva, corrió a sus casas, abarrotadas porque prácticamente todas tenían personas acogidas. Y, en esos momentos, el llanto de los niños hacía que las casas parecieran aún más pequeñas. Nadie pudo dormir. En el exterior, los hombres del Atlacatl gritaban, reían y cantaban, interrumpiendo las risas con ráfagas de disparos de celebración. Rufina y su esposo, apretujados en una casa con otras dos familias, se afanaban en calmar a sus hijos. «Tenían hambre y no teníamos comida —dice—. Íbamos a matar un pollo para darles de comer, pero, en cuanto encendimos una vela, los soldados nos dijeron gritando desde la calle que apagáramos la luz. Nuestros hijos estaban asustados y hambrientos y había que cambiar a los más pequeños, pero ni siquiera podíamos salir para asearlos.»

Así que se quedaron apiñados en la oscuridad, inquietos, oyendo aquellas risas que volvían a arrancar tras una ráfaga de fuego, intentando calmar a los niños todo el rato. «Lo más triste era que los niños lloraban y no podíamos hacer nada por ellos», dice Rufina. Sus padres les aseguraban que todo saldría bien, que pronto estarían a salvo.

Es posible que los padres empezaran a creerse sus propias palabras. Después del terrorífico episodio de aquella tarde y después de sentir la tierra contra su cara y el cañón de las armas en su cuello, Rufina y su esposo rezaron deseosos de que ya hubiera pasado lo peor, deseosos de que los soldados se fueran al día siguiente. «Pensábamos que, como aún no nos habían matado, quizá ya no lo harían», dice Rufina. Después de todo, nadie estaba herido y, aunque las promesas del oficial amigo de Marcos Díaz habían sido inútiles... bueno, los habitantes nunca habían tenido problemas con el Ejército. La gente sabía que ellos no eran guerrilleros y, a pesar de sus enfurecidos gritos, los soldados seguro que también lo sabían.

Mientras los habitantes de El Mozote se acurrucaban a oscuras en sus casas, en Osicala, el campamento base de la operación situado al sur del río Torola, los militares hacían balance. La primera fase de la operación (la confluencia de las compañías del Atlacatl en El Mozote y la toma de la aldea y de su gente) había ido bien.

«La primera fase había terminado —me dijo un teniente que había participado en la operación—. Todos los comandantes de las unidades fueron a Osicala para hablar del asunto. Iba hacia el comedor y me topé con... —nombró a un teniente que, por aquel entonces, era una figura clave de la inteligencia militar— y me dijo: "Mire, puede que lo necesitemos mañana, así que esté preparado"». Entonces, el teniente le dio al oficial más joven un resumen de la situación: «Me dijo que, como yo ya sabía, la primera fase había terminado; que las unidades lo habían conseguido y que habían hecho lo que tenían que hacer, que ya sólo era cuestión de entrar allí e interrogar a la gente, ya sabe, como prisioneros de guerra. Le pregunté si habían encontrado algún guerrillero allí, a lo que me respondió que no, que se habían ido, pero que era posible que me necesitaran al día siguiente porque habría gente a la que interrogar, que había alrededor de seiscientas personas en total».

Eso era mucha gente a la que interrogar. «Si yo hubiera entrado allí —me dijo el oficial—, teniendo en cuenta toda la gente que había, me habría gustado pasar dos o tres días.»

Los dos hombres estuvieron allí cuatro o cinco minutos y el teniente dio instrucciones al joven sobre el tipo de información que querían sonsacar a los prisioneros. «Buscábamos los medios de apoyo de los guerrilleros: cómo conseguían la comida y demás. Logramos cortar muchas de sus comunicaciones, pero queríamos saber cuál era su logística, cómo estaban recibiendo las provisiones, cuáles eran sus rutas... Sobre todo, queríamos saber a quiénes habían infiltrado, en el propio Ejército, y quiénes les estaban vendiendo armas. Teníamos pruebas de que en aquel momento se vendían muchas armas del Ejército: si les pedías tres o cuatro veces más de su valor real, ellos lo pagaban, y eso era tentador para muchos soldados. También se vendía información. Se estaban filtrando todas nuestras operaciones. Todo el mundo quería sacarse un dinero, eso formaba parte del juego.»

Mientras hablaban, otros oficiales pasaron por su lado. Por la noche, todos en Osicala sabían ya muy bien que la primera fase había terminado, que el Atlacatl había tomado El Mozote y que tenían prisionera a toda su población. El teniente me dijo que él tenía la impresión de que el plan era pasar el día siguiente interrogando a esas personas «y, al parecer, ésa era también la impresión del mayor, pero, al día siguiente, no me llamó y, ya por la noche, todo el mundo sabía que algo había pasado».

Mientras todavía estaba oscuro, los soldados llegaron a la puerta de Rufina y comenzaron a aporrearla con la culata de los rifles. «¡*Salgan!* —gritaron una vez más—. ¡Salgan aquí!» Sacaron a las familias a empujones. «Queríamos dar de comer a nuestros hijos —cuenta Rufina—, pero nos dijeron que no, que saliéramos a la plaza.»

A su alrededor, los vecinos salían de sus casas; los soldados iban empujándolos y, bajo aquella oscuridad, se tropezaban y chocaban entre ellos. «¡Formen filas! —gritaron los soldados—. ¡Los hombres y los niños mayores, aquí! ¡Y las mujeres y los niños, allí!»

Al poco rato, todo el pueblo de El Mozote estaba en filas en la plaza. Los soldados les ordenaron que no se movieran. Estuvieron de pie durante horas. Los niños, que no habían comido ni descansado, sollozaban y se quejaban; las madres trataban de calmarlos. Los soldados, a diferencia de la noche anterior, apenas dijeron nada. «Lo único que hacían era ir de arriba abajo entre las filas de gente, con cara de pocos amigos y sin decir nada», cuenta Rufina. Hasta que aquel viernes el sol salió sobre el pueblo de El Mozote.

A eso de las siete, empezó a oírse el ruido de un helicóptero aproximándose. Mientras sobrevolaba la zona, los soldados empezaron a arrear a la gente de la plaza. A los hombres los mandaron a la iglesia, una pequeña construcción encalada adyacente a una sacristía aún más pequeña, y a las mujeres y los niños los hacinaron en la casa de Alfredo Márquez, un edificio pequeño ubicado en la calle principal, a pocos metros de la gran casa de Marcos Díaz y justo enfrente de la iglesia y de la sacristía.

Mientras miraba por la ventana de aquella casa abarrotada de gente (habían metido a más de un centenar de mujeres y niños en un espacio destinado a unas doce personas), Rufina vio el helicóptero aterrizar en la plaza y a decenas de oficiales bajar del aparato. Acompañados por soldados del Atlacatl, varios se acercaron a grandes zancadas a la iglesia, donde tenían retenidos a los hombres. Los otros fueron marchando hacia la casa donde estaba ella y se abrieron paso a empujones hasta entrar en aquella habitación abarrotada y ruidosa.

«Tenían bayonetas y las utilizaban para hacer retroceder a las mujeres —cuenta Rufina—. Dijeron que éramos cómplices. Estaban muy enfadados. Preguntaron dónde estabas las pistolas, dónde escondían los hombres las armas y, cuando les decíamos, una y otra vez, que no teníamos nada, nos empujaban con las bayonetas. Y entonces "decían: "Callaos, viejas, dejad de lloriquear". Nos amenazaron con matarnos si no se lo decíamos.»

Apenas unos minutos después, los oficiales salieron y dejaron a los soldados custodiando la puerta. Al mismo tiempo, el helicóptero despegó con varios militares a bordo.

Entonces las mujeres empezaron a oír gritos en la iglesia. «Escuchábamos a los hombres gritar —dice Rufina—: "¡No, no! ¡No nos hagan esto! ¡No nos maten!".»

Cuando escuchó los gritos, Rufina, sentada en un banco con sus hijos, apoyada en el muro frontal de la casa que daba a la iglesia, se subió al banco para mirar por una ventanita que había en lo alto. A través de ella vio a los soldados sacando a grupos de hombres de la pequeña iglesia encalada; los hombres llevaban los ojos vendados y las manos atadas a la espalda. Parejas de soldados llevaban a grupos de cinco o seis hombres más allá de la casa de Alfredo Márquez, alejándolos de la aldea en diferentes direcciones. Después de un rato, vio a su esposo en uno de los grupos y, mientras miraba, junto al pequeño Cristino, que se había subido a su lado, curioso por lo que estaba pasando, ambos lo vieron: Domingo Claros (leñador de veintinueve años, esposo de Rufina y padre de Cristino, María Dolores, Marta Lilián y María Isabel), en un intento desesperado por escapar de los soldados, se echó a correr junto con otro hombre, pero no había donde huir. Los hombres del Atlacatl les apuntaron con sus M-16 y los derribaron con breves ráfagas de fuego. Los soldados fueron hacia donde yacían los hombres jadeantes y, desenvainando sus machetes, se inclinaron sobre ellos, les cogieron del pelo, tiraron de la cabeza hacia atrás bruscamente y los decapitaron con fuertes machetazos en la nuca.

«Me bajé del banco y abracé a mis hijos —cuenta Rufina—. Mi hijo lloraba y decía sin parar que habían matado a su padre. Yo estaba sollozando. Fue entonces cuando supe que se los estaban llevando para matarlos. Lo único que podía hacer era abrazar a mis hijos y llorar.»

Mientras aquellos militares habían estado interrogando a las mujeres, otros interrogaron a los hombres que estaban en la iglesia. Según el informe de Tutela Legal (sin duda alguna escrito con la colaboración de al menos un soldado que había estado presente), «muchos estaban atados con los ojos vendados y los obligaron a tumbarse en el suelo boca abajo mientras los interrogaban; los soldados les pisaban la espalda y les cogían del pelo y tiraban de la cabeza hacia atrás hasta que gritaban de dolor». Sin embargo, a pesar de la brutalidad, al parecer, los interrogatorios de los hombres fueron casi tan superficiales como los de las mujeres. Los militares dedicaron apenas una hora a interrogar a cientos de supuestos cómplices, de manera que resulta difícil creer que esperaran conseguir información útil de la población.

A eso de las ocho, «los soldados levantaron del suelo a varios hombres de los que se encontraban en la iglesia y les cortaron la cabeza con los machetes —narra el informe de Tutela Legal—; los soldados arrastraron los cuerpos y las cabezas de las víctimas decapitadas hasta el convento de la iglesia, donde se amontonaban todos juntos». Seguramente fuera en aquel momento cuando las mujeres de la casa de enfrente empezaron a oír a los hombres gritar.

La decapitación es una tarea lenta y ardua y había más de cien hombres hacinados en aquel pequeño edificio. Después de las primeras decapitaciones (no está claro cuántos murieron en el interior de la iglesia), los soldados empezaron a sacar a los hombres en grupos, Domingo Claros había intentado escapar de uno de los primeros grupos.

Mientras Rufina se acurrucaba con sus hijos en aquella casa atestada de gente, ya de luto por su marido, otras mujeres se subieron al banco junto a ella y se asomaron por la ventanita. Desde allí, también vieron a los soldados sacando a los grupos de hombres de la iglesia y desfilando en diferentes direcciones. A las afueras de la aldea, en el cerro El Pinalito, los guías de Perquín esperaban en compañía de varios cabos (los oficiales les habían ordenado que se quedaran allí para que no los confundieran con la gente del pueblo durante la operación) y, en el transcurso de toda aquella mañana, vieron a los soldados pasar. «Los vi desfilar con grupos de unas diez personas. Todos llevaban los ojos vendados y las manos atadas a la espalda. Luego se empezaron a oír disparos y ráfagas», me dijo un guía. Fuera, en el bosque, los soldados obligaron a los hombres a tumbarse en la tierra boca abajo, igual que la tarde anterior con sus familias. Entonces, los soldados bajaron sus M-16 y dispararon ráfagas contra sus cabezas.

«Toda la mañana se oyeron disparos, llantos y gritos», dice Rufina. En la casa de Alfredo Márquez, algunos niños estaban histéricos y nadie sabía cómo calmarlos. Cristino, entre lágrimas, rogó a su madre que los sacara de aquella casa para que no los mataran, como había visto que habían hecho con su padre. Rufina no podía hacer más que señalar con impotencia a los guardias e intentar calmarlo. Nadie sabía qué podría pasar a continuación. «Todo lo que hacíamos era llorar y abrazarnos.»

Hacia el mediodía, un grupo de soldados entró en la casa. «Es su turno, señoras», dijo uno de los soldados. Explicaron que iban a sacarlas por grupos y que entonces serían libres de irse a casa o hacia el sur, a Gotera, o allá donde quisieran.

Acto seguido, los soldados empezaron a seleccionar, una a una, a las mujeres más jóvenes y a las niñas y se las llevaron hacia la puerta. «Las niñas se aferraban a sus madres y los soldados venían y las separaban —cuenta Rufina—. Se oían gritos y más gritos. Todo el mundo decía «¡No, no! ¡No hagan eso!», pero los soldados golpeaban a las madres con la culata de los fusiles, las separaban y agarraban a las niñas para arrastrarlas con ellos.» Partiendo de la casa de Alfredo Márquez, los soldados desfilaron con el grupo de mujeres jóvenes y niñas (algunas tenían tan sólo diez años) hacia las afueras de la aldea, hasta los cerros El Chingo y La Cruz. Poco después, las mujeres de la casa oyeron los gritos provenientes de los cerros.

Los guías, que estaban cerca, en El Pinalito, también oyeron los gritos. «Oíamos cómo violaban a las mujeres en los cerros —me dijo el hombre de Perquín—). Y luego, pues... los soldados que venían de allí pasaban por delante hablando de ello. Vaya, hablando y bromeando, diciendo lo mucho que les gustaban las niñas de doce años.»

En medio de todo aquello, uno o dos helicópteros (las descripciones difieren, como pasa con muchos detalles de la historia) aterrizaron en la plaza, frente a la iglesia, y bajaron varios militares. Desde su ventajosa perspectiva, el guía dice que reconoció la inconfundible figura de un oficial que ya había visto varias veces: la figura del coronel Jaime Ernesto Flores Grijalba, el comandante de la tercera brigada, en San Miguel, más conocido como «el Gordo». Entre los militares que lo acompañaban, destacaba un personaje famoso, un hombre pequeño pero carismático a quien los soldados del Atlacatl orgullosamente señalaron para que el guía lo viera: el teniente coronel Domingo Monterrosa, su querido comandante.

Después de que el mayor Cáceres y los capitanes de la compañía recibieran a los oficiales tras bajar del helicóptero, los escoltaron a una casa bastante cercana a la iglesia y desaparecieron en su interior. Después de un rato, en cuyo transcurso se fueron sucediendo los asesinatos alrededor de El Mozote (y también en la aldea adyacente de Tierra Colorada, donde algunas tropas del Atlacatl que patrullaban la zona habían empezado a disparar a la gente que encontraban escondida en las casas), los militares se dirigieron andando hacia la plaza, se subieron de nuevo al helicóptero y despegaron de El Mozote.

Sobre esa hora, los soldados regresaron a la casa de Alfredo Márquez. «Aún estaba sentada en el banco con mis hijos —dice Rufina—. Cuando volvieron, comenzaron a separar a las mujeres de sus hijos. Sacaron a las madres y dejaron a los niños llorando. Se llevaron a un grupo y, al rato, volvieron a por otro. Aquello fue lo más triste: poco a poco, las madres desaparecieron y en la casa prácticamente sólo quedaron niños llorando.»

Rufina estaba en uno de los últimos grupos. «Debían de ser alrededor de las cinco. Éramos unas veinte. Yo estaba gritando y forcejeando con los soldados porque llevaba a mi hijo en brazos. Hicieron falta dos soldados para quitármelo. Cuando salí a la calle, yo era la última de mi grupo. Lloraba y me sentía miserable y rogaba a Dios que me ayudara.»

Los soldados desfilaron con las mujeres por la calle principal. Dejaron la casa de Marcos Díaz a la derecha y, a la izquierda, la de Ambrosiano Claros, donde Rufina y su familia habían pasado la noche anterior. La casa de Ambrosiano Claros ardía en llamas. «Vi más casas en llamas, también sangre en el suelo. Doblamos la esquina y caminamos hacia la casa de Israel Márquez. Entonces, la mujer que encabezaba la fila india empezó a gritar. Por la puerta abierta había visto a la gente que había en el interior de la casa.»

La mujer había visto charcos de sangre espesa cubriendo el suelo y, más al fondo, montones de cadáveres ensangrentados: los cuerpos de las mujeres que hacía apenas unos minutos habían estado sentadas junto a ellas en la casa, esperando.

«La primera mujer gritó "¡Hay gente muerta! ¡Están matando a la gente!" y todo el mundo empezó a gritar. A lo largo de toda la fila, las mujeres comenzaron a oponer resistencia, abrazándose entre ellas, rogando a los soldados que no las mataran.

Forcejearon para tratar de meter a empujones en la casa a aquellas mujeres. Un soldado dijo: "No lloren, señoras, el diablo ha venido para llevárselas".»

Rufina, que aún estaba al final de la fila, se arrodilló. «Lloraba y le rogaba a Dios que perdonara mis pecados —dice—. A pesar de estar casi a los pies de los soldados, no les rogaba a ellos, le rogaba a Dios. Me había arrodillado entre un manzano silvestre y un pino. Tal vez eso fue lo que me salvó. Entre los gritos y el alboroto, pasé desapercibida. El soldado que iba detrás de mí había avanzado para echar una mano con las mujeres del principio. No me vieron arrastrarme entre los árboles.»

El manzano silvestre (ese árbol aún sigue en pie, junto a las ruinas de la casa de Israel Márquez, tan retorcido y lleno de nudos como uno pueda imaginarse) estaba a unos cinco metros de la casa. «No podía moverme, tampoco podía llorar —cuenta Rufina—. Tuve que quedarme completamente quieta y en silencio. El grupo entero continuaba fuera de la casa, las mujeres se agarraban y se abrazaban, intentando oponer resistencia. Finalmente, los soldados metieron a varias en la casa. No podía ver, pero empecé a oír disparos y gritos.»

Después, cuando cesaron los gritos y los disparos, varios soldados se marcharon. Unos minutos más tarde, regresaron empujando al último grupo de mujeres y Rufina volvió a oír la secuencia de principio a fin: los gritos de terror, los chillidos, las súplicas y los disparos. Al rato, esos ruidos terminaron. En aquel repentino silencio, se oyó el eco de disparos dispersos y gritos débiles provenientes de los cerros. A pocos metros de donde Rufina se encontraba tumbada, escondida detrás del árbol, nueve o diez soldados soltaron sus armas y cayeron exhaustos en el suelo.

«Bueno, esas putas viejas ya están muertas —dijo alguien—. Ve a prender fuego a la casa.»

Estaba oscureciendo y las llamas tardaron poco en elevarse de la casa de Israel Márquez, resaltando los rostros de los soldados y el tronco del árbol. El calor era tan intenso que Rufina comenzó a temer que el árbol prendiera y ella se viera obligada a salir corriendo. Se había mantenido totalmente inmóvil, casi sin atreverse a respirar, y las piernas habían empezado a dormírsele. Y los soldados, tan cerca que podría haberlos tocado, se quedaron donde estaban, fumando y contemplando el fuego.

«Nos quedaremos aquí a esperar a que las brujas de El Mozote se acerquen al fuego», dijo uno.

Los soldados contemplaban el fuego y charlaban y Rufina, paralizada por el miedo a unos metros de distancia, escuchaba:

—Bueno, hemos matado a todos los hombres y mujeres mayores —dijo uno—, pero todavía queda un montón de niños. ¿Sabes? Muchos son muy guapos, muy hermosos. No me gustaría tener que matarlos a todos. Podríamos quedarnos con algunos, ya sabes, llevárnoslos con nosotros.

—¡Pero qué dices! —contestó otro soldado bruscamente—. Tenemos que acabar con todo el mundo, lo sabes. Son órdenes del coronel. Se trata de un *operativo de tierra arrasada* y también hay que matar a los niños o nos matarán a nosotros.

—Escucha, yo no quiero matar a niños —protestó el primer soldado.

—Mira, tenemos órdenes de acabar con todo el mundo y hay que cumplirlas. Y ya está —dijo otro.

En ese momento, en lo alto del cerro El Pinalito, el capitán Salazar hacía caso omiso de la súplica de un guía para que dejara con vida a los niños. «Si no los matamos ahora —dijo enfadado—, acabarán convirtiéndose en guerrilleros. Tenemos que terminar con ellos cuanto antes.»

Mientras tanto, los soldados seguían sentados, contemplando la casa en llamas. Finalmente, uno se puso en pie. «Bueno, no salió ninguna —dijo—. No hay brujas. Vamos a ver qué comida hay en aquella tienda.»

Acto seguido, los otros hombres se pusieron en pie, recogieron sus fusiles y se fueron. Unos minutos más tarde, Rufina oyó tintineo de botellas en la tienda de Marcos Díaz: «Era como si estuvieran tomándose un refresco».

El fuego seguía ardiendo intensamente, pero el gran manzano silvestre, milagroso que no prendiera, protegía a Rufina del calor. A pesar del crepitar del fuego, aún oía los gritos de las niñas, procedentes del cerro La Cruz. De vez en cuando, se oía una ráfaga de disparos.

Pasado un rato, cuando parecía que los soldados ya se habían terminado los refrescos, Rufina escuchó gritos y chillidos que provenían de la casa de Alfredo Márquez. Eran los niños: «¡Mami, mami! ¡Nos están pegando! ¡Ayúdanos! ¡Nos están cortando! ¡Y están asfixiándonos! ¡Ayúdanos!».

«Entonces oí a uno de mis niños chillar. Mi hijo, Cristino, gritaba "¡Mamá, ayúdame! ¡Van a matarme! ¡Ya han matado a mi hermana! ¡Y me van a matar! ¡Ayúdame!". No sabía qué hacer. Estaban matando a mis hijos. Si volvía para ayudarlos, sabía que me despedazarían, pero no podía soportarlo, no podía con ello. Temía acabar gritando, chillando, volviéndome loca. No podía soportarlo y le rogué a Dios que me ayudara. Le prometí que si me ayudaba le contaría al mundo lo que aquí pasó.

»Luego me recogí el pelo, me anudé la falda entre las piernas y salí a rastras de detrás del árbol. Había animales, vacas y un perro, temí que, si hacía algún ruido, me vieran, pero Dios hizo que me tranquilizara mientras reptaba entre ellos. Me arrastré por la carretera y bajo la alambrada de espino y, al otro lado, me topé con agaves. Me arrastré un poco más entre los pinchos, cavé un pequeño hoyo con las manos y metí la cara en él para poder llorar sin que nadie me oyera. Todavía oía a los niños gritar y me quedé ahí, con la cara metida en el hoyo, llorando.»

Rufina no podía ver a los niños, sólo oía sus gritos mientras los soldados los golpeaban, los acuchillaban con machetes y les aplastaban las cabezas con la culata de los rifles. A muchos otros (los más pequeños, en su mayoría menores de doce años) los arrastraron por la calle desde la casa de Alfredo Márquez hasta la sacristía, los empujaron entre lloros y gritos y los metieron en aquel pequeño cuarto oscuro. Los soldados levantaron sus M-16 y vaciaron sus cargadores en aquel habitáculo lleno de niños.

No todos los niños de El Mozote murieron en la sacristía. Un joven ahora conocido como Chepe Mozote me dijo que, cuando obligaron a la población a reunirse en la plaza aquella noche, se olvidaron de él y de su hermano pequeño, los dos se habían quedado en casa, en las afueras de la aldea, cerca del colegio. A la mañana siguiente, Chepe oyó un montón de disparos, su madre no había vuelto. «Sobre las seis, una decena de soldados con uniformes de camuflaje llegaron a casa —cuenta Chepe—. Me preguntaron dónde estaba mi madre. Yo les dije que había ido a la plaza la noche anterior. Les pregunté si podía verla y me dijeron que no, pero que debía ir con ellos a la cancha, cerca del colegio. Me dijeron que cuando llegáramos allí me dirían dónde estaba mi madre.»

Junto con su hermano pequeño, Chepe se fue con los soldados y los dos los siguieron casa por casa. «Encontramos a unos quince niños —dice— y, entonces, nos llevaron a todos a la cancha. En el camino, oí disparos y vi varios cadáveres, quizá cinco ancianos.» Cuando llegaron a la cancha, «había quizá treinta niños». «Los soldados estaban atando cuerdas a los árboles; yo tenía siete años y no entendía muy bien lo que estaba pasando hasta que vi a uno de los soldados coger a un crío que debía de tener unos tres años, lanzarlo al aire y apuñalarlo con una bayoneta.

»Les cortaron la garganta a varios niños y a muchos otros los colgaron de un árbol. Para entonces, todos estábamos llorando, pero éramos sus prisioneros, no podíamos hacer nada.

Los soldados repetían que éramos guerrilleros y que estaban haciendo justicia, que aquello era justicia. Al final, sólo quedábamos tres. Vi cómo colgaban a mi hermano. Tenía dos años. Sabía que estaba a punto de morir y pensé que sería mejor morir corriendo, así que me eché a correr. Me escabullí entre los soldados y me metí en unos arbustos. Dispararon, pero ninguna de las balas me alcanzó.»

Esa noche, tendida entre los agaves, Rufina Amaya oyó el coro de gritos reducido a tan sólo algunas voces y esas voces debilitándose hasta cesar finalmente. Oyó a los militares ordenar que se prendiera fuego a la casa de Alfredo Márquez, a la iglesia y a la sacristía y, escondida entre los agaves, vio las llamas elevarse y, entonces, oyó de nuevo gritos débiles que provenían de esos edificios, así como breves ráfagas de disparos que acabaron con los pocos heridos que, alcanzados por las llamas, revelaron que aún seguían con vida.

Al poco, los únicos ruidos que se oían eran los que llegaban desde los cerros: risas, gritos intermitentes, algunos disparos… En La Cruz, los soldados violaban a las jóvenes que quedaban. En El Chingo y El Pinalito, otros soldados se ocupaban de preparar el campamento. Abajo, en la aldea, unos cuantos iban de aquí para allá, patrullando. Bastante cerca de la casa todavía en llamas de Israel Márquez, dos soldados se detuvieron de repente y uno de ellos señaló hacia los agaves. Bajó su rifle y disparó y, al momento, su compañero hizo lo mismo. La sarta de balas provocó una lluvia de color verde oscuro de jirones de agave, que revolotearon hasta aterrizar en el suelo. Entonces los soldados avanzaron y echaron un vistazo entre la maleza.

—Estaba aquí —dijo uno de ellos, rebuscando entre los agaves—. La he visto, estoy seguro.

Arriba, en los cerros, los soldados oyeron los disparos, se miraron y esperaron. Luego siguieron con lo que estaban haciendo:

LA MATANZA

contemplar el fuego elevándose desde las casas en llamas y hablar en voz baja entre ellos, comentando la jornada de trabajo. Hablaban fascinados sobre los evangelistas, cuya fe parecía otorgarles un extraño poder. «Decían que quizá algunas personas creían en Dios con tanta fuerza que simplemente se entregaban sin oponer resistencia —me dijo el guía—. También que algunos cantaban incluso mientras los mataban.»

Los soldados hablaron de una persona en concreto aquella noche (también se menciona en el informe de Tutela Legal), una niña de La Cruz a la que habían violado repetidamente aquella tarde, quien, mientras todo aquello sucedía (a diferencia de las otras mujeres de El Mozote, que gritaban y lloraban «como si nunca hubieran estado con un hombre»), cantaba himnos y extrañas canciones evangélicas y siguió cantando incluso después de que terminaran con aquello que tenían que hacer y de que le dispararan en el pecho. Allí tendida en el suelo, en La Cruz, con la sangre brotando de su pecho, siguió cantando, de forma más débil que antes, pero sin dejar de hacerlo. Y los soldados, atónitos, la miraban y la señalaban. Después, cansados del juego, dispararon de nuevo y ella siguió cantando y su asombro empezó a convertirse en miedo, hasta que, finalmente, desenvainaron los machetes y le cortaron el cuello y, por fin, dejó de cantar.

Y los soldados hablaban de ello. Algunos manifestaron que el extraño poder de la niña era prueba de que Dios existía. Y eso los llevó de nuevo a la matanza de los niños. «Había muchas discrepancias entre los soldados sobre si lo que habían hecho estaba bien o si no deberían haberlo hecho», me dijo el guía.

Éste me comentó que, según contaban los soldados, hubo una discusión fuera del colegio, donde había varios niños retenidos. Algunos hombres tenían dudas y dijeron que no querían matar a niños, pero los demás se mofaron de ellos.

87

Según una versión, un soldado llamó gritando al oficial al mando:

—¡Oiga, mayor, aquí hay uno que dice que no quiere matar a niños!

—¿Quién es el pendejo que ha dicho eso? —respondió enojado el mayor, que caminaba dando grandes zancadas.

Éste no dudó en hacer lo que cualquier militar habría hecho en su situación: demostrar su liderazgo. Avanzó hacia el grupo de niños, cogió a un crío, lo lanzó al aire y lo empaló mientras caía. Aquello puso fin a la discusión.

Y, pasado todo aquello, en lo alto de los cerros, los soldados hablaban, discutían y contemplaban las casas en llamas, mientras los dos hombres que estaban abajo seguían rebuscando entre los agaves, maldiciendo las espinas.

—Estoy seguro de que estaba aquí —dijo el primer soldado—. La he visto. Estaba aquí.

—Que no, que no —dijo finalmente su compañero—, que aquí no hay nadie. Estás viendo muertos. Son fantasmas. Los fantasmas de la gente que has matado te están asustando.

Acto seguido, los soldados se miraron, dieron la vuelta y corrieron hacia el centro de la aldea. Rufina, aún entre los agaves, cerró los ojos y se quedó quieta. Pasado un rato, extendió una mano y empezó a rebuscar a tientas entre la maleza, tirando despacito hacia ella de las espinosas ramas, amontonándolas en una pila para cubrirse el cuerpo con ellas.

Todavía seguía allí tumbada cuando las estrellas empezaron a desaparecer de un cielo cada vez más claro. Oyó ruidos de movimiento en los cerros, voces que aumentaban a medida que los hombres se despertaban, orinaban, comían y preparaban sus equipos. Aquí y allá, mientras los soldados los mataban uno a uno, se oía el eco de los disparos mezclado con los ladridos y aullidos de los perros y el mugido de las vacas. Desde lo alto de La Cruz llegó una ráfaga de gritos agudos y súplicas seguida de un coro prolongado de disparos y, finalmente, el silencio. Y entonces, los hombres del Atlacatl, que ya habían cumplido con la operación en El Mozote, se marcharon.

Unas horas antes, cuando el frío de la noche hubo llegado, Rufina Amaya se había echado a temblar, los agaves le habían roto la blusa y la falda y le entraba frío por los agujeros. Las espinas le habían desgarrado los brazos y las piernas y, si bien en el momento no se había dado cuenta, a esa hora podía sentir los cortes, la hinchazón y las palpitaciones, así como la sangre reseca en sus extremidades. Y mientras yacía sollozando entre los pinchos, oyendo a los soldados pasar, los pechos le dolían por culpa de la leche acumulada con la que alimentaba a su hijo menor.

Ni al pasar por delante de la iglesia, aún ardiendo, ni por delante de los cadáveres de los perros y las vacas, ni fuera ya de El Mozote, vieron los hombres del Atlacatl aquella forma oscura entre los agaves ni el montón de hojas verde oscuro. Tenían las mentes ocupadas en el trabajo que aquella mañana de sábado del mes de diciembre los esperaba en la aldea de Los Toriles.

Allí, «los soldados sacaron a la gente de sus casas y la empujaron hasta la plaza; después les quitaron el dinero y cualquier cosa de valor que tuvieran en los bolsillos y, finalmente, pusieron a todos en fila contra un muro y les dispararon con ametralladoras. Cayeron derribados como árboles», me contó el guía.

Aun así, la masacre de Los Toriles se prolongó durante buena parte del día. Algunos de los habitantes, tras haber visto las columnas de humo que se elevaban desde El Mozote la tarde anterior, huyeron para esconderse en las cuevas que había sobre la aldea, pero la mayoría se quedó para proteger los hogares: en una operación anterior, los soldados habían prendido fuego a las casas que habían encontrado vacías argumentado que éstas pertenecían a los guerrilleros.

Por la tarde, las calles de Los Toriles se encontraban llenas de cadáveres. «Aquello era horrible, teníamos que saltar por encima de los muertos para no pisarlos. Había perros, vacas y otros animales, personas de todas las edades, desde recién nacidos hasta muy ancianos. Vi cómo disparaban a una anciana, a la que tuvieron que sostener para poder matarla. Me invadía la pena. Ojalá nos hubiéramos echado al monte y nos hubiéramos unido a los guerrilleros: ver a todos esos niños muertos me llenaba de tristeza», me contó el guía.

Al atardecer, los soldados iban por el pueblo prendiendo fuego a las casas. Ya era de noche cuando se marcharon de Los Toriles; se dirigían hacia la base de la guerrilla en La Guacamaya. Acamparon al raso, se levantaron de madrugada y, cuando se disponían a salir de nuevo, el capitán Salazar les hizo un gesto. Los hombres del Atlacatl se sentaron en círculo, con las piernas cruzadas, y él se levantó para dirigirse a ellos.

«¡Señores! —dijo el capitán, airado—. Lo que hicimos ayer y anteayer se llama guerra. En eso consiste la guerra. La guerra es el infierno. Y si les ordeno que maten a sus madres, eso es precisamente lo que harán, pinches idiotas. Así que no quiero oír que, después, mientras beben y hacen el pendejo, lloriquean y se quejan de lo horrible que es todo. No quiero oírlo. Porque lo que hicimos ayer, lo que hemos estado haciendo en esta operación... eso es la guerra, señores, y así es la guerra.» Y, durante al menos media hora, el capitán siguió hablando con aquella voz áspera mientras los hombres se movían inquietos.

«Se había estado hablando mucho sobre si habían hecho lo correcto y, obviamente, el capitán se enteró», dijo el guía. Cuando la diatriba terminó, los hombres se pusieron en pie. Poco después, ya estaban en marcha rumbo al sur.

Llegaron a La Guacamaya entrada la tarde. Aparte de animales muertos, no encontraron nada allí: los guerrilleros se habían ido hacía tiempo. Los soldados pasaron dos noches allí para descansar y limpiar su equipo. Aterrizaron algunos helicópteros, bajaron el coronel Flores y otros militares de rango; se reunieron con los militares del Atlacatl para llevar a cabo una sesión de «evaluación y coordinación». La operación ya estaba llegando a su fin.

«Para entonces, ya sólo se trataba de un trámite, un juego de niños. Hacía tiempo que los guerrilleros ya se habían ido y todo el mundo lo sabía», me dijo el mayor implicado en la operación.

La segunda mañana, los hombres del Atlacatl partieron hacia el oeste, en dirección a la calle negra. En el camino pasaron por la aldea de La Joya. «Todo estaba muerto allí, animales y personas entremezclados. Había buitres por todas partes. Era imposible estar allí, el olor era insoportable», me contó el guía.

Sobre la aldea, en las cuevas, los barrancos y las boscosas quebradas, quienes habían logrado escapar de las tropas temblaban y esperaban, intentando tranquilizar a sus hijos. Algunos habían abandonado sus hogares antes de que llegaran los soldados; otros habían conseguido huir cuando los hombres del Atlacatl, el día en que compañeros suyos «limpiaban» El Mozote, habían irrumpido en La Joya. Andrea Márquez, una joven de veinte años cuando ocurrió aquello, así lo cuenta: «De repente, todo se llenó de disparos y explosiones. Al principio, ni siquiera vimos a los soldados. Las balas volaban por todas partes. Agarré a mi hija, por aquel entonces de año y medio, y me la subí a la espalda y empecé a reptar entre la maleza en medio de las explosiones y las balas que no paraban de volar por todas partes». Me enseñó una desagradable cicatriz de una herida de metralla en la rodilla. «Nos arrastramos y luego corrimos sin parar y, después de un rato, mi hija empezó a hacer ruidos, como si tuviera sed, así que le di la vuelta y vi que tenía una herida en la cabeza y, entonces, me di cuenta de que yo estaba cubierta de sangre.»

No había nadie más alrededor (la gente se había dispersado durante el asalto de los soldados) y Andrea Márquez tenía demasiado miedo como para volver a La Joya. Con su niña en brazos, subió por la montaña hasta llegar más arriba, encontró una cueva e intentó curar la herida de su hija con hojas y agua de un arroyo. Ocho días más tarde, cavó un hoyo con un palo que encontró y enterró a su pequeña. Después, delirante por el dolor, la conmoción y el miedo, deambuló hacia lo alto de las montañas del norte.

Meses después, entre los supervivientes (los pocos que quedaban en Morazán), se empezó a rumorear tímidamente que una bruja se aparecía por las montañas; de vez en cuando, bajo la luz de la luna, ya entrada la noche, se podía entrever a una mujer salvaje, desnuda y con el pelo hasta las caderas agachada junto a un arroyo, descarnando un pez convulso con unas uñas largas y afiladas. Los aldeanos la temían porque sabían que después de la *matanza*, de la gran masacre de El Mozote, la bruja había comenzado a aparecerse por las montañas.

6.
LOS PRIMEROS INFORMES

A medida que la marea de soldados refluía desde el norte de Morazán, los guerrilleros regresaban. «Sabíamos que habría muertos, pero nunca podríamos haber imaginado lo que nos encontramos. Aquello era desolador, completamente desolador: no quedaba ni una persona viva, ni un animal vivo, ni una casa que no estuviera calcinada. Había cadáveres en las casas, en el campo, en los pozos...», me contó Licho, que estaba en una de las primeras unidades que volvió.

Los guerrilleros informaron enseguida de la matanza a sus comandantes, pero, según cuenta Licho, había un problema: «La *comandancia* no nos creyó, no se creían las cifras. Así que empezamos a contar. Enviamos unidades a todas partes para que encontraran los cuerpos. Muchos no estaban en las casas, sino tirados en la hierba, en el campo, en el bosque... Enviamos tres informes a la *comandancia* y, finalmente, mandaron a varias personas a la zona porque seguían sin creerse las cifras».

Los supervivientes rezagados volvían de las cuevas y las quebradas para encontrarse con las plazas de sus pueblos devastados tan llenas de buitres que, en palabras de un hombre con el que hablé, «parecían estar cubiertas por una alfombra negra en movimiento». La gente lloraba y se lamentaba y, cuando era posible, enterraban a sus muertos. Cuando Pedro Chicas, que se había escondido en una cueva situada sobre La Joya, regresó a la aldea, encontró «todo quemado, sin vida, con cadáveres por toda la calle. Todo estaba muerto: las vacas, los caballos, las gallinas, los cerdos... No pudimos hacer nada con la gente carbonizada, pero a los demás los enterramos».

Mientras los supervivientes regresaban a las aldeas cercanas a El Mozote, los lugareños contactaban con representantes de Socorro Jurídico (por aquel entonces, una organización de derechos humanos del arzobispado de San Salvador). Roberto Cuéllar, director de Socorro Jurídico en aquel momento, recuerda haberse enterado a través de «miembros de grupos eclesiásticos, de la gente de allí, los vecinos». En cuestión de días (no está claro cuántos: unos recuerdos escasos y, a veces, contradictorios dificultan especialmente reconstruir la secuencia), Cuéllar llamó al reverendo William L. Wipfler, director de la oficina de derechos humanos del Consejo Nacional de Iglesias, en Nueva York. «Cuéllar me contó que el Batallón Atlacatl había cometido una masacre en un pueblo llamado El Mozote y en otro llamado La Joya, que creía que había cientos de muertos y que todavía no se había limpiado —explica Wipfler—. Socorro Jurídico contaba con la versión de unos testigos presenciales: habían enviado a dos personas a El Mozote.»

Wipfler mandó inmediatamente un telegrama al embajador Hinton pidiendo «confirmación o desmentido» de «declaraciones fiables recibidas aquí [que] indican que entre el 10 y el 13 de diciembre una operación conjunta de las fuerzas militares y de seguridad tuvo lugar en el departamento de Morazán, traduciéndose en la muerte de más de novecientos civiles». También llamó a responsables de Amnistía Internacional y otras importantes organizaciones de derechos humanos de Nueva York y Washington y dejó un mensaje para Raymond Bonner, corresponsal del *New York Times* en Ciudad de México. Según Wipfler, la llamada de Cuéllar tuvo lugar como muy tarde el 20 de diciembre, probablemente antes. (El telegrama para Hinton, enviado en nombre del reverendo Eugene Stockwell, el jefe de Wipfler, databa del 15 de diciembre, cuatro días después de la masacre, pero existe la posibilidad de que se enviara a los pocos días.)

El 17 de diciembre, un Santiago agotado llegó tambaleándose a un campamento de guerrilla en Jucuarán (una población situada a unos ochenta kilómetros al sur de La Guacamaya) junto con el resto del equipo de Venceremos y, allí, según cuenta, le aguardaba un mensaje de la radio de Morazán: «El Batallón Atlacatl masacró a un millar de campesinos en varias aldeas y pueblos».

Si el recuerdo de Santiago de la fecha es correcto, esa cifra llegada menos de una semana después de la matanza no podía ser más que una estimación muy aproximada: los soldados aún ocupaban La Guacamaya y la zona de El Mozote y quizá el recuento de los guerrilleros no fuera muy preciso, pero, tras varios días de recuento en algunas de aquellas hediondas aldeas y de la elaboración, con ayuda de los supervivientes, de listas parciales de nombres, los *comandantes* finalmente se vieron obligados a creer que habían muerto cientos de personas y, al parecer, habían redondeado la cifra a mil. Y ahora querían que Santiago y su equipo volvieran: los esperaba un nuevo transmisor en Jucuarán con que lograr que el resto del mundo también creyera todo aquello.

Después de cinco noches enteras de marchas, el pequeño equipo de Venceremos entró en el barranco de El Zapotal. Era el mediodía del 24 de diciembre. Aquella víspera de Navidad, según sus recuerdos, Santiago logró captar las ondas, contar al mundo que Radio Venceremos había renacido e informar de que, en el transcurso de sus dos semanas de silencio, había tenido lugar en el norte de Morazán una gran matanza. Aquello fue el comienzo de una ambiciosa campaña de propaganda que fue cobrando fuerza progresivamente en diciembre, enero y febrero. La propaganda se basaba en la verdad, supuestamente el arma más eficaz, pero el Gobierno salvadoreño y, posteriormente, el estadounidense se encargaron de utilizar hábilmente el hecho de que no dejaba de ser propaganda (y, en concreto, el hecho de que el número de muertos parecía aumentar con cada emisión) para socavar la verdad.

El 29 de diciembre, los guerrilleros atacaron los destacamentos que el Ejército había mantenido para ocupar algunas de las aldeas de la zona, incluyendo La Guacamaya y El Mozote o sus alrededores. «El ataque a La Guacamaya se convirtió en un gran baño de sangre —me contó el comandante guerrillero Villalobos—. El teniente al mando sabía que estaba en una situación desesperada, pero se negaba a rendirse, probablemente porque sabía lo que había pasado en El Mozote y temía que hubiera represalias. Destruimos por completo su puesto y murió en combate. Lo enterramos con su uniforme para honrarlo.»

Los guerrilleros tomaron siete prisioneros en la operación y a dos de ellos los utilizaron un par de días más tarde en lo que Santiago llamó la «batalla informativa para denunciar el genocidio». Ambos prisioneros describieron lo que habían presenciado en Cerro Pando, un pueblo situado a cinco kilómetros al sur de El Mozote. «Contaba con ver muertos porque habíamos hablado con algunas tropas que ya habían estado por allí y que nos habían contado que habían matado a muchos guerrilleros —dijo un sargento—, pero miramos en el interior de las casas... y me di cuenta de que no fue como nos lo habían contado porque vi a niños muertos, una madre estaba abrazada a uno de sus hijos, creo que el más pequeño.»

El propio Santiago visitó El Mozote con su «unidad móvil» y ofreció una descripción de aquella devastación, de la que dijo que era «como si un ciclón hubiera pasado» por allí, que de las ruinas de la sacristía llegaba «un hedor insoportable que indicaba que debajo [...] se encontraban quién sabe cuántos cadáveres de personas de El Mozote» y que en aquel edificio destrozado pudo ver «escenas macabras, mechones de pelo humano y dedos entre los escombros».

Hacia finales de diciembre, el FMLN se puso en contacto con Raymond Bonner, del *Times*, para informarle de que habían aprobado la solicitud que tenía pendiente para visitar el territorio guerrillero: lo esperarían en Morazán a principios de enero.

También por aquel entonces, una patrulla guerrillera se topó con varios campesinos asustados en un barranco, entre ellos, una mujer de treinta y ocho años en un estado cercano a la histeria, cuyas piernas, brazos y cara estaban llenos de cortes. Los campesinos dijeron que la habían encontrado cerca de un río, agazapada, casi desnuda, con las extremidades y el cuerpo manchados de sangre y cubiertos de pinchos. «Casi no podía hablar —recuerda Rufina Amaya—. Hablaba y lloraba, lloraba y hablaba... No podía comer, no podía beber... Sólo balbuceaba, lloraba y hablaba con Dios.»

Los guerrilleros la habían encontrado y se alegraron al descubrir quién era. «Les alegraba que hubiera al menos un superviviente —cuenta Rufina—. Todos se acercaron a mí y me abrazaron. No sabía qué estaba pasando, quiénes eran o qué querían.» La llevaron a El Zapotal, la entrevistaron y, al poco tiempo, la voz de Rufina Amaya, que contó detalladamente la historia de lo sucedido en El Mozote, se oyó en todo El Salvador.

El 31 de diciembre, la comandancia general del frente de Morazán del FMLN hizo «un llamamiento a la Cruz Roja Internacional, a la Comisión de los Derechos Humanos de la OEA, la Organización de los Estados Americanos, y a la prensa internacional para que confirmaran el genocidio de más de novecientos salvadoreños» en El Mozote y en las aldeas de los alrededores. «Les pedimos a estas organizaciones que sean los ojos de la conciencia del mundo», dijeron los *comandantes*.

Aquella noche, mientras Radio Venceremos transmitía una misa «en memoria de los miles de masacrados», el presidente provisional de El Salvador, José Napoleón Duarte, se vio obligado a hablar por la radio y negar las acusaciones personalmente. Dijo que toda esa historia de la masacre era «una artimaña de la guerrilla» cuyo objetivo era desprestigiar su Gobierno justo cuando el Congreso de Estados Unidos estaba considerando prestar ayuda a El Salvador.

Duarte tenía razón al menos en un aspecto: aunque la polémica de El Mozote parecía centrarse en lo que había sucedido en unas pocas aldeas de una remota región de El Salvador, la cuestión se centraba en Washington y, en concreto, en el Congreso, una institución que se percibía como el eslabón más débil en la coraza del Gobierno salvadoreño. El Congreso aprobaba los presupuestos con los que se pagaban las armas, los helicópteros y los asesores militares estadounidenses y, aquellos últimos años, a medida que las atrocidades habían ido en aumento, el Congreso se mostraba más reticente. Dos días antes del discurso de Duarte, Reagan había firmado la enmienda del Congreso a la Ley de Asistencia Exterior de 1961, una ley que exigía al presidente «garantizar» que el Gobierno de El Salvador estaba «haciendo un gran esfuerzo coordinado para respetar los derechos humanos internacionalmente reconocidos» y «consiguiendo ganar un control significativo sobre todas las facciones de sus propias fuerzas armadas, con el objetivo de poner fin a la tortura y el asesinato indiscriminados de los ciudadanos salvadoreños por parte de dichas fuerzas». Si esa garantía no se presentaba en el Congreso antes del 29 de enero y se defendía de manera convincente, todos los fondos y las ayudas para El Salvador se suspenderían de forma inmediata.

Ahora, todas las partes se preparaban para el debate sobre la garantía, un trámite que concedería a los congresistas, los líderes religiosos, los jefes de grupos de derechos humanos y otros interesados una nueva oportunidad de documentar los abusos cometidos por el Gobierno de El Salvador durante la guerra. Por su parte, los funcionarios de la Administración, tanto en Washington como en la embajada de Estados Unidos en San Salvador, se preparaban para defender al Gobierno y demostrar que, a pesar de las apariencias, los salvadoreños estaban mejorando en la cuestión de los derechos humanos. Muchos de esos funcionarios desdeñaban el requerimiento de la garantía.

«Si de verdad para el Congreso era tan sumamente importante la vulneración de los derechos humanos, podría haber recortado las ayudas —me dijo Elliott Abrams, que acababa de prestar juramento como subsecretario de Estado de Derechos Humanos y Asuntos Humanitarios—, pero el Congreso no recortó las ayudas, ya que no quería correr el riesgo de que lo culparan de "perder" El Salvador si, como resultado, ganaban los guerrilleros. En su lugar, exigieron la garantía, lo que significa que accedieron a financiar la guerra reservándose la posibilidad de llamarnos fascistas.» Deane Hinton, por entonces embajador de Estados Unidos, dijo más tarde en una entrevista que él veía la garantía «como una manera de que el Congreso [...] estuviera al mismo tiempo a favor y en contra de algo». Añadió que los congresistas, por un lado, «no querían asumir la responsabilidad de negarle recursos al Gobierno de El Salvador, pero, por otro, tampoco querían respaldarlo, por lo que crearon un procedimiento de certificación e hicieron al resto pasar por el aro y el presidente tuvo que certificarlo. Una forma de escaqueo en política de la que se sirven muchos congresistas».[1]

Según la opinión no manifiesta de muchos funcionarios de la Administración, en la base de ese «escaqueo político» subya-

[1] Como se indica en el texto, el embajador Hinton rechazó hablar conmigo. Las citas señaladas provienen de la transcripción de una entrevista con Manwaring y Prisk para *El Salvador at War: An Oral History*, mencionado anteriormente. Todas las transcripciones de las entrevistas realizadas para dicho libro se encuentran en el Archivo Nacional de Seguridad de Washington.

Para una crónica minuciosa y reflexionada del proceso de certificación (cómo se desarrolló y su funcionamiento), véase Cynthia J. Arnson, *Crossroads: Congress, the President, and Central America, 1976-1993* (Pennsylvania State University Press, University Park, 1993), páginas 69-74 y 84-94.

cía una verdad muy simple: cuando llegó el momento de apoyar al Gobierno de El Salvador (a pesar de sus inapropiados métodos) o de permitir que ganaran los guerrilleros, la elección estaba clara y la única diferencia entre la gente de la Administración y los hipócritas del Congreso era que los hombres de Reagan no tenían miedo a hablar sin rodeos. Abrams me contó que «le decía a la gente: "A ver, entiendo que aboguen por una victoria del FMLN en los ámbitos político o económico, pero... ¿en el de los derechos humanos? Eso es una locura"». Abrams invertía el argumento de los derechos humanos y afirmaba que abogar por recortar las ayudas era, en efecto, favorecer una victoria de la guerrilla y que, al final, por muy mal que hubiera obrado el Gobierno salvadoreño, aquellas atrocidades colectivas nunca serían equivalentes al desastre general que representaría para los derechos humanos una victoria del FMLN.

A pesar de lo que uno pueda pensar de la lógica de esta perspectiva (y de su premisa de que los guerrilleros, de haber conseguido alcanzar el poder, ni de lejos habrían actuado de forma tan violenta y salvaje contra su propio pueblo como lo había hecho el Ejército salvadoreño), lo cierto es que la posición de Abrams no provocó el hundimiento moral, ni los abruptos cambios políticos que generó la Administración Carter. Sin duda, ello se debía en parte a que sólo era eso, una posición, pues, en el invierno de 1981, había quedado claro para todos, incluido el cuerpo de oficiales salvadoreños, que, para los estadounidenses en El Salvador, la «seguridad nacional» era lo primero. El argumento de Abrams parecía haber estado enfocado en persuadir a quienes (demócratas, principalmente), por mucho que desaprobaran la violación de los derechos humanos en El Salvador, les preocupaba asumir la responsabilidad de cualquier avance del comunismo en ese hemisferio. El día siguiente a la presentación de la garantía en el Congreso, el Departamento de Estado envió un telegrama en nombre de Haig, el

secretario de Estado, instando a los diplomáticos estadounidenses a describir la política de El Salvador como una política
«de resignación: apoyar a una junta reformista, con un montón
de huevos podridos tanto dentro como fuera de ella, con el objetivo de evitar una elección somocista-sandinista. Y resulta
frívolo e injusto que los críticos limitaran su enfoque a la resignación sin tener en cuenta los objetivos más amplios de la política». Para quienes «no podían aceptar» el Gobierno salvadoreño vigente, Haig escribió lo siguiente: «La respuesta sincera
no es decir que la junta —sorpresa— está asediada y viciada,
sino más bien defender que para Estados Unidos es aceptable
que El Salvador siga el camino de Cuba».

En este contexto, el embajador Hinton y el Departamento de
Estado comenzaron a recibir informes sobre una masacre en
Morazán. «Por si no tuviéramos bastante, si lo de El Mozote era
cierto, habría podido acabar con todo el esfuerzo —me dijo
Thomas O. Enders, el secretario de Estado de Asuntos Interamericanos—. "¿Quién sabe?" fue sin duda lo que pensé cuando
escuché sobre el tema por primera vez.»

La embajada comenzó un contraataque siguiendo un plan que
mantuvo hasta el final: desacreditar los informes no mediante la
investigación de los hechos, sino cuestionando las fuentes de los
mismos. En respuesta a la petición del reverendo Wipfler, del
Consejo Nacional de Iglesias, Hinton le envió un telegrama el 8
de enero, donde decía así: «Desconozco cuáles son sus fuentes,
pero las únicas que he visto que afirmen algo así son los informes
de la clandestina Radio Venceremos». Después, el embajador
citó al completo un texto muy duro de Venceremos, con fecha
del 2 de enero, en el que se comparaba varias veces El Mozote
con My Lai, añadió que le «parecía interesante» que en un comunicado de la guerrilla de hacía dos días no se mencionara El
Mozote por ninguna parte y concluyó diciendo que «no [consi-
deraba] que Radio Venceremos [fuera] una fuente fiable».

Hinton (no quiso ser entrevistado para esta crónica) debería haber sabido que no era posible que el Consejo Nacional de Iglesias hubiera conseguido la información a través de Radio Venceremos. (Entre otras cosas, el telegrama de Wipfler se envió antes de que la emisora reanudara las transmisiones.) Probablemente, él mismo ya había recibido noticias de fuentes propias de que algo había pasado en Morazán: después de todo, por aquel entonces había al menos diez asesores estadounidenses trabajando con el Atlacatl. Según uno de ellos, los miembros del Milgroup (el grupo militar asesor de la embajada) habían llamado a la base del Atlacatl en La Libertad pocos días después de la masacre. «Llamaron y hablaron con la gente de las fuerzas especiales y les dijeron que querían que fuera Monterrosa, que querían hablar con él de algo que había ocurrido durante la operación —me dijo este asesor—, pero Monterrosa simplemente se subió a su helicóptero y dijo "Si quieren hablar conmigo, estaré con mis tropas". Él no iba a ir a hablar con aquellos hombres. Y añadió: "Si voy y dejo que me hablen del tema, jamás conseguiré que alguien vuelva a luchar por mí". Y luego se metió en el helicóptero y se fue» de vuelta a Morazán.

¿Cómo es posible que los oficiales del Milgroup se enteraran tan rápido de que «algo había pasado» en Morazán? Aunque el asesor piensa que fueron los guerrilleros quienes avisaron a la embajada, varios altos cargos salvadoreños, incluido un importante político de la época que tenía muchos amigos entre los militares de rango, afirman que, de hecho, había dos asesores estadounidenses que tenían bajo observación el funcionamiento del campamento base de Osicala. A primera vista, la acusación no es del todo inverosímil: se sabía que algunos asesores estadounidenses habían violado la prohibición de acompañar a sus cargos en el campo de batalla, pero es imposible confirmarlo. El coronel Moody Hayes, por aquel entonces comandante del Milgroup, se negó a hablar conmigo sobre El Mozote, argu-

mentando que no sabía «si todavía había información clasificada», mientras que los responsables de la oficina del agregado
de Defensa y del Milgroup que solían estar dispuestos a hablar
rechazaban la acusación por carecer de fundamento. Sin embargo, los hombres del Departamento de Estado estaban claramente preocupados por la posibilidad de que fuera verdad.

«Sin duda, recuerdo que uno de los temas que salieron entre la
embajada y nosotros fue si hubo asesores estadounidenses en
esa misión —cuenta Enders—. La embajada hizo un gran esfuerzo por hablar con los asesores que estaban con el Atlacatl
con el objetivo de intentar averiguar la verdad.»

Por supuesto, si hubiera sido cierto que los estadounidenses
estaban en Osicala, habría sido muy difícil hacer pública la verdad (o, igualmente, confiársela a un superior). Los oficiales implicados sabrían, como Enders reconoció, que admitir un juicio
erróneo tan desafortunado «habría acabado con la carrera de
esos hombres, los habrían destituido, así que nadie diría voluntariamente que había estado allí». Por esa misma razón, los
miembros de la embajada seguramente fueran muy conscientes
del efecto que una revelación como aquélla habría tenido en el
esfuerzo de Estados Unidos en El Salvador. «Habría sido devastador —dijo Enders—. ¿Asesores estadounidenses colaborando
con una unidad que hizo tal barbaridad? Devastador. ¿Se te ocurre algo más destructivo para todo ese esfuerzo militar?» En un
momento así, bien podría haber hecho que la guerra salvadoreña fuera, en palabras de Enders, «infinanciable». No obstante,
Enders insiste en que, dado el pequeño número de asesores implicados, si hubieran estado allí, se habrían enterado. (Mientras
tanto, Radio Venceremos logró sembrar la duda sobre el asunto
reiterando que los estadounidenses realmente habían estado
con el Atlacatl en El Mozote, una acusación de la que no había
pruebas. También afirmaron que, entre otras cosas, los soldados
mataron a niños en El Mozote metiéndolos en hornos.)

A mediados de diciembre de 1981, «fuentes fidedignas de la izquierda» se dirigieron a Todd Greentree, el subagregado de información, para contarle que en Morazán había tenido lugar una masacre. Por los informes del agregado de Defensa, Greentree estaba al corriente de la Operación Rescate, pero no sabía nada de una masacre. «Me enteré por primera vez por la izquierda —dice Greentree, hoy en día encargado de Nicaragua en el Departamento de Estado—. Lo más importante fue que me ofrecieron un salvoconducto especial para ir allí y verlo con mis propios ojos. Obviamente, la decisión la tomó el alto mando del FMLN con fines propagandísticos. Sabía que, si me estaban ofreciendo un salvoconducto, era porque los guerrilleros jamás fingirían algo así, no podían habérselo inventado. Estaba convencido de que algo había pasado, algo malo, es decir, estaba claro que si lo hacían, era porque algo había pasado.»

Greentree le transmitió el mensaje de la izquierda al embajador Hinton. Se reunieron. Según Greentree, «ésta fue su respuesta: "No, no puedes hacerlo al amparo de los guerrilleros, sería demasiado arriesgado, se lo estarías poniendo en bandeja". En definitiva, debo destacar que nunca tuve la impresión de que simplemente quisieran que aquello se acabara, pero actuábamos bajo limitaciones políticas y militares». Como me dijo Kenneth Bleakley, segundo jefe de misión, «Todd era un oficial joven con mucho valor, pero enviar a alguien allí constituía un riesgo enorme».

Claramente, la decisión estaba en manos del embajador. «Por mucho que hubiéramos querido obtener más información, nadie en el Estado iba a hacer esa llamada. Sin duda, era el embajador quien tenía que hacerla. Y, por allí, en aquel momento, el personal de la embajada estaba en el punto de mira del FMLN», cuenta Peter Romero, especialista en El Salvador del Departamento de Estado.

Greentree tuvo que rechazar la oferta de los guerrilleros de visitar El Mozote a fin de echar un vistazo por sí mismo, pero, como supo poco después, otros dos estadounidenses estaban a punto de hacer precisamente eso.

El 3 de enero, ya entrada la tarde, en las montañas cercanas a la frontera de El Salvador, un coche lleno de polvo se detuvo y descargó en aquel paisaje estéril de Honduras a dos estadounidenses calzados con botas de montaña. Tiraron los macutos al suelo, se estiraron, miraron a su alrededor en la oscuridad, deambularon por el camino de tierra y, después de buscar unos minutos, encontraron al chico que estaba esperándolos: su contacto del FMLN. El chico los observó mientras se cargaban los macutos y, entonces, los guio bajo la tranquila oscuridad, bajando por un sendero rocoso hacia la orilla de un río. A la luz de la luna, los tres se desvistieron y, con la ropa y las mochilas sobre la cabeza, se adentraron inseguros en el torrente de agua fría hasta que llegaron a la otra orilla, la frontera del departamento de Morazán, en manos de la guerrilla.

«Estaba cagado de miedo —dice Raymond Bonner—. Sólo pensaba en los militares, me preguntaba si nos habrían tendido una emboscada.»

Y no era para menos (apenas dos meses después, los soldados tendieron una emboscada a cuatro periodistas holandeses que iban con los guerrilleros y los mataron), ya que Bonner, del *New York Times*, y la fotógrafa Susan Meiselas (junto con Alma Guillermoprieto, del *Washington Post*, que los siguió hasta Morazán diez días después) eran los primeros periodista de grandes diarios estadounidenses que cubrirían la guerra salvadoreña desde el bando de la guerrilla. «Llevaba mucho tiempo queriendo ir —dice Bonner—. Cualquier reportero que se preciara quería ir, es decir, estábamos luchando en aquella guerra, pero ¿contra quién estábamos luchando?»

Bonner y Guillermoprieto llevaban varios meses organizando aquel viaje, presionando a sus contactos del FMLN en México y en Nueva York, así como en El Salvador. A principios de diciembre, por fin se confirmaron sus viajes, que justo se cancelaron cuando comenzó la Operación Rescate. «Me fui a casa por Navidad y luego fui para allá; la verdad es que había mucho secretismo. Craig Whitney (por entonces, director adjunto de la redacción internacional del *Times*) y yo teníamos un código: "Se ha pospuesto mi viaje a Alaska..." y cosas así», cuenta Bonner, quien, debido a que el *Times* no tenía sede en Centroamérica, estaba oficialmente vinculado a la redacción local del periódico.

Ese mismo mes, sus contactos le informaron de que el viaje volvía a estar en marcha. «En cuanto a la acusación de que los guerrilleros nos llevaron con ellos para informar de la masacre, ahora puedo decir que fue así —dijo—, pero, en aquel momento, yo no sabía nada de la matanza.»

Bonner llamó a Meiselas, en Nueva York, y, en un gesto magnánimo, antes de volar a Tegucigalpa, también llamó a Guillermoprieto, en Ciudad de México, quien inmediatamente le resumió su propia «desesperada, tensa y constante presión telefónica» con sus contactos del FMLN. Diez días más tarde, después de encontrarse con un contacto de la guerrilla en el mercado de Tegucigalpa, la dejaron «debajo de un arbusto en mitad de la noche», cerca de la frontera con Honduras, junto con algunas provisiones.

«Estaba allí sentada temblando, el tiempo no pasaba —cuenta—. Por fin, abriéndose paso entre la maleza, aparecieron ocho o diez *compas*. Empecé a murmurar y me dijeron que me callara. Ya habían recogido anteriormente a Susan y a Ray y la idea de llevar a otro reportero incapaz de cargar con el equipo no les agradaba. Maldijeron y se quejaron.

»Cargaron y empezaron a caminar. Todo estaba oscuro. Mi corazón latía tan fuerte que no podía oír nada. Cuando llegamos al río, la luna ya había salido y se veía todo. Vadearon el río y me dejaron allí, de pie. Finalmente, uno de ellos se acercó y, abochornado, me dijo que tenía que quitarme la ropa. Eran campesinos, ya sabes, puritanos. Así que allí estaba yo, en la orilla del río, bajo la luz de la luna, sólo con la ropa interior. Vadeé el río yo sola y casi me ahogo. Mi cámara se rompió, el macuto estaba mojado. Se acercó alguien, me lanzó unas tortillas frías y empezamos a caminar de nuevo. Estaba mojada y muerta de miedo y me sentía sola y miserable.»

Bonner, Meiselas y Guillermoprieto describen el viaje de la misma forma: caminaron toda la noche por las montañas bajo la luz de la luna y, al amanecer, llegaron al primer campamento guerrillero: unas cuantas tiendas de campaña bajo un pinar con capacidad para veinticinco o treinta personas. Guillermoprieto cuenta que los guerrilleros eran irascibles y tenían muy mal genio, «estaban bajo mucha presión». Los guías no les decían dónde estaban ni hacia dónde iban exactamente. «Los guerrilleros estaban muy muy asustados por el tema de la seguridad y no hablaban mucho —dice—. Nuestra ubicación era secreto militar, no querían darnos detalles».

Al amanecer del tercer día (el 6 de enero), Bonner y Meiselas llegaron a la zona de El Mozote. «Había cuerpos y trozos de cuerpos —dice Meiselas—. Vimos unas veinticinco casas destruidas alrededor de Arambala y El Mozote. Mi peor recuerdo es un grupo de catorce evangelistas que se habían reunido creyendo que su fe los protegería. Estaban esparcidos por la tierra, junto a un maizal, y en sus caras se veía el horror por el que habían pasado.»

Conocieron a Rufina Amaya en un entierro celebrado cerca de El Zapotal y allí Bonner la entrevistó detenidamente. Unos días más tarde, los guerrilleros le dieron una lista de nombres. «Estaba sentado en un murete, viendo a unos reclutas guerrilleros entrenar —cuenta Bonner—. Iban desfilando de un lado a otro con palos (no tenían ni la más remota idea de lo que estaban haciendo) y, entonces, se acercaron unos tipos con una lista manuscrita de varias páginas.» Le dijeron que contenía los nombres de las personas que habían muerto en El Mozote y en las aldeas de los alrededores. «Hice la cuenta: la cifra rondaba los setecientos. Intenté dar con el número de hombres, mujeres y niños y conseguí una muestra de nombres», dijo Bonner.

Unos días más tarde, después de ver a los guerrilleros recuperar Jocoaitique, Bonner y Meiselas comenzaron el camino de vuelta a Honduras.

En el campamento intermedio encontraron a una maltrecha Guillermoprieto con una pierna hinchada por culpa de un accidente con una roca y una mula. Casi al mismo tiempo que Bon-

Rufina Amaya en enero de 1982, aproximadamente un mes después de la masacre.

ner llegaba a Ciudad de México y comenzaba a enviar sus notas a la redacción, Guillermoprieto llegaba a El Mozote. «Ya desde Arambala se olía —dijo ella—. Unos niños me guiaron por los caminos y señalaban las casas sin parar de decir *"Aquí hay muertos, aquí hay muertos"*. Lo más traumático fue ver aquellas casitas donde habían asesinado a tiros a familias enteras; seres humanos reconocibles, con sus pequeñas prendas de ropa, allí tirados momificándose al sol. Seguimos caminando y llegamos a El Mozote. Anduvimos por aquellos caminos tan bonitos y agradables hasta llegar al centro del pueblo, donde había una especie de escombros, la sacristía, y, entre ellos, una sorprendente cantidad de huesos. Había una viga de madera carbonizada sobre los cuerpos y había huesos que sobresalían y trozos de carne. Y vértebras y fémures. Ni siquiera los habían enterrado.»

Conmocionada, la condujeron a La Guacamaya. «Allí, todo el mundo había perdido a algún familiar, todos, y todos estaban en un estado de histeria contenida. En aquel momento, se luchaba por sobrevivir. Había un verdadero problema de abastecimiento, no sabían cómo encontrar comida suficiente para seguir con vida.»

El gran éxodo que había comenzado con la ofensiva de mediados de diciembre aún estaba en marcha. «Fue aquella masacre, la más horrible, lo que realmente hizo que el vaso de agua se desbordara —me dijo Licho—. La gente huyó de la zona, ya fuera hacia Honduras o hacia el sur, dirección Gotera o con los guerrilleros. Desde entonces, muchos se unieron a nosotros. Teníamos el control de la zona, pero no quedaba nadie allí.» Si la estrategia de Monterrosa era «privar de agua a los peces», todo indicaba que lo había conseguido.

A instancias de Jonás, el comandante de la guerrilla, Guillermoprieto vio a Rufina al día siguiente. Más tarde habló con dos jóvenes que habían presenciado la muerte de sus familiares en

La Joya. Entonces, pensando en Bonner y su ventaja, garabateó su historia en la libreta, dobló las páginas y las escondió en un bote de carrete fotográfico. Dio con un mensajero de la guerrilla y lo convenció, con bastante dificultad, de que llevara su valiosa mercancía a Tegucigalpa y se la entregara a un colega. Éste llamaría al *Post* para contar la historia.

El 26 de enero, el día en que Guillermoprieto volvió a Tegucigalpa, el *Times* publicó el primer artículo de Bonner sobre Morazán. Su tíulo era «En zona de combate con los rebeldes de El Salvador». Guillermoprieto (por aquel entonces corresponsal del *Post*, periódico deseoso de quitarle la primicia al *Times*) ya había hablado por teléfono con el jefe de la redacción internacional del *Post* y se las arreglaron para conseguir que su artículo sobre El Mozote, junto con una fotografía de Meiselas, saliera en la portada de la primera edición del día siguiente: ochocientas palabras bajo el título «Campesinos salvadoreños describen asesinatos en masa: mujer habla de la muerte de sus hijos». Los directores de la sede del *Times* en Washington, cuando vieron la noticia en la primera edición del *Post*, llamaron a Nueva York, donde el artículo de Bonner sobre El Mozote esperaba a ser editado en la redacción internacional. Craig Whitney, por aquel entonces director adjunto de dicha redacción, y los redactores se las arreglaron para acelerar la publicación del artículo de Bonner, algo más corto, bajo el título «Masacre de cientos de personas en un pueblo de El Salvador», en la última edición del periódico. Seis semanas después de la masacre, El Mozote se había hecho un hueco en las primeras páginas de los dos periódicos más importantes de Estados Unidos.

Al día siguiente, Ronald Reagan envió al Congreso la garantía de que el Gobierno salvadoreño estaba «haciendo un esfuerzo coordinado significativo para respetar los derechos humanos internacionalmente reconocidos».

Dos días después, el 30 de enero, Todd Greentree condujo hasta el aeropuerto de Ilopango, se subió a un helicóptero Alouette del Ejército salvadoreño y, en pocos minutos, se encontraba sobrevolando el verde paisaje volcánico camino de las montañas de Morazán. A su lado, el mayor John McKay, de la oficina del agregado de Defensa. McKay, infante de marina tuerto (había perdido un ojo por una herida de guerra en Vietnam), era conocido por ser el estadounidense en el país con los mejores contactos entre los oficiales salvadoreños. Los dos hombres se dirigían a El Mozote para echar un vistazo por sí mismos.

No era el mejor momento. El Ejército estaba tenso: hacía tres días, en una osada incursión, varios comandos guerrilleros habían asaltado Ilopango y habían logrado destruir gran parte de la fuerza aérea de El Salvador mientras estaba en la pista. La incursión (que los guerrilleros denominaron Operación Mártires del Heroico Morazán en honor de los muertos en diciembre) no ten-

El Mozote en enero de 1982, aproximadamente un mes después de la masacre.

dría buena acogida en Washington. El debate del Congreso estaba muy presente en las mentes del personal de la embajada estadounidense. «Todo ocurrió durante un intenso periodo en el que estábamos hasta arriba —me dijo Greentree por teléfono recientemente—. Andábamos con la investigación de las religiosas asesinadas, las elecciones a la Asamblea Constituyente estaban al caer y, por supuesto, estaba la garantía —algo que no hacía más que aumentar la presión del "microscopio político sobre Estados Unidos", como Greentree lo llamaba—. Por entonces, el principal objetivo político era la garantía y las sobrecogedoras noticias de la masacre la estaban poniendo en peligro. Desde el punto de vista de la embajada, los guerrilleros estaban intentando hacer que pareciéramos infames. Querían zanjar el asunto.»

Los estadounidenses aterrizaron en el comando de la brigada de San Miguel para repostar y recibir su primer parte informativo. «El comandante de la brigada nos estaba esperando —cuenta Greentree—. En San Miguel, esa persona era Flores». Se refiere al coronel Jaime Ernesto Flores Grijalba, el comandante general de la Operación Rescate. Greentree cree que también estuvo presente Domingo Monterrosa, pero no está del todo seguro. Los militares les dieron a los estadounidenses «una especie de informe de resultados en el que se mostraba dónde estaba cada unidad», dijo Greentree. «Si no recuerdo mal, el Atlacatl era la principal unidad de combate y hablaron de aquel sinsentido del yunque y el martillo. Nosotros estábamos consternados porque se supone que el Atlacatl había desarrollado nuevas tácticas, pero habían vuelto a la misma basura de siempre, ya sabes, introducir una fuerza de bloqueo y, después, hacer una batida.» El mensaje sobre El Mozote (la versión que el Ejército salvadoreño le había facilitado presuntamente a la oficina del agregado de Defensa) era, en efecto, que el Ejército había luchado duro para echar a un numeroso grupo de guerrilleros de la aldea y, aunque quizá habían muerto algunos civiles en el fuego cruzado, los soldados no habían llevado a cabo una masacre.

Al coronel Flores le disgustó especialmente ver a los estadounidenses y, sin duda alguna, otros oficiales con los que se encontraron aquel día también compartían ese sentimiento. Como me dijo McKay (hoy en día, coronel agregado en la sede de la OTAN en Bruselas, al que le dieron permiso para hablar en público sobre los hechos de El Mozote en nombre del Departamento de Defensa), «en general, hubo muy poca cooperación» cuando estuvieron en Morazán.

Se fueron de San Miguel y sobrevolaron el río Torola hacia El Mozote. «Se apreciaba que había habido una batida en toda la zona —dijo Greentree—. Se podría decir que prácticamente habían destruido El Mozote. Los techos estaban derrumbados, los edificios estaban en ruinas y el lugar estaba prácticamente abandonado.»

Mientras sobrevolaban El Mozote —continuó Greentree—, vio indicios de la batalla. «Había un terraplén cerca del pueblo, una clara línea de defensa, y se veían las trincheras. No hay duda de que había fortificaciones en los alrededores.» Cuando le insistí en que me diera detalles, dijo que quizá las fortificaciones hubieran estado más cerca de Arambala, aproximadamente a un par de kilómetros.

Pasaron varias veces como a unos sesenta metros y luego volaron en círculo para ver mejor. «Cuando perdimos altitud y nos encontramos a su alcance, nos dispararon —dijo Greentree—. Se trataba de algo muy común en la zona. Obviamente, no se podía aterrizar.»

Se dirigieron hacia Gotera, aterrizaron en el cuartel y recibieron otro parte informativo. «El objetivo de la sesión era hacernos ver que aquello era una zona de guerra», dijo Bleakley, el segundo jefe de misión, que había llegado a Gotera en otro helicóptero y que se había reunido allí con Greentree y McKay.

Lo que los oficiales querían demostrar es que no sólo no iban por ahí matando a civiles, sino que lo que hacían era luchar por sus vidas en aquella peligrosa zona de guerra para proteger a los civiles de las atrocidades de la guerrilla.

Los estadounidenses dijeron que les gustaría echar un vistazo, hablar con algunas personas del pueblo y de los alrededores. «El ambiente estaba muy tenso —cuenta McKay—. Al Ejército no le hacía ninguna gracia nuestra presencia. Sin duda, el coronel estaba acatando las órdenes de alguien y fueron muy poco cooperativos.»

Acompañados por un pelotón de soldados, McKay, Greentree y Bleakley partieron hacia el campamento de refugiados situado a las afueras de Gotera. «Nosotros fuimos subiendo y bajando las calles preguntando a la gente si conocían a alguien de El Mozote —dijo Bleakley—. Daba la impresión de que se trataba de una zona de conflicto, de que quienes todavía estaban allí eran simpatizantes, vaya, que todos ellos formaban parte del conflicto.»

Y, sin embargo, como reconocieron Greentree y McKay, la presencia de los soldados hizo que la ya de por sí difícil tarea de entrevistar a alguien fuera casi imposible. De hecho, pedían a los refugiados que describieran una «zona de conflicto» de la que habían huido muchas personas (algo que, a ojos de los soldados, ponía automáticamente a los refugiados bajo sospecha de ser «simpatizantes de la guerrilla») y se lo explicaran a los soldados. «Estabas con un grupo de personas que se sentían muy intimidadas y asustadas y lo único que hacía la presencia del Ejército era intimidarlas más aún —dijo McKay—, es decir, se suponía que el Atlacatl había hecho algo horrible y ahora aparecían esos gringos con el pretexto de la investigación, pero lo hacían en presencia de dichos soldados. Aquello debía de ser lo peor que se podía hacer. No hace falta ser un genio para saber para qué estaba allí la gente del Ejército.»

Los tres estadounidenses coinciden en que la información que recopilaron en el campo de refugiados no era explícita y en que la ausencia de una confirmación directa tendría un papel clave en lo que relatarían, o más bien en lo que no, al volver a Washington. Como Greentree dice, él no consiguió «ningún testimonio directo de lo que había pasado, no en la línea de lo que Ray Bonner y Alma Guillermoprieto habían contado». No es que esperaran que la gente hablara explícitamente de ello. «La gente de los campos de refugiados —dice Greentree—, que en cierto modo había vuelto a reconocer a su Gobierno y que muy probablemente habría sido simpatizante de la guerrilla, no iba a contarte con pelos y señales lo que había pasado precisamente a ti, es imposible conseguir algo así. Se trataba más bien de la forma en que hablaba la gente, de la apariencia de los chavales, parecían haber pasado por un infierno, se trataba de escuchar a la gente decir "Sí, mataron a mi mujer"... Ese tipo de cosas».

Pero Greentree sí consiguió hablar con varias personas (incluidos el alcalde de una de las localidades cercanas a El Mozote y varios campesinos que entonces vivían cerca de la aldea) a escondidas de los soldados: «McKay se encargó de mantener distraídos a los militares y yo aproveché para hablar con la gente».

En el transcurso de estas entrevistas (Greentree recuerda haber hablado «con más de una decena de personas»), McKay y él empezaron a convencerse de que algo había pasado en El Mozote. «Se podía ver y sentir aquel miedo tremendo —contó McKay—. Yo estuve en Vietnam y reconocí ese ambiente. Reinaba el miedo y lo sentíamos, sabíamos que aquel miedo no lo infundían los guerrilleros.»

«La gente estaba asustada y les daba pánico hablar y tal», dijo Greentree. Sin embargo, las entrevistas en el campamento de refugiados lo «convencieron de que debía de haber habido una matanza, debían de haber colocado a la gente en fila y haber disparado contra ella».

Sin embargo, Bleakley (quien, como segundo jefe de misión, era la persona con mayor rango de los tres) me dijo que, aunque «era evidente que habían asesinado a gente y, entre ella, a civiles, no tenían respuesta a una cuestión fundamental, esto es, la diferencia entre someter a un pueblo y coger a los civiles, al estilo de lo que pasó en My Lai, y masacrarlos».

Aun así, Greentree dijo que todas las personas con las que habló confirmaron su «impresión de que algo malo había pasado, pero nadie estaba dispuesto a seguir adelante y contar exactamente lo ocurrido». Sobre cómo llegó a esa conclusión, cuenta lo siguiente: «Por las cosas que decían, por su actitud en general y por su poca disposición a hablar, eso también incluye a los soldados, es decir, si hablaras con un soldado que creyese que ha intervenido en una operación heroica (y me refiero a un soldado latinoamericano), no podrías hacerlo callar, pero esos soldados no decían nada, algo había ahí».

Junto con el pelotón de soldados, McKay y Greentree dejaron el campamento de refugiados (Bleakley, que tenía unos asuntos que atender en el campamento, se quedó en Gotera) en un todoterreno militar y subieron por la calle negra. «Fuimos a cinco aldeas —incluida Jocoaitique, a pocos kilómetros de El Mozote, según dijo McKay—. Hablamos con un cura que nos dio información sesgada sobre algo horrible que había sucedido a manos del Ejército.»

Ahora, los dos hombres, acompañados por los soldados, partían hacia El Mozote para verlo por sí mismos. «Unos seis kilómetros al sur de Jocoaitique, había que desviarse del camino y continuar hacia la aldea campo a través», dijo McKay, pero los soldados se quedaron en silencio. «Ahí empezaron las quejas. Ya venían preocupados por el civil que iba conmigo. Y estaban cada vez más y más malhumorados. Miraban hacia el suelo y murmuraban que no tenían contacto por radio.» Finalmente, el grupo llegó al desvío de la calle negra hacia El Mozote. En aquel momento, los soldados pararon. «El sargento sentenció: "No vamos a seguir, no vamos a ayudaros". Nos dejaron muy claro que no iban a seguir cooperando.»

Estaban muy cerca de El Mozote. En menos de una hora, podrían haber visto con sus propios ojos los edificios quemados, la sacristía en ruinas y los cuerpos, pero, ante la negativa de los soldados a seguir adelante, los estadounidenses se enfrentaron a la elección entre continuar campo a través (un campo controlado por la guerrilla) y sin protección o darse la vuelta. «¿Quieres saber lo que me hizo tomar una decisión? —dijo McKay—. Pues bien, yo había pasado por allí en helicóptero y nos habían disparado y, un mes antes, la guerrilla había aniquilado a toda una compañía allí arriba. ¿Qué me hizo decidir, a mí, al duro infante de marina? El miedo: yo estaba cagado.»

La decisión estaba clara. Los estadounidenses, con su escolta militar, dieron la vuelta y se marcharon hacia Gotera y, desde allí, el helicóptero los llevó a la capital. La investigación había terminado.

7.
LA VERSIÓN DE WASHINGTON

En la embajada, Greentree se sentó y empezó a escribir y, al día siguiente, después de hacerle unas consultas a Bleakley y de que otros empleados de la embajada lo revisaran, entre ellos también el embajador Hinton, envió a Washington un extenso telegrama en nombre del embajador, un telegrama que sentó las bases de lo que el subsecretario de Estado, Enders, le dijo al Congreso dos días después. Dicho telegrama, que Raymond Bonner consiguió originariamente en 1983 acogiéndose a la Ley por la Libertad de la Información, es un documento importante. Su párrafo inicial (el «resumen» de suma importancia que encabeza los telegramas diplomáticos) dice así (cursivas del autor):

La investigación de la embajada sobre la supuesta masacre en El Mozote, que incluye la visita a la zona del adjunto [agregado de Defensa] y de [miembro de la embajada], concluye que, *a pesar de que no es posible demostrar o refutar* los abusos violentos contra los civiles de El Mozote a manos de las tropas del Gobierno, *es cierto* que las fuerzas guerrilleras que establecieron posiciones defensivas en El Mozote no hicieron nada por apartarlos del camino de la batalla que sabían que se avecinaba y para la que se habían preparado, *ni hay prueba alguna* de que quienes se quedaron intentaran huir. En efecto, murieron civiles durante la *Operación Rescate*, pero no se han encontrado pruebas que confirmen que las fuerzas del Gobierno masacraran civiles sistemáticamente en la zona de operaciones, ni de que la cifra de civiles muertos se acerque *ni siquiera remotamente* a las citadas en otros informes que circulan a nivel internacional. Seguimos trabajando en averiguar si había unidades del Ejército presentes en El Mozote. Fin del resumen.

En todo el resumen, sólo un punto se considera lo suficientemente sólido como para hablar de «certeza»: que «las fuerzas
guerrilleras que establecieron posiciones defensivas en El Mozote no hicieron nada por apartarlos [a los civiles] del camino
de la batalla». Y, sin embargo, como Greentree reconoció, las
descripciones de los combates en El Mozote y de sus «posiciones defensivas» provenían en gran medida, si no exclusivamente, de los partes informativos del Ejército. «La información que nos presentaron como real sobre la actuación en las
operaciones de combate procedía, por supuesto, del bando del
Ejército», dijo. La exigua versión de lo que sucedió en El Mozote parece ser una mezcla de los partes informativos del Ejército
y, en el mejor de los casos, de las inferencias de Greentree y
Bleakley. El único punto al que los investigadores estaban dispuestos a atribuirle «certeza» (ya que el resto del resumen
consta de cuidadosas afirmaciones de lo que no podía demostrarse de ninguna manera) era un escenario que parecían haber
recreado combinando la información de los partes del Ejército
y sus propias hipótesis sobre lo que era «posible».

¿Cómo podían los investigadores estar seguros de que los
guerrilleros no habían hecho nada por apartar a los civiles «del
camino de la batalla»? El día anterior al viaje a Morazán, otro
agregado de información le había enviado a Bleakley un memorando que divulgaba el informe de una fuente (el nombre
aparece tachado en la versión que el Gobierno dio a conocer el
pasado otoño) que, aunque escéptica en cuanto a la cifra de
muertos facilitada, decía que, «en efecto, los militares llevaron
a cabo una "limpieza" en la zona, que se dio tiempo a los habitantes de la misma para abandonarla, que la mayoría así lo hizo
y que entre la cifra desconocida de víctimas de la operación había varios (sin especificar) evangelistas que imprudentemente
eligieron quedarse». (Bleakley no recuerda el documento, pero
dijo que se ajustaba a su «recuerdo de entonces de que había

gente que formaba parte de un nuevo movimiento evangélico en El Salvador que vivió en zonas guerrilleras y que logró mantenerse al margen del conflicto».) Puede que parte del singular lenguaje utilizado en el resumen («ni hay prueba alguna de que quienes se quedaron intentaran huir») estuviera influenciado por dicho memorando.

En cualquier caso, la afirmación de que los guerrilleros «no hicieron nada por apartar» a los civiles se contradice posteriormente en el telegrama, cuando los autores describen a una «pareja de ancianos» que contó que los guerrilleros «les dijeron que se marcharan a principios de diciembre». Según el telegrama, dicha «pareja de ancianos» volvió a El Mozote cuando «la lucha hubo terminado y los soldados estuvieron al mando». ¿Qué encontraron? «Afirman que vieron decenas de cuerpos.» Esa «afirmación» solamente se cita, sin añadidos, como se hace con la observación, en el siguiente párrafo, de un hombre que «sabía de violentos combates en El Mozote y otros cantones cercanos», pero que «declinó hablar del comportamiento de las fuerzas del Gobierno diciendo que eso era algo de lo que [había] que hablar en otro momento y en otro país».

Estas citas, junto con las categóricas declaraciones de Greentree y McKay de que para ellos, en aquel momento, estaba claro que «algo horrible» había sucedido en El Mozote y que «probablemente había tenido lugar una masacre», hacen que el resumen del telegrama resulte, como mínimo, desconcertante. Al leerlo ahora, las locuciones circunspectas que predominan en el resumen parecen un escudo, frases prudentes con las que los investigadores desvían la responsabilidad de narrar de forma explícita su firme sospecha sobre lo que había sucedido. Lo que resulta curioso es que, en vez de basarse en sus observaciones, inferencias y conclusiones para presentar la mejor versión posible de lo que *probablemente* ocurrió, ponen el énfasis en la diferencia entre lo que podría demostrarse *categórica-*

mente que había ocurrido (que, por supuesto, no debió de ser mucho, dadas la reticencia de la gente y el limitado margen de maniobra de los investigadores) y lo que los periódicos y los guerrilleros afirmaban que había pasado. Es una lógica peculiar, basada, como está, en el supuesto de que, en ausencia de pruebas definitivas, no hay absolutamente nada que pueda saberse con certeza. En efecto, los oficiales pusieron todo tipo de trabas a la búsqueda de la verdad (y, de hecho, existían tremendos obstáculos en El Salvador en 1982) para evitar decir clara y sinceramente lo que sabían y lo que sospechaban.

En aquel momento, McKay parecía estar, como mínimo, preocupado por el tema. «No podíamos decir "¡Dios mío, ha habido una masacre!" —me dijo—, pero, la verdad sea dicha, la ambigüedad del telegrama... en mi fuero interno empecé a cuestionarlo. Y entonces vi el artículo del *New York Times* y la fotografía y eso realmente me hizo pensar. Bonner y yo habíamos ido a Quantico juntos, también a Vietnam.» McKay finalmente envió otro telegrama («a través de mis propios canales», presuntamente, un circuito militar o de inteligencia). «Aunque no puedo afirmar categóricamente que realmente escribiera "algo horrible sucedió", lo que quise decir era que, por el miedo que habíamos observado en la gente, realmente algo había pasado».

Por supuesto, McKay revisó el telegrama del Departamento de Estado antes de enviarlo, pero el autor no fue él: lo dictó Greentree. A pesar de que sólo tenía veintiocho años, Greentree ya se había ganado el respeto de sus colegas del Servicio Exterior y (más raro aún en El Salvador) mucha gente de la prensa consideraba que era un hombre competente y honrado. De hecho, incluso diez años después, por su forma de contar lo que había pasado en El Salvador, me pareció que era el responsable estadounidense más perspicaz entre todos los que entrevisté. Fue Greentree quien representó al Gobierno de Estados

Unidos en el contacto más cercano que hubo con la masacre de El Mozote y, al mismo tiempo, también fue él quien proporcionó la información que permitiría al Gobierno negar que la masacre hubiera tenido lugar. Es tentador concluir que simplemente eliminó aquello que no era conveniente, pero la verdad sobre lo que ocurrió durante la redacción del telegrama, como ha pasado casi siempre que Estados Unidos se ha enfrentado a la cuestión de los «derechos humanos» en El Salvador, es mucho más interesante que eso.

Los recuerdos de Greentree, obtenidos en una serie de entrevistas telefónicas, de la redacción del telegrama y de su contenido sigue una progresión fascinante. «Si no recuerdo mal —me dijo—, le otorgué el beneficio de la duda a la versión militar, pero seguramente vertí en el resumen más ambigüedad sobre lo que yo sentía: probablemente hubiera algunas líneas que enfatizaran que sí, que dedujimos, de la información que recopilamos, que algo había sucedido...» Cuando le dijeron que no podía haber tal ambigüedad en el resumen (que, de hecho, la única ambigüedad en el telegrama era el conflicto, totalmente ignorado, entre sus conclusiones y algunas de las observaciones del cuerpo), dijo que él pensaba que «eso se descartaría en el proceso de autorización».

Dicho proceso (en el que, a lo largo de varias rondas, los miembros de la embajada revisaron el telegrama) se centró en Kenneth Bleakley, cuyo recuerdo del viaje, el único de los recuerdos de los tres, coincide con las conclusiones señaladas en el telegrama. No obstante, Greentree me insistió en que él no tuvo la impresión de que lo que se envió estuviera «distorsionado más allá de lo aceptable» con respecto a lo que él había escrito. En un comentario posterior, afirmó con énfasis lo siguiente: «En ningún momento durante mi estancia en El Salvador, manipuló la embajada informe alguno con el que yo tuviera que ver porque ésos son los criterios de exigencia que estableció Hinton». Como muchos en la embajada y en todo el Servicio Exterior, Greentree tenía en gran estima al embajador Hinton. Greentree lo describe como «una persona totalmente fiable» y, cuando escribió lo que escribió, sintió claramente que debía ajustarse a los criterios del veterano. Sin embargo, cuesta no sospechar que la firme convicción de Greentree de que el telegrama era más «ambiguo» de lo que en realidad era refleja una inquietud constante con respecto del resultado final, un conflicto entre lo que escribió y lo que creía que debería haber escrito que persiste incluso después de doce años.

«Por entonces, yo sólo llevaba un par de años en el Servicio Exterior —me dijo Greentree— y teníamos un embajador muy tenaz: nuestras instrucciones eran ser honestos y transparentes, no manipular. En el momento en que escribes algo, se convierte en los ojos y los oídos del Gobierno de Estados Unidos y aquello era especialmente importante, ya que se pensaba que los periodistas que estaban en El Salvador no eran imparciales, por lo que si hubiera dicho que todo el mundo estaba llorando y todo lo demás... bueno, tampoco habría tenido ninguna credibilidad. Informamos de lo que vimos y la principal condición era distinguir entre lo que vimos y lo que nos dijeron, es decir, entre lo que era información y lo que tú pensabas y, más que adherirte a los valores del periodismo, debías mantener tus "inclinaciones" al margen de la información que estabas dando. Sin embargo, eso lleva a una gran frustración y así era como me sentía, es decir, estaba frustrado porque no era una explicación satisfactoria.»

Si no hubiera estado actuando bajo las limitaciones de la política en Washington, ¿qué habría expresado de otra forma?

«Bueno, habría enfatizado más mi impresión de que seguramente se cometieron abusos contra la población civil en El Mozote y sus alrededores durante la operación», pero repitió que «sólo era una impresión, no había pruebas directas que así lo corroborasen».

Pero esa intuición era muy fuerte y, dado que las limitaciones provocaron que la omitiera, ¿no parecían, como mínimo, muy artificiosas?

«Así es —dijo—, pero ahí es donde, yo creo, entró en juego el juicio político. Y no del tipo que te imaginas, donde el embajador se asegura de que la información sea políticamente correcta. Se trataba de que, para dotar el resto del informe de credibilidad entre personas que estaban muy lejos y cuya prioridad, ya sabes, estamos hablando de gente como Tom Enders, sin duda, no era necesariamente saber lo que sucedió de verdad, había que reducir al mínimo todas esas cosas.»

La credibilidad en la embajada era un tema importante ya que la figura del anterior embajador, Robert White, se cernía sobre sus informes: Reagan lo había destituido y ahora criticaba abiertamente la política de la Administración en El Salvador.

«El problema —prosiguió Greentree— eran los antecedentes de Robert White. El final de la misión de Bob White, el periodo de transición hasta que llegó Hinton, así como los primeros seis meses de éste... aquéllos fueron los peores días, no había control. Y el hecho de que Bob White y toda la embajada estuvieran completamente traumatizados por el asesinato de las religiosas, que hubiera protestas de la Federación Estadounidense del Trabajo y el Congreso de Organizaciones Industriales, AFL-CIO, que se manifestara la negligencia de los militares... todo eso ponía bajo sospecha cualquier cosa de la que informábamos. Piensa que se avecinaba una nueva Administración con un enfoque de las cosas claramente distinto.»

Entonces, uno empieza a entender las presiones a las que estaba sometida la embajada, así como la influencia que el gran juego de la política en Washington tenía sobre quienes supuestamente actuaban como «los ojos y los oídos del Gobierno de Estados Unidos» en El Salvador. El embajador Hinton era «el responsable de fijar los criterios», dijo Greentree. «Así que, lógicamente, como yo era un subalterno, mis ojos no se fijaban en la política. Estaban bajo el influjo de lo que veían y de lo que encontraba por ahí. Desde la perspectiva del embajador, éste tenía que estar al tanto de en qué parte del país se suponía que íbamos a estar y, teniendo en cuenta ese contexto, tenía que establecer la "verdad". En otras palabras, lo que la embajada tuviera que decir sobre la posibilidad de que los guerrilleros estuvieran llevando a cabo una gran estratagema propagandística sobre una masacre en El Mozote que podría o no haber ocurrido y de que lo estuvieran haciendo con el objetivo de destruir la política de Estados Unidos... eso debía redactarse y examinarse con sumo cuidado, para acercarse todo lo posible a lo que sucedió y alejarse tanto como fuera posible de la propaganda de ambos bandos, sin importar lo que pudiera suceder cuando el informe llegara a Washington y se tradujera, de una u otra forma, en una declaración ante el Congreso.»

En la práctica, la exhortación de ser «honesto y transparente», de ser «profesional» y «no manipular» sirvió de excusa para excluir del telegrama precisamente esas cosas que más impresionaron a los hombres que se aventuraron en la zona de guerra. El énfasis que se ponía en presentar información «transparente» permitió cegar y ensordecer al Gobierno y sirvió para apartar de su campo de percepción lo que podría haber resultado ser, en el Washington de principios de 1982, una verdad muy incómoda.

Así, el telegrama enviado al Departamento de Estado, en lugar de ofrecer la clara impresión de McKay de que «algo horrible» había sucedido y la convicción de Greentree de que «probablemente había habido una matanza» y de que «habían colocado a la gente en fila y habían disparado contra ella», ofrecía una serie de argumentos que podrían servirles para poner en tela de juicio la información de la prensa sobre El Mozote, argumentos profundamente engañosos que formarían la base de los esfuerzos del Gobierno por desacreditar los informes sobre la masacre. Después de citar la cifra de muertos que había aparecido en el *Times* y en el *Washington Post*, el telegrama señalaba lo siguiente: «Se estima que, antes de diciembre de 1981, no había más de trescientas personas en todo el cantón», ignorando el hecho de que ambas publicaciones habían dejado muy claro que la masacre tuvo lugar en El Mozote y *en varias aldeas de los alrededores*. En cuanto a los nombres de los muertos «aparecidos posteriormente en la prensa estadounidense», el telegrama sugería que «bien podrían haberse extraído, en parte o en su totalidad, de los registros civiles [...] robados en Jocoaitique por los subversivos», aunque no ofrecía prueba alguna de dicha afirmación. «No recuerdo pensar que eso fuera lo que pasó —dijo Greentree cuando le pregunté sobre la afirmación de Jocoaitique—, pero sí pensé que era una posibilidad». Y, sin embargo, podría haber sabido por Bonner (con quien Greentree mantenía un contacto frecuente) que los guerrilleros le habían enseñado al reportero la lista varios días *antes* de que atacaran y asaltaran Jocoaitique, por lo que la «posibilidad» de que los nombres provinieran de los registros civiles incautados en Jocoaitique (acusación que poco después repetiría un subsecretario de Estado en el Congreso de Estados Unidos) nada tenía de posible.

«El Mozote se encuentra en el corazón del territorio de la guerrilla —se lee en la segunda página del telegrama— y sus habitantes han pasado gran parte de los tres últimos años cooperando con los insurgentes voluntaria o involuntariamente», una expresión curiosa, sobre todo porque la siguiente frase señala el hecho de que la última vez que se destinaron «fuerzas del Gobierno» a El Mozote fue en agosto de 1981, sólo cuatro meses antes de la Operación Rescate. La aclaración «cooperando con los insurgentes voluntaria o involuntariamente» se hace eco de la actitud del Ejército salvadoreño, para el que absolutamente cualquier persona que viviera al norte del Torola era, a priori, partidario de la guerrilla, por lo que, a ojos de los oficiales, era un blanco legítimo. Y, sin embargo, Greentree entendió claramente que la realidad era más compleja que todo eso. «La mayoría de la gente no quería tener nada que ver con aquello —me dijo—. Sólo querían que los dejaran en paz... Eran víctimas de todo ese asunto... Si dando a los guerrilleros un poco de maíz y gallinas se los podían quitar de encima y seguir viviendo en sus granjas, eso es lo que harían. Igualmente, si para salir adelante tenían que darles maíz y gallinas a los seis guardias nacionales que estaban viviendo en su pueblo, pues así lo harían también. Lo que fuera necesario para poder seguir viviendo.»

Se trata de una declaración elocuente y concisa de lo que la guerra civil había supuesto para muchas personas en el Morazán de 1981, pero, por desgracia, en el telegrama no podía reflejarse nada que se acercara a tal profundidad de entendimiento.

El telegrama concluye indicando que la oficina del agregado de Defensa estaba «tratando de determinar qué unidades del Ejército estuvieron presentes en El Mozote durante y después de la operación». Por supuesto, si la embajada quería averiguar lo que había pasado en Morazán, otro camino para la investigación habría sido plantear la cuestión directamente al Ejército, financiado y entrenado por Estados Unidos. Y, sin embargo, seis semanas después de que se afirmara que los acontecimientos habían tenido lugar, la embajada informó de que no había logrado averiguar qué unidades se encontraban en El Mozote, a pesar de que al menos diez asesores estadounidenses fueron asignados al Atlacatl, la unidad acusada en todas las noticias de la prensa.

Sin embargo, varios telegramas sacados a la luz recientemente confirman que las cosas eran un poco más complicadas que todo eso. El día en que Greentree y McKay viajaron a Morazán, el embajador Hinton tuvo una discusión sobre El Mozote con García, el ministro de Defensa de El Salvador (como dice en su telegrama, «al margen de la cena»). El general (García fue promocionado el

2 de enero) estaba a punto de hacer un viaje a Washington para asistir al desayuno de oración nacional en el Congreso y el embajador le advirtió que debía «estar preparado para hablar sobre la historia de la masacre en Morazán». «Fue tan arrogante como siempre —escribe Hinton sobre el general García—: "Lo negaré y demostraré que es una invención". Le deseé suerte y añadí que tendría que explicar los detalles proporcionados por los corresponsales. Quizá fuera así (estábamos investigando y le agradecíamos su ayuda), pero no debía obviar que algo había salido mal. Quién lo hizo, cuándo y en qué circunstancias era otro tema.»

Dos días después, la tarde del 1 de febrero, un estadounidense de la oficina del agregado de Defensa (al parecer, se trataba del mayor John McKay) viajó hasta el cuartel general del Atlacatl y se reunió, entre otros, con el mayor Cáceres, el mayor José Armando Azmitia Melara y el teniente coronel Monterrosa. Según escribió en un telegrama posterior, la misión de McKay era «determinar específicamente si el batallón o miembros de éste participaron en los combates de El Mozote y alrededores». Después de «intercambiar saludos y cumplidos», el estadounidense lanzó su pregunta al coronel. «Monterrosa fue correcto, pero le dijo firmemente al AI [agregado de información] que no estaba en posición de discutir esos temas y que más le valía al AI haber obtenido permiso del Estado Mayor Conjunto de las fuerzas armadas antes de ir con tales preguntas a su batallón (el del teniente coronel Monterrosa)». Como narra McKay, las cosas habían comenzado mal: «Sinceramente, [yo] tuve la impresión de que la entrevista, a pesar de la brevedad, había terminado». El estadounidense se apresuró a pedir «las preceptivas disculpas por lo que el coronel podría haber interpretado como una impertinencia; el AI también señaló que unas respuestas sinceras a las preguntas planteadas ayudarían a contrarrestar las recientes notas de prensa, de todo menos halagadoras para con las fuerzas armadas de El Salvador».

Entonces, el mayor Azmitia habló y dijo algo que «sólo puede describirse como una parábola», explicando que «la unidad que había luchado en El Mozote lo había pasado mal» y que,

Deane Hinton, embajador de Estados Unidos, con Domingo Monterrosa en marzo de 1983.

«debido a la intensidad y la duración de la batalla [...], hubo indudablemente víctimas entre los civiles». El coronel Monterrosa añadió que «la unidad implicada había tenido que luchar contra posiciones enemigas fijas y, después, una vez en la ciudad, abrieron fuego contra ellos desde las casas del pueblo». A continuación, según el oficial estadounidense, «Monterrosa utiliza la primera persona: "No tengo visión de rayos X y no puedo ver el interior de la casa desde la que alguien me está disparando, ni estoy dispuesto, en esas circunstancias, a perder el tiempo intentando averiguar quién más podría haber dentro"... En este momento, el teniente coronel Monterrosa dijo [...] que estaba hablando en términos generales, no específicos, sobre lo que había pasado en El Mozote».

Los salvadoreños, claramente, están haciéndole un guiño de complicidad al estadounidense, pero McKay no parece pillarlo (o eso finge) y, en su lugar, continúa y se aventura a preguntarle a Monterrosa si habían hecho algún prisionero. De nuevo, el coronel «percibió cierta obstinación y sugirió al AI que hablara con el Estado Mayor Conjunto o que obtuviera su permiso para hacer tales preguntas». El mayor Azmitia, cuando escoltó al oficial estadounidense hasta su vehículo, «se mostró pesaroso por no poder proporcionar más datos sobre El Mozote, pero estaba seguro de que el AI había entendido lo que le había dicho el teniente coronel Monterrosa».

En su resumen, McKay dice así: «Las dos horas que pasé con esos individuos fueron, como mínimo, interesantes. Me intrigaron los matices, las sutilezas y las comparaciones indirectas utilizadas por el teniente coronel Monterrosa y el mayor Azmitia, pero las cuestiones centrales siguieron sin respuestas concluyentes». Aquí ofrece una «opinión personal»: «El Batallón Atlacatl o miembros de éste participaron en el ataque de El Mozote», pero añade que «descartado el permiso del general García [...], las respuestas concluyentes [...] puede que no lleguen nunca».

El embajador Hinton, bastante frustrado, le preguntó a su comandante del Milgroup si cabía la posibilidad de que el alto mando no supiera dónde y cuándo habían operado sus fuerzas. «Me dijo que no, que eso no era posible.» El embajador lo envió a ver al jefe del Estado Mayor salvadoreño, que informó al estadounidense de que el «ministro de Defensa no quería que nadie más aparte de él se ocupara de aquello». Como García rechazó hablar con el subordinado de Hinton, éste visitó personalmente al general. «Bromeamos un poco, como es costumbre», cuenta Hinton, describiendo cómo el general le felicitó por su «entrevista en el *Washington Post* [...] que cuenta las cosas exactamente como son». Hinton le recuerda al general que Tom [Enders] estaba «en el Congreso defendiendo los cincuenta y cinco millones adicionales en ayudas militares» y que «en ese sentido [...], las noticias publicadas en el *Washington Post* y el *New York Times* sobre la supuesta masacre en Morazán [...] suscitaron gran preocupación».

Según Hinton, García respondió que «lo de Morazán era una *"novela"*, pura propaganda marxista sin fundamento; le dije que lo que era claramente propaganda era que su cronología se hubiera calculado con tanto cuidado pero que hubiera tantos detalles que dificultaran lidiar con aquellos artículos». El embajador entonces le pregunta al general por algunos de esos detalles, como la personalidad, entre otros, del mayor Cáceres. Y el general responde que Cáceres es «un soldado sencillo y honrado que jamás habría matado a mujeres y niños como se describe en el artículo». Tras una breve discusión, el general García reconoce que «el Batallón Atlacatl había estado en El Mozote durante la batida de diciembre», pero luego reiteró que «la historia era una sarta de mentiras». García le asegura al embajador que va a profundizar en el asunto. «Me pidió que le dejara los artículos y así lo hice, dándole también como aliciente el editorial del *Washington Post* del 29 de enero donde se respaldan nuestras políticas comunes.»

Estos telegramas reflejan claramente la frustrante situación en que los estadounidenses se habían puesto a sí mismos al tratar con los militares salvadoreños. Éstos actúan con una arrogancia que delata la conciencia de su propio poder. Washington iba detrás de ellos y lo sabían: ¿por qué cumplir los compromisos con los políticos locales, excepto en aquellos casos en los que era absolutamente imprescindible?

En el caso de El Mozote, estaba claro que no iban a hacerlo. Greentree recuerda haber pensado, sentado en el helicóptero de vuelta a la capital desde Morazán, en que, si realmente iban a llegar al fondo de la cuestión, eso supondría tomar una decisión que les iba a consumir mucha energía y habría que llevar a cabo una investigación más formal, como las realizadas para los estadounidenses (lo de las cuatro religiosas). «Recuerdo sentirme frustrado y descontento con lo que habíamos conseguido, pero llegar más lejos habría exigido un enorme esfuerzo.»

Esa decisión nunca se tomó. Al final, todo dependería de la misión de un solo día de Greentree y McKay en Morazán y, además, la presencia de la guerrilla y la obstinación de los soldados salvadoreños garantizaron que la misión no aportara pruebas suficientes para demostrar que algo había pasado. «Al final, fuimos hasta allí arriba y no quisimos averiguar si algo horrible había pasado —me dijo el coronel McKay— y el hecho de que no llegáramos hasta el final fue en detrimento de nuestro informe. Los salvadoreños nunca fueron muy buenos deshaciéndose de los casquillos.»

Dos días después de que el telegrama de Greentree llegara al Departamento de Estado, el subsecretario Thomas O. Enders fue al Capitolio. Sentado ante el Subcomité de Asuntos Interamericanos de la Cámara, se dispuso a defender la garantía del presidente de que el Gobierno salvadoreño estaba «haciendo un esfuerzo coordinado significativo para respetar los derechos humanos internacionalmente reconocidos».

Dado que la ley, desafortunadamente, no establecía claramente los términos para demostrar o juzgar dicha afirmación, el subsecretario Enders propuso al Congreso ofrecerle «un intento coherente de responder a la pregunta planteada [...] sobre si estamos obteniendo resultados». Por «resultados», él interpretaba mejoras. Así estaría argumentando, básicamente, que, a pesar de la horrible «situación de los derechos humanos» vigente en El Salvador, el año pasado había sido menos horrible que el año anterior. El objetivo de ese argumento era desviar el debate. «Al principio, el debate era "consideramos que esto de los derechos humanos es importante y vosotros pensáis que no lo es tanto" —me dijo Aryeh Neier, antiguo director de Americas Watch—. Lo que hizo la Administración Reagan fue acogerse al principio de los derechos humanos para después cuestionar la veracidad de los hechos. La controversia sobre El Mozote es un claro ejemplo de ello.»

Los grupos de derechos humanos se habían preparado para luchar en esta nueva guerra: por ejemplo, Americas Watch, fundada el verano anterior, publicó un extenso estudio, *Report on Human Rights in El Salvador*, el 26 de enero, dos días antes de que se enviara la garantía al Congreso. Tanto para los grupos de derechos humanos y los principales congresistas demócratas como para los funcionarios de la Administración, la lucha se centraría en la información y en cómo se había obtenido.

«Creo que todos nos hemos dado cuenta de que es muy difícil establecer información precisa —comenzó el subsecretario Enders—. No es posible determinar legalmente ni, en general, explicar con pruebas claras y coherentes a quién corresponde la responsabilidad de la abrumadora cifra de muertos. El setenta por ciento de los asesinatos políticos en conocimiento de nuestra embajada fueron cometidos por agresores desconocidos.» Al igual que en el telegrama, el hecho de que la identidad de los asesinos no se conociera de manera definitiva (a pesar de que, en la mayoría de los casos, pocos dudaban de quiénes eran los asesinos) se utilizó como escudo, como una excusa para pasar por alto lo que sí se conocía. En ausencia de pruebas concluyentes e innegables, el Gobierno no dudaría en afirmar que todo eran conjeturas.

El subsecretario cargó entonces, dando nombres, contra la mayoría de las organizaciones de derechos humanos más conocidas («y está habiendo muchos alegatos especiales al respecto», ésas fueron sus palabras). Socorro Jurídico, «curiosamente, no enumera víctimas de violencia terrorista», mientras que la Comisión de los Derechos Humanos «se ha convertido en un vehículo de propaganda para la insurgencia». El informe de Amnistía Internacional (un extenso estudio) «no contiene referencias históricas».

«Lo más difícil de evaluar —continuó el subsecretario— son las denuncias reiteradas de masacres. La ambigüedad radica en el hecho de que, efectivamente, hay incidentes en que los civiles han sufrido de forma brutal a manos de los guerrilleros, de justicieros derechistas, de las fuerzas del Gobierno, de todos ellos o de algunos, pero, al mismo tiempo, la insurgencia se ha inventado o exagerado las presuntas masacres en repetidas ocasiones como medio de propaganda.»

«Enviamos a dos miembros de la embajada a investigar las declaraciones [...] en relación con la masacre de El Mozote —continuó Enders—. Queda claro por el informe que entregaron que en el pasado mes de diciembre hubo un enfrentamiento entre los guerrilleros que ocupaban El Mozote y las fuerzas atacantes del Gobierno. No se han encontrado pruebas que confirmen que las fuerzas del Gobierno masacraron civiles sistemáticamente en la zona de operaciones, ni de que la cifra de civiles muertos se acerque ni siquiera remotamente a las 733 o

926 víctimas citadas» en la prensa. Haciéndose eco de la estrategia sugerida en el telegrama de Greentree, Enders prosiguió: «Quiero señalar que preguntaron cuántas personas había en aquel cantón y que les dijeron que no debían de haber más de trescientas en diciembre y que ahora hay muchos supervivientes, incluidos los refugiados, así que debemos ser muy cautelosos al intentar aportar pruebas para la garantía. Nosotros, la embajada, estamos intentando investigar todos los informes que recibimos.»

Seis días después, Elliott Abrams, subsecretario de Estado de Derechos Humanos y Asuntos Humanitarios, recalcó lo siguiente a la Comisión de Relaciones Exteriores del Senado: «En cierto sentido, el caso de El Mozote es muy interesante porque encontramos, por ejemplo, que, en primer lugar, las cifras no eran creíbles, ya que, como señala el subsecretario Enders, nuestra información decía que sólo había trescientas personas allí».

El argumento sobre las cifras es, sin duda, muy confuso; nadie que leyera los artículos del *Times* y el *Post* podría haber pasado por alto el hecho de que la matanza había tenido lugar en varias aldeas. Por ejemplo, dos de los tres supervivientes que citó Guillermoprieto eran de La Joya, no de El Mozote, pero el argumento presenta cierta pauta. Tras asegurar que habían investigado «los hechos» y que no habían encontrado «prueba alguna» de una masacre, los estadounidenses se aferraron a algunos aspectos de las acusaciones que, según ellos, demostraban ser propaganda. «Averiguamos que... es un hecho que ocurrió a mediados de diciembre [pero] que se hace público cuando se presenta la garantía a la Comisión —dijo Abrams en el Senado—. Por tanto, parece que es un incidente del que los guerrilleros están haciendo, como mínimo y en el mejor de los casos, un uso inapropiado significativo.» En una entrevista que tuvo lugar más de diez años después, Abrams argumentó lo

LA VERSIÓN DE WASHINGTON

mismo. Señaló que la masacre «supuestamente» había tenido lugar en diciembre y planteó lo siguiente: «Si realmente hubiera sido una masacre y no un tiroteo, ¿por qué no nos enteramos directamente por el FMLN? Nosotros no nos enteramos hasta un mes después».

Como se ha señalado, la primera vez que los guerrilleros «publicitaron» la masacre fue unas dos semanas después del acontecimiento, tan pronto como Radio Venceremos volvió a emitir. De todos modos, es indiscutible que la cobertura de El Mozote por parte de Venceremos, de los grupos de derechos humanos y de la prensa internacional creció de forma constante a lo largo de enero, llegando a su cima el día anterior a la garantía de Reagan, con los artículos del *Post* y el *Times* en portada. Sin duda, una parte significativa de esa publicidad (imposible saber la medida exacta) era fruto, directa e indirectamente, de los esfuerzos de quienes, empezando por los guerrilleros con su mecanismo de propaganda internacional, tenían un gran interés en acabar con la política de la Administración en El Salvador, pero los políticos norteamericanos se centraron de forma obsesiva en esta realidad nada sorprendente, como si el mero hecho de que la historia de El Mozote se estuviera empleando como propaganda (según Abrams, los guerrilleros estaban haciendo un «uso inapropiado») constituyera en sí mismo una prueba de que la masacre no había tenido lugar.

Esto no es nada sorprendente: para muchos miembros de la Administración, la masacre era importante por su gran valor propagandístico, puesto que la propaganda, que llegaba en un momento crucial, representaba una amenaza para las ayudas estadounidenses. Preservar el Gobierno salvadoreño y ayudarlo a ganar la guerra era primordial; naturalmente, «mejorar los derechos humanos» quedó en un segundo plano, ya que (como a la Administración le gustaba destacar), con diferencia, el peor desastre que podría ocurrirle a los derechos humanos en El Salvador era una victoria comunista. Esta actitud no era ningún misterio para los líderes salvadoreños; a pesar de los revuelos habituales debidos a ciertas atrocidades, la conclusión estaba muy clara y, como Abrams lo expresó, era, la siguiente: «Al margen de lo que penséis de nosotros desde el punto de vista de los derechos humanos, lo que pensáis desde el punto de vista de la seguridad es determinante».

Sin entrar en detalles, esta actitud no alentaba al Departamento de Estado a hacer ningún esfuerzo adicional por averiguar lo que había sucedido en El Mozote. En cuanto a los funcionarios del Departamento, el telegrama de Greentree, aquello suponía el final del asunto. Incluso si Abrams fuera otro tipo de persona o incluso si hubiera estado a favor de seguir con la investigación, no llevaba ni un mes en su cargo y su oficina de derechos humanos apenas contaba con personal (llevaba diez meses sin director debido a un duro enfrentamiento en el Senado por el primer candidato de Reagan); además, como me dijo, recibían «sólo los telegramas que la oficina en Latinoamérica quería que les llegaran».

En cualquier caso, el telegrama clave, el de Greentree, venía de la embajada de Hinton y éste tenía gran prestigio en el Departamento. A esas alturas, sin embargo, su propia perspectiva había cambiado bastante. «Agradecería que el Departamento fuera extremadamente cuidadoso a la hora de describir mis puntos de vista sobre la supuesta masacre», decía en un telegrama del 1 de febrero. Al parecer, Washington había enviado telegramas diciendo que el embajador, en su respuesta al Consejo Nacional de Iglesias, había negado que hubiera habido una masacre. «Mi carta no "negaba" el incidente: decía que en ese momento yo no tenía ninguna confirmación [...], que no tenía razón alguna para creer las declaraciones de Venceremos. Sigo sin creerme la versión de

Venceremos, pero había pruebas nuevas que sugerían firmemente que había ocurrido algo que no debería de haber ocurrido y que era muy probable que el Ejército salvadoreño cometiera excesos».

Ahora, al igual que McKay y Greentree, Hinton también había llegado a la conclusión de que «algo había pasado» en El Mozote y así se lo había comunicado al Departamento de Estado. A ello añadió su franca opinión sobre la credibilidad de los oficiales salvadoreños. «Me parece que la afirmación de García, [...] "no tenemos absolutamente ninguna información sobre acciones militares en El Mozote", es una evasiva sin credibilidad. He intentado advertirle de la necesidad de hacer frente al problema, pero mi impresión es que él cree que la negación categórica es la forma de gestionar esta cuestión. Puede que los funcionarios del Departamento quieran analizar el asunto con él [...] antes de que lo haga la prensa estadounidense.»

Sin embargo, como pasó, parece que los «funcionarios del Departamento» estaban de acuerdo con el general García. Tenían el telegrama de Greentree y estaban dispuestos a usarlo. Después de todo, en palabras de Abrams, la cuestión se reduciría a lo siguiente: «¿Creen en la embajada, institución dependiente del Gobierno de Estados Unidos, o en Americas Watch?». Según Abrams, para ellos, ésta y otras organizaciones de derechos humanos no tenían mucha credibilidad, ya que, en su opinión, se habían posicionado en el bando de los que, en la práctica, abogaban por una victoria del FMLN y, por tanto, eran títeres al servicio de los hipócritas del Congreso que ahora obligaban a los funcionarios de la Administración a someterse a un proceso de certificación sin sentido. «La garantía era un juego político, es decir, todo el mundo sabía, incluido el Congreso, lo que el Gobierno salvadoreño estaba haciendo allí. En ese momento, a menos que se hubieran negado a verlo, no podían no saberlo, así que se golpearon el pecho, se tiraron de los pelos y pusieron el grito en el cielo por el asunto de los derechos humanos y nos hicieron a todos pasar por el aro de la garantía. Cualquier embajador que quisiera mantener su empleo tenía que saltar, lo que significaba decir que el vaso medio vacío en realidad estaba medio lleno. Se trataba de un juego, es decir, una "mejora", pero ¿qué es una mejora? Una mejora es matar a ochocientos y reducir la cifra a doscientos. Aquello era un festival del absurdo», me contó el jefe de prensa de la embajada, Howard Lane.

Así que los funcionarios fueron al Capitolio y expusieron sus argumentos, importunando no sólo a los hombres interrogados, sino también a sus propios superiores. «Recuerdo estar con Enders charlando —dijo Abrams— y decirle: "¿Sabes? Yo estoy encantado de ir allí a apoyar la causa, pero ¿por qué sólo nosotros? ¿Y el subsecretario y los altos mandos?". "Es una guerra sucia sin importancia y no quieren tener nada que ver con ella", me dijo Enders. También me dijo que James Baker, el jefe de gabinete de la Casa Blanca, "apartó deliberadamente a Reagan de Centroamérica". Y concluyó: "Ni siquiera conseguí que Duarte se hiciera la foto con Reagan el primer año. El ambiente estaba tan cargado de acusaciones de violencia que la Casa Blanca no quería tener nada que ver con aquello".»

En el Capitolio, el siempre buen soldado Enders criticó las cifras de los grupos de derechos humanos, presentó las cifras de la Administración y explicó que, a pesar de las apariencias, el Gobierno salvadoreño estaba «haciendo progresos». Declaró lo siguiente: «Los resultados están tardando en llegar. Estoy de acuerdo en eso, pero están en camino [...]. Los números así lo demuestran. Tenemos las cifras de septiembre, octubre, noviembre y diciembre de 1980, con unos ochocientos, 779, 575 y 665 asesinatos políticos, respectivamente. Eso, en 1980. Tenemos las mismas cifras relativas a este año, que presentan 171 en septiembre, 161 en octubre, 302 en noviembre y doscientos en diciembre. Nuestros informes presentan cifras muy diferentes usando el mismo método».

Esa metodología, como sabría cualquiera que hubiera investigado, tenía, obviamente, muchos defectos. Las cifras de la Administración, extraídas del listado semanal de la embajada de muertos y desaparecidos en El Salvador, se basaban en artículos de la prensa salvadoreña, unos artículos que no sólo se movían entre el conservadurismo y la imperturbable derecha, sino que en los informes inclinaban la balanza hacia las ciudades. En 1981 hubo menos asesinatos en las ciudades porque en ellas había menos activistas a los que asesinar: muchos de los que no fueron asesinados entre finales de 1979 y 1980 se fueron a las montañas. Y los asesinatos en las montañas y en las aldeas y pueblos aislados rara vez llegaban a las páginas de los periódicos capitalinos.

«Déjenme aclarar que éste no es un informe definitivo —dijo Enders en el Congreso—. Nadie tiene un informe definitivo [...]. No obstante, se trata de un intento coherente de responder a la pregunta planteada [...] sobre si estamos obteniendo resultados. Esta prueba les garantiza que sí los estamos obteniendo.»

Varios congresistas respondieron a esta afirmación con exacerbada elocuencia. «Si queda algo del idioma inglés en esta ciudad [...], ese algo acaba de esfumarse porque el presidente acaba de asegurar que arriba es abajo, que dentro es fuera y que negro es blanco. Preveo que en cualquier momento va a decirnos que guerra es paz», le dijo Gerry Studds, demócrata de Massachusetts, a Enders. Un titular irresistible que dio mucho juego en la televisión, pero no cambió nada. Enders había ofrecido un «intento coherente de responder a la pregunta planteada» por el Congreso y, aunque los congresistas demócratas no se callaron ni escatimaron en sarcasmo al señalar «el tono orwelliano de la garantía», en palabras de Steven Solarz, demócrata de Nueva York (y a pesar de que los congresistas se ensañaron con las cifras y la metodología y las sesiones se tornaron polémicas y airadas), estaba claro que, pasara lo que pasara, no habría votos a favor de recortar las ayudas para El Salvador, ya que, como todo el mundo sabía, eso significaría «perder» el país en favor de los comunistas. En el fondo, casi todo el mundo estaba de acuerdo implícitamente (también los demócratas —cuya supuesta «pérdida» de China hacía treinta años seguía siendo un doloroso recuerdo para el partido—, la Administración republicana y sus aliados) en que contemplar esa posibilidad era intolerable y que, al final, el Gobierno salvadoreño debía ganar la guerra, costara lo que costara, o la seguridad del país se vería amenazada, algo del todo inaceptable. Y, así, debido a este acuerdo tácito, el debate, ruidoso y airado a primera vista, no tenía nada de debate. Se trataba de un paripé televisivo.

En cuanto a El Mozote, como los periódicos salvadoreños no dijeron nada al respecto, los que habían muerto allí no aparecían en las cifras que el subsecretario Enders llevó al Congreso. Si, de algún modo, para satisfacción del Departamento de Estado, se hubiera «demostrado» que la masacre era verdad (si, de algún modo, hubiera sido imposible para la Administración negarla), El Mozote podría haber tenido un efecto negativo en las cifras de la Administración: los asesinatos políticos habrían mostrado un aumento en el mes de diciembre, de los 665 a más de un millar, en lugar del notable descenso que él afirmaba. ¿Así el Congreso habría rechazado la garantía y recortado las ayudas? Leyendo el documento en retrospectiva, una vez más, teniendo en cuenta el temor de Washington a que el FMLN ganara y teniendo en cuenta que la culpa podría recaer sobre los políticos estadounidenses por tal victoria, la pregunta, por desgracia, parece difícil de responder. Las ayudas podrían haberse reducido, eso es cierto, pero, a lo sumo, el Congreso las habría recortado sólo temporalmente para tener que restablecerlas de nuevo movidos por el pánico (como hizo Carter) ante una nueva arremetida de la guerrilla.

Pero son todo especulaciones. En este caso, lo cierto es que los muertos de El Mozote no salieron en la discusión ni por asomo.

El 10 de febrero, el *Wall Street Journal* publicó un largo editorial titulado «La guerra de los medios»,[1] en el que se menciona que la opinión pública sobre la guerra en El Salvador estaba «muy confundida» y atribuye gran parte de esa confusión a «la forma en que la prensa estadounidense está dando cobertura al conflicto». El argumento general del editorial sobre la violencia en El Salvador está en línea con el de la Administración. («Tanto los extremistas de la derecha como los de la izquierda cometen la mayoría de sus asesinatos en la oscuridad de la noche. En ambas facciones, algunos son soldados, pero también ambos bandos aprendieron hace mucho el truco de vestirse con uniformes militares para confundir a sus víctimas.») No obstante, lo más destacable son unos párrafos que abordan la cuestión de El Mozote:

Hablemos de la reciente polémica sobre las acusaciones de una «masacre» a manos de un batallón de élite del Ejército salvadoreño. El 27 de enero, Raymond Bonner, del *New York Times*, y Alma Guillermoprieto, del *Washington Post,* informaron de forma paralela de una visita a territorio rebelde, reproduciendo entrevistas en las que les dijeron que cientos de civiles fueron asesinados en El Mozote en diciembre.

---

[1] El lector encontrará la versión completa de este editorial, así como otros artículos recientes publicados en *The Journal*, en «Documentos».

La fotografía de Susan Meiselas salió en el *New York Times Magazine* en febrero de 1982, mientras en el Congreso se debatía sobre las ayudas a El Salvador.

Thomas O. Enders, subsecretario de Estado de Asuntos Interamericanos, puso en duda los artículos posteriormente. Había habido una operación militar, pero no un asesinato sistemático de civiles, según dijo, y, en cualquier caso, la población de la aldea era solamente de trescientos habitantes antes del ataque en el que supuestamente murieron 926 personas.

Cuando se le ofrece la oportunidad de recorrer un territorio rebelde, el corresponsal debe aceptar sin dudarlo e informar de lo que ve y oye, pero se puede acabar pecando de crédulo. El señor Bonner declaró que era «evidente» que la masacre había tenido lugar, mientras que la señorita Guillermoprieto fue más precavida al decir que los guerrilleros llevaron a ambos periodistas «a dar una vuelta» por la zona con el fin de alardear de su control y proporcionar pruebas de la masacre. En otras palabras, al margen de cuánto había de verdad y cuánto de invención, se trataba de un ejercicio de propaganda.

Siendo realistas, ni la prensa ni el Departamento de Estado tienen la facultad de determinar de manera concluyente lo que pasó en El Mozote en diciembre y estamos seguros de que los sofisticados jefes del *Times* estarán de acuerdo. Sin embargo, como institución, su periódico ha cerrado filas en torno a un reportero en peligro, lanzando una pequeña campaña para reforzar su posición impugnando las críticas. En un «análisis de la noticia», se acusaba al Gobierno de sembrar la duda al cuestionar los artículos de la prensa «sin presentar pruebas detalladas que apoyen su posición». El análisis plantea la cuestión de «cómo recopilan los diplomáticos estadounidenses la información en el extranjero», pero no plantea lo mismo sobre los periodistas estadounidenses.

Curiosamente, en estos párrafos, así como en el resto del extenso editorial, no se menciona que ambos reporteros habían visto cadáveres (decenas, al menos en el caso de Guillermoprieto) ni que Meiselas había fotografiado dichos cadáveres. En cambio, el editorial dice que los dos periodistas reproducen «entrevistas en las que les dijeron que cientos de civiles habían sido asesinados en El Mozote», para decir inmediatamente después que Enders «puso en duda los artículos posteriormente», como si él o sus representantes hubieran visitado la aldea, como si las pruebas que él estaba presentando fueran diferentes a las que, al fin y al cabo, ofrecían los testimonios de dos testigos (no sólo de los propios acontecimientos, sino de sus consecuencias). La cobertura dada por los periodistas y por los miembros de la embajada coincidía en repetidas ocasiones, como si las dos partes hubieran visitado los mismos sitios, visto las mismas pruebas, hablado con la misma gente... para acabar limitándose a conclusiones diferentes. Ninguna de las partes, según afirmaba el editorial, tenía «la facultad de determinar de manera concluyente lo que pasó en El Mozote»: ello implicaba, según había argumentado la propia Administración en varias ocasiones en defensa de sus aliados salvadoreños, que, puesto que no había ninguna explicación «concluyente», nada podía saberse con certeza. La idea de que gran parte del trabajo de un periodista consiste en hacer una criba de lo que se dice y se observa y en un cuidadoso pulso con la progresión de las pruebas, junto con el juicio constante al que estaba sometida la credibilidad de los testigos... esa idea no estaba presente en ninguno de los dieciséis párrafos del editorial de la revista.

Siete días después de la crítica del *Journal* al reportero del *Times* que acabó «pecando de crédulo», el Departamento de Estado recibió un telegrama en nombre del embajador en Honduras, John Negroponte, informando de la visita de un miembro de la embajada y un miembro del personal de la Comisión de Asuntos Exteriores de la Cámara al campamento de refugiados de Colomoncagua, al que habían huido muchos de los refugiados de Morazán hacía dos meses. Según el telegrama, los refugiados le describieron al diplomático estadounidense «una batida militar en Morazán entre el 7 y el 17 de diciembre, que afirman que se tradujo en un gran número de víctimas civiles y daños materiales, lo que provocó su éxodo». A continuación, el telegrama decía que «los nombres de los pueblos citados y los del artículo del *New York Times* del 28 de enero sobre el mismo tema» coincidían. El oficial agregado de información añadió que la «decisión [de los refugiados] de huir esta vez, cuando en el pasado permanecieron durante otros barridos [...] da crédito a una magnitud e intensidad mayores a las que constan de las operaciones militares en el norte de Morazán». Esta información no se hizo pública.

Para entonces, Bonner y su «credulidad» se habían convertido en una causa menor celebrada en la prensa y las tertulias televisivas. George Melloan, del *Journal*, coautor del editorial, declaró firmemente en un debate televisado: «Obviamente, se intuye la orientación política de Ray Bonner» en su cobertura, haciendo un paralelismo, implícito en el editorial, con Herbert Matthews, antiguo corresponsal en Cuba del *Times*; según el *Journal*, su «enaltecimiento [...] de Fidel Castro en los años cincuenta se convirtió en una vergüenza perpetua para el *New York Times*». *Accuracy in Media*, el boletín informativo del ala derecha, explicitó dicha inferencia en un ejemplar dedicado exclusivamente a Bonner, acusándolo de perpetuar «una guerra propagandística en favor de los guerrilleros marxistas de El Salvador».

Seis meses después de la crítica del *Journal* a Raymond Bonner, éste había vuelto de Centroamérica. Desde la historia de El Mozote y la polémica que la rodeaba, Bonner había estado expuesto a mucha presión, aguantando una descarga constante de críticas por parte de la embajada y del Departamento de Estado, así como de varias publicaciones estadounidenses para las que Bonner simbolizaba la supuesta «inclinación izquierdista» de la cobertura en Centroamérica. En agosto de 1982, Bonner, en su habitación en un hotel de Managua, recibió una llamada informándole de que debía presentarse en la redacción local de Nueva York.

La decisión del *Times* de apartar a un corresponsal que había sido el foco de una agresiva campaña de críticas por parte de la Administración sin duda tuvo un efecto significativo en la cobertura de El Salvador. Parece que los jefes del *New York Times* acabaron «cediendo» a la presión del Gobierno y que la campaña de la Administración para quitarse de en medio a un reportero problemático, el más tenaz e influyente en El Salvador, funcionó.

La posición pública de A. M. Rosenthal, por aquel entonces redactor jefe del *Times*, siempre ha sido, como me dijo por teléfono, la siguiente: «Nadie del Gobierno de Estados Unidos me sugirió en ningún momento ni directa ni indirectamente que apartara al señor Bonner y cualquiera que se hubiera acercado al *New York Times* y me hubiera sugerido apartar o castigar a un corresponsal habría sido un estúpido. Dar por hecho que un hombre que se dedica al periodismo apartaría a un reportero porque se lo pide el Gobierno de Estados Unidos, la CIA o quien sea es ridículo, ingenuo, cruel y difamatorio».

Según Rosenthal, Bonner fue apartado porque nunca llegó a estar totalmente capacitado con la exigente manera de trabajar del *Times*. Bonner, según dijo, «no conocía las técnicas para tejer una historia conjunta. [...] Lo traje de vuelta porque me parecía muy injusto que estuviera allí sin la preparación necesaria». Bonner había estudiado Derecho, había sido fiscal de distrito adjunto, partidario de Nader y había entrado en el *Times* como corresponsal en Centroamérica. «Como por aquel entonces estábamos sometidos a una gran presión para enviar a gente al campo de batalla en El Salvador, suspendimos nuestro proceso habitual de formación de personal de la redacción local, en el que se aprenden el estilo y los métodos del *Times* —me contó Seymour Topping, por aquel entonces director—. Bonner había hecho un trabajo de periodismo de investigación excelente y nunca hubo duda alguna de que había logrado llegar a los hechos, de que sus artículos eran veraces, pero, si hubiera tenido más experiencia, su forma de escribir los artículos, los matices, etcétera, no lo habría dejado tan expuesto a la crítica.»

Sin embargo, «la preparación» no era el único problema (en realidad, como Bonner me indicó, había pasado buena parte de 1981 en la redacción local) y, al menos en el caso de Rosenthal, la cuestión de la «técnica periodística» de Bonner parecía haber estado indisolublemente ligada a lo que el redactor jefe percibía como simpatías izquierdistas por parte del reportero. «Si alguien me hubiera pedido que lo apartara, seguiría aquí», me dijo Rosenthal y, la verdad, es falso que el Gobierno presionara al *Times* para que apartara a Bonner. Rosenthal insinúa que fueron otros los que promovieron esta versión de la historia: «Yo promovía cambios en el *Times* y a muchos no les gustaban mis decisiones». Pero las conversaciones con varios reporteros y jefes del *Times*, antiguos y actuales, me convencieron de que la campaña contra Bonner tuvo más éxito del que podría haber tenido debido a las propias decisiones de Rosenthal. Varias personas me dijeron que no era ningún secreto que no estaba contento con Bonner porque el reportero, según me lo describió un director, «estaba demasiado dispuesto a aceptar el lado comunista de la historia; [Rosenthal] hablaba mucho de la simpatía de Bonner hacia el bando comunista en Centroamérica». Las críticas de la derecha (lideradas por el editorial sobre El Mozote del *Wall Street Journal*) «resonaban con las de Abe, ya que intensificaban sus propias sospechas sobre Bonner; al parecer, cada vez había más gente que estaba de acuerdo con Abe». Varios empleados del *Times*, antiguos y actuales (todos decidieron mantenerse en el anonimato), comentaron un suceso ocurrido en un restaurante de Georgetown (era la noche de la cena anual del club Gridiron), en la que Rosenthal criticó a Bonner y habló airadamente de las penurias que los regímenes comunistas hacían pasar a sus pueblos. Bonner volvió a Nueva York, a la redacción local. Después de cogerse una excedencia para escribir un libro, finalmente dejó el *Times* en 1984.[2]

---

[2] Cabe señalar que, en 1987, Bonner empezó a escribir para el *New Yorker* (donde apareció por primera vez gran parte del contenido de este libro), al igual que Alma Guillermoprieto dos años después. Bonner dejó la revista en 1992 y en la actualidad escribe encargos especiales para el *Times*.

Para una narración sobre el asunto Bonner, véase Michael Massing, «About-face on El Salvador», *Columbia Journalism Review*, noviembre-diciembre de 1983. El *Wall Street Journal* sacó el tema de nuevo en su editorial «Credulidad», el 19 de marzo de 1993 (véase «Documentos», más adelante), a lo que A. M. Rosenthal respondió con «Let's Set the Record Straight», una extensa carta para *The Journal* publicada el 22 de abril de 1993. Massing sacó el tema una vez más en su «comentario» sobre la carta de Rosenthal titulado «Bringing the Truth Commission Back Home: Raymond Bonner and the News From El Salvador That Didn't Fit», *Harper's Magazine*, julio de 1993.

8.
EL BOTÍN DE MONTERROSA

El Mozote representó el culmen de la era de las grandes masacres. No fue la última (destaca, en agosto de 1982, una operación similar en la que el Atlacatl mató a unas doscientas personas en El Calabozo, en el departamento de San Vicente), pero, después de El Mozote, el Ejército recurrió cada vez menos a las operaciones de búsqueda y destrucción que implicaban la matanza masiva de civiles. Quizá el uso propagandístico que hicieron los guerrilleros de El Mozote y la polémica que supuso posteriormente en Estados Unidos llevaran a los militares de mayor rango a calcular el coste potencial de dicha masacre. Quizá la gravedad de las acusaciones en el Congreso finalmente diera algo más de crédito a las habituales reprimendas de la embajada. (Incluso alguien como Elliott Abrams, a quien tanto desdén le producía la presión del Congreso, reconoce que «la dinámica del poli bueno y el poli malo fue muy eficaz» y que «tuvo algún efecto positivo en la disminución de los asesinatos».) O quizá los oficiales se dieran cuenta de que con unas masacres menos multitudinarias (de cuarenta personas o menos, por ejemplo) podían conseguir lo mismo sin llamar tanto la atención.

Y, más importante aún, no cabe duda de que los principales oficiales salvadoreños advirtieron que El Mozote había cumplido su propósito. No era sólo que en gran parte del norte de Morazán los civiles hubieran huido hacia más allá de la frontera, sino también que, en varias zonas clave, se había dejado a los peces sin agua. Lo importante era el significado de El Mozote (su *mensaje*) para quienes se quedaron. Porque El Mozote era, sobre todo, una declaración. El Ejército, al hacer lo que hizo en El Mozote, había proclamado alto y claro a los habitantes de Morazán y a los campesinos de los alrededores un mensaje muy sencillo: en el fondo, los guerrilleros no pueden protegeros y nosotros, los militares, estamos dispuestos a hacer cualquier cosa para evitar perder esta guerra, lo que sea necesario.

A finales de 1982, el rumbo de las cosas empezó a cambiar en Morazán, lo que no quiere decir que el Ejército hubiera empezado a ganar, sino que cada vez era más improbable que fuera a perder. El marzo anterior, las elecciones a la Asamblea Constituyente, muy importantes para la Administración Reagan, supusieron un gran éxito de la política de la Administración, con una participación mucho mayor de la esperada. Gracias a la gran presión que ejerció, la Administración logró evitar que Roberto D'Aubuisson, el más conocido de entre todos los ultraderechistas, se convirtiera en presidente provisional. En su lugar, los militares y los dirigentes de los partidos, junto con los estadounidenses, habían acordado que el presidente provisional fuera Álvaro Magaña Borja, un rico aristócrata y banquero internacional con muchos viejos amigos en el cuerpo de oficiales.

Las exitosas elecciones y la consiguiente aparición de Magaña, hombre muy decente que dominaba el inglés, ayudaron a la Administración a apaciguar al Congreso. (Con el segundo informe sobre la garantía, entregado seis meses después, en julio de 1982, la Administración había cambiado significativamente su posición con respecto a El Mozote: donde, en febrero, Enders había dicho «no se han encontrado pruebas que *confirmen* que las fuerzas del Gobierno masacraron civiles sistemáticamente en la zona de operaciones», ahora la Administración decía que no había «pruebas que *[confirmasen]* las acusaciones de masacres a gran escala cometidas supuestamente a manos de las fuerzas del Gobierno», un cambio de énfasis que ponía al Departamento en contradicción directa con aquello de lo que Hinton y Greentree habían contado.)[1] El Congreso aumentó las ayudas militares más del doble, de 35 millones de dólares a 82 millones, y también aumentó las ayudas económicas, más del doble que eso. Los estadounidenses no sólo estaban enviando lo último en equipamiento y mucha munición, sino que además estaban ampliando el Ejército y entrenando a cientos de militares en Estados Unidos. Y, más importante aún, el coronel Jaime Flores, debido supuestamente a flagrantes irregularidades económicas durante su trabajo en San Miguel, incurrió en la ira de Magaña y, en consecuencia, fue «ascendido» desde la importantísima tercera brigada a la no tan importante primera brigada, pasando, por último, al cuerpo de bomberos de San Salvador. Para sustituir a Flores en San Miguel, Magaña optó por la opción más obvia (e inevitable): el teniente coronel Domingo Monterrosa.

Éste se convirtió en el comandante militar de toda la zona este de El Salvador y así comenzó su periodo de mayor fama. Los responsables de publicidad del Ejército o la prensa estadounidense solían enviar sin pensárselo a los reporteros a hablar con aquel enérgico coronel. Monterrosa siempre tenía tiempo para ellos, los invitaba a su helicóptero, dejaba que lo siguieran mientras iba de una zona de aterrizaje a otra. «Era un fenómeno —me contó Lucia Annunziata, corresponsal de *La Repubblica* que viajaba a menudo con Monterrosa—. Los estadounidenses no paraban de decirnos que ahí estaba la nueva estirpe de oficiales que siempre habían prometido. El coman-

---

[1] La propia investigación del Departamento enfatizaba este punto. Véase «Report of the Secretary of State's Panel on El Salvador», julio de 1993, páginas 59-60. Algunos fragmentos del informe aparecen en Documentos.

dante se había empapado completamente de la ideología anti-comunista de Estados Unidos. Por aquel entonces, ya no hablaba como si fuera una especie de carnicero, sino como un estadounidense. Estaba totalmente imbuido de la idea de conquistar mentes y corazones.»

Así que, en aquel momento, como comentó un asesor del Atlacatl, «el nuevo Monterrosa era un hombre diferente al que hizo lo de El Mozote». En 1978, Monterrosa asistió a la Political Warfare Cadres Academy, en Beitou, Taiwán,[2] y allí lo entrenaron en, según se lo describió a un periodista, «la guerra de las masas» y «el comunismo de este lado». Volvió a El Salvador «muy entusiasmado» con las habilidades que había aprendido («cómo proyectarnos en la población civil y ganárnosla»), pero, para su decepción, se encontró con que a los oficiales superiores no les interesaba mucho todo aquello, si bien, como comandante de la zona este, empezó a poner en práctica lo que había aprendido.

«Tácticamente hablando, siempre fue muy bueno —me dijo Licho, el comandante rebelde—. Y entonces empezó a utilizar métodos mucho más inteligentes. Por ejemplo, cada vez que tomaba un pueblo, iba allí personalmente y se encargaba él mismo de hacer el trabajo político.» Sus soldados, que solían llegar en helicóptero, asaltaban el pueblo y echaban a los guerrilleros armados y, después, Monterrosa llegaba y reunía a la gente. «Normalmente daba un discurso en la plaza —contó Annunziata—. Preguntaba si alguien estaba enfermo, si necesitaba ayuda y, después, preguntaba si alguien conocía a esa gente, es decir, a los guerrilleros. Por supuesto, nadie respondía. «¿Están seguros? ¿Seguro que no tienen algún primo guerrillero?», preguntaba él con voz suave.

---

[2] Para una fascinante narración sobre este periodo, véase Jon Lee Anderson y Scott Anderson, *Inside the League* (Dodd-Mead, Nueva York, 1986).

Para entonces, la gente del campo reconocía la famosa figura de Monterrosa. Era bajo, jorobado incluso, y con algo de panza. «Se había desprendido de todo belicismo —me dijo Annunziata—. Llevaba siempre en la cabeza una bandana verde camuflaje hecha polvo y llena de sudor, y tenía cara de indio, con la nariz grande y el mentón retraído. Con esa bandana, parecía una abuela. Era algo vanidoso, un poco dandi. Siempre iba acompañado de un muchacho, un niño muy guapo de diez o doce años, que se encargaba de ayudarlo con sus cosas. Y siempre tocaba a los soldados, le gustaba el contacto físico. Por las noches se metía en su hamaca militar roja, se ponía unos guantes azules y se cubría la cara con una toalla azul. Un dandi.»

«Era ya entrada la tarde y estábamos a las afueras del pueblo de Carolina, en un cerro que se alzaba sobre él. Monterrosa estaba sentado en un murete de piedra, con los pies colgando de un lado. Cogió el radioteléfono y dijo "Charlie, Charlie [su nombre en clave] llamando a Orange", y dio sus coordenadas; entonces vinieron los aviones y empezaron a bombardear, él estuvo todo el rato dirigiendo los aviones por radio. Miramos hacia abajo y vimos otra unidad del Ejército entrar en el pueblo y a los guerrilleros yéndose por el otro lado.

»A la mañana siguiente, la gente salió de la población formando una extensa columna. Los veíamos serpentear cerro arriba en una larga fila, yendo hacia donde estaba Monterrosa, que seguía sentado en el murete, echado hacia atrás con un aspecto de rey y heroico. Y, uno por uno, los campesinos pasaban por delante de él y le ofrecían algo. Uno le dio un huevo; otro, unas tortillas; otro le ofreció a un muchacho joven para que lo alistara. Y Monterrosa le hacía señas a un edecán, como si de un emperador romano se tratara. Recuerdo a un padre con un niño que tenía la cabeza cubierta con un pañuelo blanco: cuando llegó frente a Monterrosa, el padre le quitó el pañuelo de la cabeza dejando al descubierto un tumor en la cara. Monterrosa asintió al edecán. Éste cogió la radio y llamó al helicóptero para que viniera a por el niño y se lo llevara al hospital de la ciudad.»

Hacia 1983, las nuevas tácticas de Monterrosa habían comenzado a fructificar. «Cambió su forma de relacionarse con la población local y su actitud militar para con nosotros era menos arrogante —me contó Villalobos, el *comandante* del ERP—. Hubo una primera etapa, creo, en la que llevaba a cabo las masacres no sólo porque formara parte de su entrenamiento militar y por ser una táctica aprobada por el alto mando, sino también porque no pensaba que aquello se fuera a convertir en un problema político. Más tarde, con el tiempo, se dio cuenta de que ese tipo de tácticas no funcionaban. No se conseguían victorias con tanta rapidez.»

Domingo Monterrosa era «una rareza, un soldado cien por cien puro, un líder natural, un militar de nacimiento».

Annunziata estaba de acuerdo. «No tenía sed de sangre, pero estaba muy neurótico, quería ganar la guerra a toda costa —me dijo—. Su objetivo era marcar un antes y un después, un punto de inflexión, cambiar el rumbo y así dar un susto de muerte al enemigo. Se trataba de una manifestación de crueldad deliberada para demostrar a la gente que los guerrilleros no podían protegerlos. Y, para él, eso se conseguía siendo lo más crueles y despiadados posible: violaciones, empalamientos... lo que fuera para que vieran el precio que se pagaba por ello.»

Para la mayoría de los periodistas que le daban cobertura (algunos habían estado en el país en 1981), El Mozote era sólo un rumor lejano, un eco oscuro del pasado. «Era el soldado por excelencia para la prensa, ya sabes, muy simpático —me contó Jon Lee Anderson, de la revista *Time*—, pero siempre se rumoreó que fue el responsable de El Mozote y, por supuesto, él siempre lo negó.» Por aquel entonces, Monterrosa tenía una amante periodista, una joven salvadoreña guapísima que trabajaba para una cadena de televisión estadounidense. «Iba en helicóptero a visitarla hasta el Camino Real, el hotel preferido por la prensa internacional en San Salvador, e irrumpía en las oficinas de la prensa, con el uniforme de combate puesto, y llegaba y miraba por encima de tu hombro lo que estabas escribiendo y preguntaba "¿Has escrito sobre mí hoy?"», recuerda Annunziata. La novia de Monterrosa les dijo a sus colegas (de forma confidencial, por supuesto) que hubo «un problema» con la operación de El Mozote y que, a pesar de que, por razones obvias, no podía entrar en detalles, lo único que hacía falta saber era que, ese día en concreto, el coronel, desafortunadamente, «perdió el contacto por radio» con sus hombres, con terribles consecuencias.

Para los guerrilleros, esa historia no resultaba muy convincente. «Era bien sabido por todos los guerrilleros que él había ordenado la masacre —dijo Licho—. Todo el mundo quería matarlo en combate.» Ahora, sin embargo, su adversario había empezado a hacer lo que ellos mismos sabían que era lo más eficaz para ganar la guerra: «política» en las zonas rurales. «Empezó a aprender: comenzó a jugar al fútbol con la gente, a ayudar a sus familias —cuenta Licho—. Nos dimos cuenta de que podía ser muy peligroso que alguien con tanto talento militar como él empezara a hacer política de verdad. Creo que fue a principios de 1983 cuando comenzamos a planear su muerte.»

Desde el principio, la guerra civil salvadoreña había sido algo personal. El Salvador es pequeño y las familias salvadoreñas son grandes y, especialmente en el campo, no era raro que en una misma familia hubiera tanto soldados como guerrilleros, primos, a veces incluso hermanos, que se enfrentaban en el campo de batalla. Era como si el destino quisiera que el duelo entre el mando más sobresaliente del Ejército y el reputado genio militar de los guerrilleros se convirtiera en un asunto totalmente personal. «Villalobos y Monterrosa estaban obsesionados con sus respectivas psicologías —me dijo Annunziata—. Para Monterrosa era como mirarse en un espejo. Estaba obsesionado con los guerrilleros, con conocerlos, con entenderlos... Había estudiado los distintos grupos que había y afirmaba que siempre sabía cuál de ellos había organizado cada operación. Sentía que era el *alter ego* de los guerrilleros. Todas las noches, estando en el campo, escuchaba la radio (primero, la BBC, y después, Radio Venceremos) para oír lo que ellos en concreto decían sobre lo que había hecho él ese día. Todas las noches se oía, proveniente de su hamaca, la *Internacional* en Radio Venceremos.»

Domingo Monterrosa estaba obsesionado con Radio Venceremos y uno de sus
principales objetivos era tomar la emisora rebelde.

La fascinación de Monterrosa por Radio Venceremos (al fin y al cabo, la captura del transmisor había sido el gran objetivo de la Operación Rescate) no había pasado desapercibida para su *alter ego*. «Un principio básico de la guerra es estudiar la psicología de los comandantes enemigos —me contó Villalobos—. Monterrosa estaba obsesionado con los botines de guerra. En las situaciones de combate, cuando sus hombres capturaban algo, no dudaba en ir de inmediato a comprobarlo, hasta el punto de que a veces no era capaz de coordinar los movimientos de sus tropas. Una vez, él mismo fue a hacerse cargo de unas videograbaciones que nos habían quitado. En otra ocasión, se trató de un modelo a escala que habíamos utilizado para planificar un ataque. Siempre acudía él en persona. Y estaba desesperado por terminar con Radio Venceremos. Vaya, que cualquier casete o grabadora que se encontraba se convertía en una gran victoria.»

Con el tiempo, entre finales de 1983 y 1984, Monterrosa comenzó a celebrar victorias. Su campaña «Víveres y munición» fue progresando en Morazán. El área bajo el control del FMLN fue reduciéndose poco a poco, así como, más importante aún, también disminuyó la mano de obra de la guerrilla. En el verano de 1984, empezaron a circular noticias de que los guerrilleros se habían visto obligados a reclutar civiles para sus filas. Sin duda, muy buenas noticias para el Ejército.

Más o menos por aquel entonces, el general Blandón, jefe del Estado Mayor, voló a Perquín para ver a Monterrosa. «Le ofrecí el mando del Ejército —me contó Blandón—, pero me dijo que no lo aceptaba, que si eso tenía que pasar, sería en el curso normal de los acontecimientos. Ya ves, no había ambición personal alguna que lo empujara a ser ministro de Defensa, lo que lo motivaba era terminar el trabajo que se llevaba entre manos.»

Aquel septiembre, los estadounidenses le entregaron al Ejército diez nuevos helicópteros Huey. «Cuando me enteré de lo de los helicópteros, le comenté a un amigo que Monterrosa vendría a por nosotros —me dijo Villalobos—. Iba a usar esos helicópteros para atacar el puesto de mando.» La entrega de los helicópteros, no por casualidad, coincidió con una importante iniciativa diplomática del Gobierno salvadoreño. El 15 de octubre, el presidente, José Napoleón Duarte (que había ganado unas elecciones a principios de ese año y que sustituyó a Magaña), acompañó al ministro de Defensa, Carlos Eugenio Vides Casanova, y a otros representantes del Gobierno a una reunión con los líderes de la guerrilla (entre ellos, Guillermo Ungo, candidato a la vicepresidencia con Duarte en las elecciones fraudulentas de 1972) en La Palma, a unos ciento treinta kilómetros al oeste de Morazán.

Tres días después de aquella reunión, Monterrosa lanzó una gran ofensiva en Morazán, una batida con seis mil hombres: Torola IV. «La guerra continúa —le dijo a James LeMoyne, del *New York Times*, en la base de Osicala, mientras observaba a los hombres del Atlacatl subirse a los nuevos helicópteros Huey y despegar hacia el cielo del norte—. A veces hay que hacer la guerra para conseguir la paz.»

Villalobos coordinaba la respuesta a Torola IV, una campaña que, a grandes rasgos, se parecía mucho a la Operación Rescate de hacía tres años: soldados de unidades regulares del Ejército atacaban por el norte a lo largo del Torola y los hombres del Atlacatl que iban en los helicópteros bajaban desde Perquín y otros pueblos de montaña. Sin embargo, esta vez, la respuesta de los guerrilleros sería algo diferente.

Villalobos y los suyos trabajaban duro planificando una emboscada en Joateca, a unos kilómetros al este de El Mozote. Estaba muy bien planificada (le habían dedicado muchas horas), pero era poco común: los guerrilleros estaban planeando que fuera el Ejército el que los emboscara a ellos, no al revés, y que se adueñaran de un premio que deseaban que Monterrosa reclamara.

El 22 de octubre, Monterrosa fue en helicóptero a Joateca. Con él iba, entre otros, Jon Lee Anderson, de la revista *Time*. «Eran

MASACRE

verdaderas operaciones aéreas —me dijo Anderson en una entrevista—. Volaban de un lado a otro, introducían tropas, los helicópteros daban vueltas, hacían varios desplazamientos al día...» Según dijo, una avanzadilla en Joateca expulsó a los guerrilleros el día anterior. Ahora la gente estaba allí reunida, esperando a Monterrosa. «Era una plaza herbosa en una aldea en ruinas, ya sabes, empedrado, porches con sombra... y allí reunía a la gente del pueblo y les soltaba su discurso sobre mentes y corazones. Estaba sentado en una mesa con un micrófono en la mano y, a su lado, tenía a una trabajadora social y a un psicólogo.»

Anderson cita a Monterrosa dirigiéndose a los campesinos: «Nosotros somos sus verdaderos hermanos. No somos los guardias de los ricos. ¿Ven ustedes a algún rico entre nosotros? Nosotros nos dejamos la sangre en esta tierra, pero de ustedes depende que sea fértil».

Más o menos en ese momento, bastante cerca de la plaza donde Monterrosa daba su discurso, sus hombres habían atacado a un grupo de desafortunados guerrilleros. «Enviamos una columna de combatientes para que se dejaran emboscar —dijo Villalobos— y luego se supone que tenían que dejar el transmisor, como si hubieran tenido que abandonarlo [como hacía tres años]. Pero las cosas no salieron así. No pudimos subir el transmisor a la zona de combate. Estábamos cabreados. Pensábamos que nos habíamos cargado la operación. Sí, es raro que no sospecharan.»

Los rebeldes habían dejado el transmisor cerca de un cementerio a las afueras de Joateca. Bastante cerca, Villalobos y sus hombres esperaban, tensos, mientras escuchaban atentamente sus radios. De repente, oyeron a varios soldados hablar animadamente entre ellos. «En cuanto encontraron el transmisor, se los oyó celebrarlo a lo grande —dijo Villalobos—. Hablaban de todas las recompensas que obtendrían y cosas así.» Los soldados empezaron a felicitarse entre ellos, hablaban de lo contento que se pondría el coronel cuando sus hombres le llevaran aquel preciado tesoro. No sospechaban absolutamente nada. «Así como la vanidad cegó a Monterrosa, también cegó a sus soldados —dijo Villalobos—. Sólo teníamos que esperar a que su psicología personal aflorara.»

A última hora de la tarde, Jon Lee Anderson se sentó a entrevistar al coronel. «Desapareció un rato y luego volvió muy emocionado —dijo Anderson—. Se sentó a mi lado en la entrada de su vieja casa campesina y me confesó que pensaba que había encontrado el transmisor. Estaba en un cementerio, en un camposanto situado a las afueras de una pequeña aldea. Es cierto que estaba un poco lejos de donde transcurría la acción, pero no había duda de que la aldea había sido de ellos, había pintadas por todas partes.»

Mientras caía la noche en Joateca, Anderson aprovechó el momento para preguntarle a Monterrosa por los rumores que todavía lo perseguían sobre lo que había pasado en El Mozote. «Era tarde y allí estábamos sentados, los dos solos, y le pregunté: "Coronel, ¿qué pasó en El Mozote?". Hubo una larga pausa, miró hacia otro lado y, finalmente, dijo *"No es como dicen"*.»

Monterrosa no dijo nada más, pero Anderson interpretó su respuesta como una confirmación tácita de que realmente algo había pasado allí, de que Monterrosa había participado en la masacre. Hacía poco, James LeMoyne le había hecho la misma pregunta a Monterrosa y, según LeMoyne, el coronel, tras un largo y agotador día de combate, contestó sin rodeos. «Se encogió de hombros y dijo: "Sí, lo hicimos, hicimos una *limpieza* allí, los matamos a todos" —me contó LeMoyne—. Me dijo que "por entonces pensaba que eso era lo que había que hacer para ganar la guerra, pero [que] estaba equivocado".»

Más tarde esa noche, un tanto pesarosos, Anderson y su fotógrafo volvieron a la capital. Debían enviar sus notas a la redacción, pero al día siguiente tenían en mente reunirse de nuevo con Monterrosa en su helicóptero. Tres oficiales superiores y un equipo de la televisión del Ejército formado por tres hombres llegaron a Joateca al día siguiente. Junto con un sacerdote y un sacristán locales, acompañarían al victorioso coronel mientras llevaba su botín de vuelta a la capital. Sería una entrada triunfal. La captura del transmisor suponía una importante victoria propagandística y Monterrosa quería filmarlo, grabarlo, publicitarlo... exprimirlo al máximo.

Los hombres se subieron al helicóptero y se sentaron y, mientras los rotores rugían, los soldados subían a bordo los equipos. Sentado en un lugar de honor, al lado de Monterrosa, estaba Todd Greentree, de la embajada de Estados Unidos. «Estábamos sentados juntos —dijo Greentree—. Él se estaba poniendo el cinturón y la gente estaba subiendo a bordo un montón de macutos que pertenecían a diferentes soldados, ya sabes, "Llévale esto a mi mujer a San Salvador". El transmisor debía de estar en uno de ellos. Entonces, un soldado se acercó a Monterrosa para decirle que tenía una llamada de radio y él bajó a atenderla.»

Greentree tenía prisa por llegar a la capital (ya no recuerda la razón). «Vi que otro helicóptero se disponía a despegar y yo tenía prisa por llegar, así que bajé y subí a bordo del otro.»

En un cerro al noroeste de la ciudad, los guerrilleros del ERP observaban excitados cómo el Huey se alzaba lentamente sobre el horizonte arbóreo. Esperaron hasta que estuvo en su apogeo, apuntaron con un dispositivo de control remoto en una línea de visión directa y apretaron el botón. No pasó nada. «No entendíamos qué había ido mal —dijo Villalobos—. Pensamos que algo no había funcionado. Entonces escuchamos su rueda de prensa (al parecer, en la radio estaban entrevistando a Monterrosa, que anunciaba el final de Radio Venceremos) y nos dimos cuenta de que no era ese helicóptero.»

Esperaban sentados en el cerro, tensos, bien entrado el mediodía, cuando, por fin, después de lo que parecía haber sido una espera interminable, un segundo helicóptero se alzó sobre

EL BOTÍN DE MONTERROSA

las copas de los árboles y ascendió muchísimo. La enorme aeronave sobrevoló Joateca, dio la vuelta y se dirigió hacia el oeste, hacia el río Sapo... hacia la pequeña aldea de El Mozote. Ya en lo alto del cielo azul, se solapó con el sol. Mucho más abajo, un hombre de Perquín miró hacia arriba, entrecerró los ojos y vio que, de repente, la máquina de guerra (las había visto tantas veces en Morazán...) rompía en una gran bola de fuego naranja y negra. La explosión fue ensordecedora.

«Recuerdo que pensé que... pensé que, si hubiera avanzado tan sólo un par de minutos más, su sangre se hubiera entremezclado con la tierra de El Mozote», declaró aquel hombre que, hacía tres años, se había visto obligado a hacer de guía para los hombres de Monterrosa en su *limpieza*.

9.

LA VERDAD SOBRE EL MOZOTE

Cuando los exiliados volvieron a Morazán, Monterrosa llevaba ya cinco años muerto. Hacinados en camiones y autobuses procedentes de los campos de refugiados de Honduras, sorteaban las montañas y llegaban en masa a los pueblos y aldeas abandonados de la zona roja. El Gobierno salvadoreño no pudo hacer nada para detenerlos: corría noviembre de 1989 y, a lo largo de todo el país, los guerrilleros habían lanzado una ofensiva general que, en medio de la conmoción política que provocó, se convertiría en el equivalente salvadoreño de la ofensiva del Tet llevada a cabo en 1968 por el Vietcong y el ejército nordvietnamita: aquello marcaría el principio del fin en la prolongada guerra civil.

La lucha fue especialmente cruenta en San Salvador, donde los guerrilleros se atrincheraron en los atestados barrios pobres de tal forma que los militares sólo consiguieron sacarlos bombardeando y ametrallando barrios, pero el punto de inflexión de la ofensiva y de la propia guerra tuvo lugar durante las primeras horas del 16 de noviembre, cuando varios comandos escalaron el muro trasero del sombrío campus de la Universidad Centroamericana, despertaron a cinco sacerdotes jesuitas, les ordenaron que se tumbaran en el suelo boca abajo y dispararon sus armas automáticas contra sus cabezas. Antes de irse, los soldados mataron a un sexto sacerdote, el cocinero de los jesuitas, y a su hija de quince años. La escena que dejaron atrás (los cráneos reventados de los sacerdotes, la hierba verde ensangrentada, los sesos, los numerosos cartuchos utilizados gratuitamente) era una verdadera carnicería. Y, a pesar de que los soldados intentaron sin mucho entusiasmo garabatear algunas consignas izquierdistas, pronto se supo que aquel trabajo había sido obra de los hombres del Atlacatl.[1]

Aquello fue un enorme error político porque daba a entender al mundo, especialmente a los congresistas estadounidenses, que, después de los miles y miles de millones de dólares y de todas esas palabras bonitas sobre «entrenamiento» y «reforma», en el fondo, el Ejército salvadoreño siempre había sido lo que había demostrado ser en El Mozote, pero, para entonces, ya se habían ido tanto Ronald Reagan como la amenaza ideológica que tanto había temido. Era el momento de poner fin a la guerra.

En las montañas de Morazán, en lo que aún era la zona roja, los refugiados se entregaban a la reconstrucción de su barrio. Habían hecho amistad con los voluntarios internacionales de los campamentos de Honduras y construían edificios nuevos con listones de madera gracias a la ayuda de la Unión Europea y otras instituciones: una fábrica de zapatos, una tienda de artesanía, una guardería para poder dejar a los niños mientras los vecinos trabajaban... Y, en honor a uno de los jesuitas muertos, llamaron a su barrio Segundo Montes.

El 26 de octubre de 1990, Pedro Chicas Romero, de La Joya, escondido en una cueva situada en lo alto de la aldea mientras los soldados mataban a sus familiares y vecinos, fue a San Francisco Gotera y presentó una denuncia penal ante el juzgado de primera instancia, acusando al Batallón Atlacatl de ser el responsable de los asesinatos de El Mozote y de los pueblos cercanos y le pidió al juez Federico Ernesto Portillo Campos que investigara y castigara a los responsables. Rufina Amaya Márquez figuraba entre los primeros testigos que prestaron declaración en el caso.

---

[1] Para un breve pero interesante relato relacionado con la investigación sobre los jesuitas, véase Philip Bennett, «Letter from El Salvador», *Vanity Fair*, noviembre de 1990.

La investigación fue despacio y, aunque Tutela Legal, entre otras organizaciones de derechos humanos, intentó presionar al juez (con la publicación, en noviembre de 1991, de la primera investigación exhaustiva sobre la masacre de El Mozote, que incluía los nombres de 794 muertos), es difícil saber en qué habría desembocado si el Gobierno del presidente Alfredo Cristiani y los *comandantes* del FMLN no se hubieran reunido en Ciudad de México, en enero de 1992, para firmar un acuerdo que pusiera fin a los doce años de guerra. Entre otras cosas, el acuerdo estipulaba apartar del Ejército a los «transgresores de los derechos humanos» y reducirlo a la mitad; el desarme de los guerrilleros y la incorporación de algunos a un nuevo cuerpo de la policía civil, y la disolución del Atlacatl y de otras brigadas de reacción rápida. Con el objetivo de «investigar graves

Pedro Chicas Romero, que estuvo escondido en una cueva situada en lo alto de La Joya, cuando regresó, se lo encontró «todo quemado, sin vida, con cadáveres por toda la calle». En la fotografía, él y otro nativo lloran a los muertos.

hechos de violencia ocurridos desde 1980, cuya huella sobre la sociedad [reclamaba] con mayor urgencia el conocimiento público de la verdad», el acuerdo también estipulaba la creación de la «Comisión de la Verdad».

Los expertos del Equipo Argentino de Antropología Forense llegaron al país en febrero y, a pesar de que la investigación se paralizó en repetidas ocasiones, los vecinos de Morazán y los tres miembros de la Comisión de la Verdad siempre les echaron una mano; los primeros, entre otras cosas, organizaron una bulliciosa manifestación frente al Palacio de Justicia de Gotera en abril; los últimos, cuando llegaron en junio.

Finalmente, en octubre, los expertos empezaron a excavar. Y, allí, el tercer día, en el silencio de la devastada aldea de El Mozote, todas las palabras, demandas y contrademandas emitidas en voz alta durante casi once años cedieron de repente ante el silencioso poder de los hechos. Allí estaban los huesos y los cartuchos: la latente realidad de El Mozote finalmente salía a la luz.

Durante treinta y cinco días, excavaron, cribaron y mapearon y poco tardaron en etiquetar y empaquetar en brillantes sobres de color manila y cajas de cartón nuevas los cartuchos, la ropa, los huesos y las esquirlas de hueso que partirían de El Mozote en coche hacia un laboratorio en San Salvador, cuyos expertos estuvieron trabajando sin parar hasta diciembre. En marzo, cuando Naciones Unidas hizo público el informe de la Comisión de la Verdad, *De la locura a la esperanza. La guerra de doce años en El Salvador*, el análisis de las pruebas, escrito en un lenguaje claro y preciso, estuvo disponible para los lectores; cada nueva frase desbarataba alguno de los mitos esgrimidos durante los doce años anteriores. De los 143 cráneos encontrados, todos «fueron depositados en un mismo suceso temporal», que «no habría sucedido más tarde de 1981». No era posible que El Mozote hubiera sido un cementerio guerrillero, como muchos afirmaban, principalmente porque todos menos

12 de los 143 restos identificados resultaron ser de niños menores de doce años, incluyendo al menos un feto, hallado entre los huesos de la pelvis de uno de los adultos.

Los cartuchos recuperados en la sacristía demostraban que «por lo menos veinticuatro tiradores participaron en el tiroteo» y la distribución de los casquillos indicaba que dispararon «desde dentro de la casa, desde la entrada de la puerta y, probablemente, a través de una ventana localizada hacia la derecha de la puerta». Por último, de los 245 casquillos examinados (todos pertenecientes a rifles estadounidenses M-16 excepto uno–, «184 tenían sellos distinguibles en la base de dichos cartuchos, que [identificaban la] munición como manufacturada para el Gobierno de Estados Unidos en Lake City, Misuri».

A partir de estas pruebas y de multitud de testimonios, la Comisión de la Verdad llegó a la una conclusión: «Más de quinientas personas identificadas perecieron en El Mozote y en las demás aldeas. Muchas víctimas más no han sido identificadas». Identificarlas requeriría nuevas exhumaciones en otros lugares de El Mozote, así como en La Joya y en las otras aldeas donde tuvo lugar la matanza. Sin embargo, apenas cinco días después de que la Comisión de la Verdad publicara el informe, la Asamblea Legislativa de El Salvador aprobó una amnistía general que impedía procesar a los responsables de El Mozote y de otras atrocidades cometidas durante la guerra civil. A raíz de ello, el juez Portillo, después de dejar a dos antropólogos estadounidenses trabajar en la aldea varias semanas con resultados no concluyentes, dio por terminada la investigación. Las otras víctimas de El Mozote permanecerían tranquilas bajo el suelo de Morazán.

En julio de 1993, el secretario de la Comisión de Estado de El Salvador, creado a raíz del informe de la Comisión de la Verdad, concluyó que la gestión que había hecho el Departamento de la investigación de la masacre «minó seriamente su credibilidad con sus críticas (y, probablemente, con las de los salvadoreños), de tal forma que la herida aún no ha cicatrizado». La Comisión de Estado de El Salvador concluyó su informe indicando lo siguiente: «[...] era cierto que había tenido lugar una masacre y que las declaraciones de Estados Unidos al respecto eran falsas. El 11 de diciembre de 1991, dos miembros de la embajada fueron a El Mozote para asistir a una ceremonia en honor de quienes murieron en aquella masacre». Sólo *El Wall Street Journal* se mostró más reservado: en febrero, en un reportaje sobre El Mozote en su página editorial, titulado «Se acabó la guerra, pero El Salvador sigue combatiendo la batalla de la propaganda», *el Journal* admitía que, si bien «[parecía] que una especie de masacre tuvo lugar, [seguía] habiendo preguntas sin responder», como «¿Quiénes fueron los verdaderos autores del terrible crimen?».

En la actualidad, si conduces desde San Salvador por la carretera que lleva a Morazán, pasando por el cuartel de la tercera brigada de Domingo Monterrosa y cruzando el estrecho puente sobre el río Torola, cuyos listones crujen con el paso de las ruedas, encontrarás, entre el sorgo, el maíz y las matas de agave, los edificios nuevos e incólumes de Segundo Montes, que alberga de nuevo la fábrica de botas, la tienda de artesanía y el resto de talleres traídos de los campos de refugiados. En uno de los edificios se encuentra la mujer que huyó de La Joya en 1981, aquella mujer que después de haberse visto obligada a enterrar a su hija herida en las montañas, enloqueció y se convirtió en la temida bruja de El Mozote. Andrea Márquez trabaja en la guardería, cuidando de los niños de Segundo Montes. Más arriba de la calle negra, si saltas la alambrada de espino, encontrarás a Rufina Amaya, que vive en una casita con su pequeña, Marta, que ahora tiene cuatro años. Y, si continúas por la calle negra hacia Perquín, con su plaza devastada y su mural del asesinado arzobispo Romero, llegarás a Radio Venceremos, que ha pasado de estar montada en socavones a albergarse en un edificio de verdad en un cerro cercano; aquella construcción de hormigón de una sola planta es ahora un museo, una sala de exposiciones que exhibe imágenes de las antiguas galerías subterráneas de la emisora. Enfrente, al lado del cráter de una bomba que se conserva en muy buen estado, bordeado por una cuidada fila de piedras y flores y detrás de una placa de bronce, se encuentra un impresionante amasijo de acero calcinado. Como los lugareños te contarán, se trata de los restos de un helicóptero que un buen día estalló en el cielo y se convirtió en el monumento más preciado de todo Morazán.

El monumento de El Mozote. La inscripción dice: «Ellos no han muerto. Están con nosotros, con ustedes y con la humanidad entera».

DOCUMENTOS

En el debate sobre lo que pasó en El Mozote, el secretismo nunca fue el mayor obstáculo para determinar la verdad: algunas de las pruebas más importantes estuvieron a disposición del público casi desde el principio, especialmente los testimonios de las personas que aparecen en los artículos de Alma Guillermoprieto, en el *Washington Post*, y de Raymond Bonner, en el *New York Times*, así como las imágenes de Susan Meiselas. Sin embargo, la mayoría de los documentos con los detalles sobre la investigación del Gobierno de Estados Unidos estaban clasificados y así permanecieron durante casi doce años.

En noviembre de 1993, ocho meses después de que la Comisión de la Verdad de Naciones Unidas publicara su informe sobre la violación de los derechos humanos durante la guerra civil salvadoreña, la Administración Clinton (tras varias peticiones por parte del Congreso) desclasificó alrededor de doce mil documentos relacionados con la política estadounidense en El Salvador. Un número considerable de ellos hablaban sobre El Mozote y, entre ellos, destacaba una serie de telegramas en los que los miembros de la embajada en El Salvador informaban a sus superiores en Washington de sus esfuerzos por recopilar información sobre lo ocurrido en el norte de Morazán en diciembre de 1981.

He elegido los telegramas que, desde mi punto de vista, son los más significativos y, junto con artículos de prensa y algunas declaraciones del Congreso, los he ordenado cronológicamente. Además, he añadido fragmentos del informe de la Comisión de la Verdad *De la locura a la esperanza,* publicado en marzo de 1993, y del informe *Report of the Secretary of State's Panel on El Salvador*, publicado en julio de 1993.

I. LOS INFORMES DE LA CIA SOBRE LA OPERACIÓN RESCATE

Mientras los soldados salvadoreños barrían Morazán, un agente de la CIA telegrafiaba el progreso de la Operación Rescate a sus superiores en Langley, Virginia. El telegrama data del 17 de diciembre de 1981 (hacia el final de la operación), pero pruebas internas, incluyendo el asunto y otros comentarios (por ejemplo, «a 9 de diciembre [de 1981], los combates más cruentos han tenido lugar en El Mozote»), demuestran que la información secreta se recopiló antes del 10 de diciembre, el día que el Atlacatl ocupó El Mozote. Este lapso entre la recopilación de la información y el momento de dar la noticia a Langley da que pensar, pero es imposible saber si ese intervalo de tiempo es significativo (por ejemplo, ¿recopiló el agregado de información el material durante una visita a la sede operativa de Osicala, pero después no volvió inmediatamente a la capital?) o si simplemente refleja algún tipo de retraso rutinario.

TOR: 170256Z DIC 81

País: El Salvador/Honduras
Asunto: (a) Estado de la operación de batida a gran escala de las fuerzas armadas en Morazán después de cuatro días
(b) Pruebas de que la emisora de radio insurgente Radio Venceremos estaba situada a 18 kilómetros al sureste de la ciudad de Perquín, en el departamento de Morazán (DOI: 6-9 de diciembre de 1981)

1. El 6 de diciembre de 1981, las fuerzas armadas salvadoreñas iniciaron una operación de barrido en dos fases con 4.000 hombres en el norte del departamento de Morazán, que espera completarse el 24 de diciembre de 1981. ([Eliminado.] Nota: aproximadamente un tercio del Ejército salvadoreño está implicado en esta operación, por lo que las fuerzas armadas restantes son muy reducidas). El objetivo principal de la primera fase es la zona sureste de Perquín (13-57-30N 88-09-40O) y el norte del río Torola. El objetivo principal de la segunda fase de la operación será la zona justo al oeste y al sur de Corinto (13-48-30N 87-58-20O). En esta fase es de particular interés el pueblo de Varilla Negra (13-46-15N 88-00-50O), donde se cree que los insurgentes se están reagrupando desde que empezara la operación. La segunda fase de la operación comenzará inmediatamente después de completar la primera fase, que, a 9 de diciembre de 1981, aún no ha sido completada.

2. El 7 y el 8 de diciembre, un total de 1.400 soldados fueron en helicóptero hasta San Fernando (13-57-40N 88-11-50O), Perquín y Joateca (13-53-40N 88-02-40O). El cometido de dichas tropas era desplazarse lentamente hacia el sur, actuando como una fuerza de bloqueo para el resto de las tropas que se desplazan hacia el norte por el río Torola entre las coordenadas 15-50-20N/88-08-40O y 15-46-20N/88-04-00O. Honduras ha posicionado dos batallones a lo largo de la frontera norte de Perquín para intentar bloquear la principal vía de escape de la guerrilla hacia el norte. ([Eliminado.] Nota: mantener una fuerza de bloqueo contra los guerrilleros que intentan escapar hacia Honduras es una acción coherente con actividades previas del Ejército hondureño en apoyo al ejército de El Salvador.)

3. Entre el 7 y el 9 de diciembre, se encontraron pruebas de la existencia de la emisora clandestina «Radio Venceremos» en una casa en las coordenadas 88-04-30N 88-04-30O [sic], a 18 kilómetros al

sureste de Perquín y a 14 kilómetros al norte/noreste de San Francisco Gotera (13-41-40N 88-06-20O). En la casa se encontró una caja pequeña, de unos 0,5 metros cuadrados, llena de documentos varios, incluidos algunos sobre Radio Venceremos. También se encontró al menos un rollo de cable cerca de la casa. ([Eliminado.] Nota: el cable probablemente sirviera de tensor para la antena de la emisora.) ([Eliminado.] Nota: Radio Venceremos hizo su última emisión el 7 de diciembre de 1981, un día después del comienzo de las operaciones.)

4. A 9 de diciembre de 1981, los combates más cruentos han tenido lugar en El Mozote (13-53-5N 88-06-50O), donde murieron entre 30 y 35 insurgentes y cuatro soldados salvadoreños. ([Eliminado.] Nota: los soldados salvadoreños tenían la moral alta durante la operación debido al gran número de hombres implicados en el barrido. Creen que, cuantos más sean, menos bajas sufrirán.)

5. Aunque el objetivo principal de la primera fase de la operación es el sureste de Perquín, los soldados se desplazarán hacia el norte de Perquín rumbo a la frontera con Honduras. Estas tropas saldrán de Perquín (80 soldados), San Fernando (80 tropas) y Torola (13-54-50N 88-14-00O) con entre 30 y 40 tropas. El propósito de este movimiento es obligar a los insurgentes de la zona a ir hacia la fuerza de bloqueo hondureña a lo largo de la frontera. [Eliminado.]

II. PRIMERAS INVESTIGACIONES: LA RESPUESTA DEL EMBAJADOR HINTON

Aunque la Operación Rescate estaba llegando a su fin en Morazán, las organizaciones de derechos humanos en San Salvador estaban recibiendo las primeras noticias de las atrocidades. Algún miembro de uno de esos grupos llamó al reverendo William

L. Wipfler, director de la oficina de derechos humanos del Consejo Nacional de Iglesias de Nueva York, y éste envió inmediatamente un telegrama a San Salvador dirigido al embajador Deane Hinton, pidiendo «confirmación o desmentido» de las declaraciones. (Aunque el telegrama, enviado en nombre del reverendo Eugene Stockwell, el jefe de Wipfler, no tiene fecha, el archivero del Archivo Nacional de Seguridad en Washington, primera persona en ver el telegrama una vez desclasificado, lo fecha en el 15 de diciembre de 1981, cuatro días después de la matanza en El Mozote. El reverendo Wipfler sólo puede dar fe de que se envió «antes de Navidad».)

En el siguiente telegrama, enviado el 8 de enero de 1982, el embajador Hinton informa al Departamento de Estado del intercambio con el Consejo Nacional de Iglesias, incluyendo los textos completos tanto del telegrama original de Wipfler como de su propia respuesta.

R 082122Z ENE 82

De: Embajada EE. UU. San Salvador
Para: Secretaría Estado Washington D.C. 7346
Asunto: supuesta masacre en Morazán

1. He recibido el siguiente telegrama de Eugene Stockwell, Consejo Nacional de Iglesias, 475 Riverside Drive, Nueva York, NY 10115:

Declaraciones fiables recibidas aquí indican que entre el 10 y el 13 de diciembre una operación conjunta de las fuerzas militares y de seguridad tuvo lugar en el departamento de Morazán, traduciéndose en la muerte de más de 900 civiles, principalmente en El Mozote, Cerro Pando, La Joya [de] Meanguera, Poza Honda, Toriles y [La] Capilla. Stop. Agradecería confirmación o desmentido de estas declaraciones. Gracias.

2. He contestado lo siguiente:

Ha hecho bien pidiendo mi «confirmación o desmentido» de esas declaraciones sobre la muerte de 900 civiles en el departamento de Morazán resultado de las recientes operaciones militares del Gobierno salvadoreño. Lo cierto es que ni puedo confirmar dichas declaraciones ni tengo razón alguna para creer que son verdaderas. Ninguna de las fuentes fiables de esta embajada nos ha hablado del más mínimo indicio de la muerte masiva de civiles, lo cual no siempre ha sido así en el pasado. Por otra parte, personalmente, yo diría que, dadas las violentas medidas de la guerra civil aquí, si una cifra tal de muertos hubiera sido culpa del Ejército del Gobierno, los guerrilleros no habrían tomado prisioneros como hicieron durante su contraataque en el sector de El Mozote.

Dice usted que tiene información fiable sobre la muerte de unos 900 civiles. Desconozco cuáles son sus fuentes, pero las únicas que he visto que afirmen algo así son los informes de la clandestina Radio Venceremos, atribuidos principalmente a José Leoncio Pichinte, identificado como miembro del mando político-militar del frente sureste de Francisco Sánchez. El 2 de enero dijo, entre otras cosas:

«La intervención directa del imperio yanqui a través de oficiales del Ejército de Estados Unidos es cada día más grande y más conocida. Hace poco, Fred Ikle, subsecretario de Defensa para la política gubernamental estadounidense (cargo así escuchado), reconoció en un informe para la Comisión de Asuntos del Hemisferio del Congreso de Estados Unidos que se habían enviado ocho asesores militares estadounidenses de alto rango a El Salvador para diseñar, preparar y supervisar un nuevo plan militar nacional que, entre otras cosas, incluye el transporte aéreo de tropas y llevar a cabo una serie de campañas militares en varios frentes en breves intervalos de tiempo. El objetivo de estas campañas es acabar con nuestras bases logísticas, destruir Radio Venceremos y llevar a cabo ataques relámpago contra la población indefensa y desarmada. Esto no sólo incluye a la población de las áreas bajo nuestro control, sino también de las zonas cercanas, como ocurrió en la última campaña enemiga en el departamento de Morazán, donde alrededor de 1.000 campesinos, principalmente mujeres y niños, fueron asesinados arbitrariamente.

»Este método militar genocida no es casualidad. Vietnam representa su precedente histórico. El Congreso y la población de Estados Unidos, al igual que la mayoría de la opinión pública internacional, recordarán la masacre de My Lai, la cual tuvo un importante impacto en la población estadounidense, en el propio Ejército de Estados Unidos y en todos los países del mundo.

»En lo que respecta al asesinato, la inhumanidad y el genocidio, no hay diferencias entre My Lai y El Mozote, Cerro Pando, La Joya (La Jita), (Poza Honda) y (La Capilla). Los responsables de estos asesinatos masivos son los mismos. Ikle admitió que este plan militar, diseñado por asesores estadounidenses y el alto mando del Ejército salvadoreño para matar a la población civil de Morazán, estuvo supervisado directamente por el secretario de Defensa de Estados Unidos. En otras palabras, el imperialismo admite haber diseñado y supervisado el genocidio en El Salvador. Admite haber diseñado y supervisado la masacre de 472 personas en El Mozote, 143 en La Joya de Meanguera, 65 en (Los Toriles), 20 en la aldea de (La Capilla), 183 en Cerro Pando, 5 en Arambala, 16 en (La Jita), 8 en (el cantón de Soledad), 5 en Yancolo, 5 en (Flor del Muerto), 5 en Rincón de Jocoaitique y alrededor de 100 habitantes en (Poza Honda).

»Estos crímenes se cometieron entre el 7 y el 17 de diciembre de 1981. En otras palabras, parece que el imperialismo está preparado para hacer frente al repudio de los propios jóvenes estadounidenses, quienes ya rechazaron y condenaron la masacre de My Lai. Parece que está preparado para hacer frente a la opinión y la desaprobación del propio Congreso de Estados Unidos y a la opinión y la condena de los pueblos y gobiernos que desean la paz y respetan los derechos fundamentales de la humanidad a nivel mundial.

»Parece que el imperialismo está preparado para hacer frente al rechazo de los organismos internacionales como Naciones Unidas y la

OEA [Organización de Estados Americanos], que no deberían tardar mucho en lanzar una gran protesta en contra de los crímenes premeditados contra la población civil.

»Además, queremos denunciar públicamente ante la población de El Salvador, así como ante los pueblos y los gobiernos del continente americano y del mundo entero, la conciencia de los hombres amantes de la paz, los planes futuros de la junta militar-cristianodemócrata y la comandancia general del Ejército genocida, con respecto a la preparación de algo en lo que el imperialismo ha admitido públicamente tener relación directa.

»Nuestro servicio de inteligencia militar nos ha informado de los planes de llevar a cabo masacres a gran escala contra los civiles de Chirilagua, Jucuarán y emplazamientos urbanos cercanos a nuestro puesto en Guazapa. Estas acciones genocidas se basan en la premisa de que es necesario un clima de estabilidad para celebrar las elecciones, las cuales, desde su punto de vista, no deben celebrarse en los pueblos pequeños, sino exclusivamente en las grandes ciudades. En vista de las acciones de las fuerzas revolucionarias en Usulután, San Miguel, La Unión, Guazapa y San Salvador, la junta militar-cristianodemócrata que lo propuso masacrará a la población civil, como ocurrió en el departamento de Morazán.

»[Fragmento omitido]».

3. Francamente, no considero que Radio Venceremos sea una fuente fiable; me llama la atención que un comunicado militar del FMLN, publicado en nombre de los comandantes Jorge Meléndez y Juan Ramón Medrano dos días después de que tuviera lugar el relato anterior (31 de diciembre), no haga mención alguna de la matanza de civiles cuando habla de las recientes operaciones en Morazán. A esto siguió, el 1 de enero, otra declaración firmada por José Leoncio Pichinte y el comandante Juan Ramón Medrano, en la cual, en efecto, se presentaba la acusación. El 2 de enero llegó la extensa declaración citada anteriormente, de José Leoncio Pichinte, natural de Campanero, identificado por el FMLN como «políticamen-

te a cargo de Radio Venceremos». Hablando en plata, el jefe de propaganda.

4. El 5 de enero, Radio Venceremos informó de que Rogelio Poncel (un sacerdote belga que estaba con el FMLN, quien anteriormente fue activista político de fuerzas extremistas en El Salvador hasta que su orden lo apartó con instrucciones de volver a Europa, las cuales él ignoró, uniéndose a los guerrilleros) estaba organizando una misa por los «1.000 campesinos del departamento de Morazán que habían sido asesinados por la junta salvadoreña».

5. Por último, permítame expresar mi agradecimiento por su carta del 10 de diciembre de 1981 en la que responde a mi carta del 24 de noviembre. Sólo una pequeña observación: por favor, en el futuro, escríbame a la APO Miami, Florida, 34023, ya que su carta tardó casi un mes en llegar a través del correo interno.

6. Mis mejores deseos para el nuevo año.

Atentamente,
DEANE R. HINTON

III. INFORMACIONES PERIODÍSTICAS

A finales de diciembre, unos oficiales del FMLN se pusieron en contacto con Raymond Bonner, del *New York Times*, y le informaron de que habían aprobado la solicitud que tenía pendiente para visitar la zona e informar desde las filas guerrilleras. El 6 de enero, tras una ardua caminata de tres días desde Honduras, Bonner y la fotoperiodista Susan Meiselas llegaron a El Mozote; Alma Guillermoprieto, del *Washington Post*, llegó unos días después. Ambos artículos aparecieron en la portada de sus respectivos periódicos el 27 de enero de 1982.

MASACRE

CAMPESINOS SALVADOREÑOS DESCRIBEN ASESINATOS EN MASA: MUJER HABLA DE LA MUERTE DE SUS HIJOS

por Alma Guillermoprieto,
enviada especial para el *Washington Post*.

El Mozote, El Salvador, 14 de enero (aplazado). Varios cientos de civiles, entre los que había mujeres y niños, fueron sacados de sus hogares tanto en este pueblo como en los alrededores y asesinados por el Ejército salvadoreño durante una ofensiva desplegada en diciembre contra los guerrilleros izquierdistas, de acuerdo con tres supervivientes que presenciaron la supuesta masacre.

Varios reporteros recorrimos la región y hablamos con los supervivientes, guiados por soldados guerrilleros, quienes controlan grandes áreas de la provincia de Morazán; nos mostraron las ruinas de decenas de casas de adobe en la ahora desierta comunidad, que, según ellos y los supervivientes, fueron destruidas por las tropas. A pesar de que ha pasado un mes desde el incidente, todavía se podían ver los cuerpos en descomposición entre las ruinas o tirados en los campos aledaños.

En Washington, el embajador de El Salvador, Ernesto Rivas Gallont, dijo que rechazaba «categóricamente la afirmación de que el Ejército salvadoreño» tuviera algo que ver con «la matanza de mujeres y niños», que «actuar así [iba] en contra de la filosofía de la institución armada». Reconoció que las fuerzas armadas habían estado «activas en esa parte del país», en concreto, durante una ofensiva contra los guerrilleros en diciembre, pero dijo que «sus actividades, sin duda alguna, no estaban dirigidas contra la población civil».

Los supervivientes, incluida una mujer que dijo que habían asesinado a su marido y a cuatro de sus seis hijos, afirmaron que no había habido enfrentamientos durante la segunda semana de diciembre, cuando tuvo lugar la masacre.

La mujer, Rufina Amaya, ama de casa de treinta y ocho años, dijo que las tropas entraron en la aldea una mañana y, tras dividir a los habitantes en dos grupos (los hombres por una parte y las mujeres y los niños por otra), se los llevaron y les dispararon. Amaya contó que se escondió durante el tiroteo y que más tarde escapó y se fue al campamento protegido por la guerrilla, donde fue entrevistada.

Al mismo tiempo, las tropas, supuestamente, se extendieron por los campos y pueblos más pequeños de los alrededores. José Marcial Martínez, de catorce años, vecino del cercano La Joya, contó que se había escondido en un maizal y que había presenciado cómo mataban a sus padres y a sus hermanos y hermanas. José Santos, de quince años, contó que también había visto cómo mataban a sus padres, a tres hermanos suyos más pequeños y a dos de sus abuelos.

Decenas de personas de la zona entrevistadas por esta corresponsal dijeron haber huido de sus hogares durante la ofensiva de diciembre y afirmaban haber perdido a algunos familiares durante el asalto militar.

Para llegar al corazón de la provincia de Morazán desde el norte hay que caminar varios días, atravesando pueblos y campamentos guerrilleros. Después de haber pedido permiso durante varios meses, el Frente Farabundo Martí para la Liberación Nacional accedió a llevar a esta corresponsal a la provincia a principios de enero, dos semanas después de que la emisora clandestina de los guerrilleros informara por primera vez de las supuestas masacres en Morazán. Era evidente que el objetivo de los guerrilleros no sólo era mostrar a la prensa que tenían el control de la zona, sino también darles lo que ellos consideraban pruebas de la supuesta masacre de diciembre.

A medida que nos acercábamos a El Mozote, el grupo de jóvenes guerrilleros que me guiaban y yo atravesamos a pie el pueblo de Arambala, cuyas bonitas casas encaladas parecían haber sido saqueadas. El pueblo estaba abandonado.

Siguiendo por la carretera, tres cuartos de hora después, entramos en otro pueblecito. Aquí, las casas también habían sido evisceradas y saqueadas, pero lo primero que llamaba la atención era el empalagoso olor que desprendían los cuerpos en descomposición. Aquello era El Mozote.

Los muchachos, como se llama a los guerrilleros, nos llevaron hasta la plaza principal, donde estaban las ruinas de lo que había sido una pequeña iglesia encalada. Las paredes de la pequeña sacristía que había al lado también parecían haber cedido. Dentro, el hedor era insoportable y, de entre los escombros, sobresalían innumerables trozos de huesos: calaveras, costillares, fémures, una columna vertebral... Las quince casas de la calle principal estaban destrozadas. En dos, los escombros estaban llenos de huesos, como en la sacristía. Parecía que habían prendido fuego a todos los edificios, incluidos los tres en los que había partes de cuerpos, y los restos humanos estaban tan carbonizados como las vigas que quedaban.

Del pueblo salen varias carreteras pequeñas que llevan a otras casas cuyo conjunto se conoce como la comunidad de El Mozote. Caminamos por una de ellas, un camino idílico donde todas las casas tenían árboles frutales, un pequeño gallinero y al menos una colmena. Lo único que estaba intacto eran los árboles frutales. Las colmenas estaban volcadas y las abejas zumbaban por todas partes. Habían saqueado y destruido las casas.

El camino estaba salpicado de cadáveres de animales, de vacas y caballos. En los maizales de la parte trasera de las casas había más cuerpos, pero éstos no estaban calcinados, sino abrasados por el sol. En un claro en uno de los campos había diez cuerpos: dos ancianos, dos niños y un bebé (con un tiro en la cabeza) en los brazos de una mujer; el resto, adultos. Aunque los campesinos de la zona contaron después que habían enterrado algunos cadáveres, los jóvenes guerrilleros admitieron que les pidieron que dejaran los cuerpos como estaban para que pudieran verlos si alguien venía de fuera.

Empezaba a hacerse de noche y nos dirigimos a un campamento militar de la guerrilla.

Allí vivían unos veinte guerrilleros jóvenes, todos armados y sometidos a la disciplina militar. Un poco más allá de la carretera había un campamento civil que, como el otro, estaba formado por un conjunto de casitas de adobe donde vivían alrededor de ochenta campesinos, refugiados y simpatizantes de la guerrilla. A la mañana siguiente, los guerrilleros fueron a este campamento a por Amaya, según ella, la única superviviente de El Mozote.

Los guerrilleros me dejaron hablar a solas con ella. Me contó que fue la tarde del 11 de diciembre (aunque me habló de días de la semana más que de fechas) cuando las tropas del Atlacatl llegaron a El Mozote. La brigada es una unidad de élite del Ejército de El Salvador formada por mil hombres, conocida por lo menos de oídas por la mayoría de los salvadoreños, entrenada allí en ofensivas antiguerrilleras y despliegues rápidos por asesores militares estadounidenses.

«Los del Ejército le advirtieron a Marcos Díaz, uno del pueblo que era amigo de ellos, que la ofensiva era inminente y que la circulación desde San Francisco Gotera (la capital de la provincia) estaría prohibida en diciembre y que debíamos quedarnos en El Mozote porque allí nadie nos haría daño. Y así hicimos. En el pueblo vivíamos unas quinientas personas.»

Los soldados sacaron a los habitantes de sus casas y los hicieron esperar fuera, «en la carretera, como una hora y media», dijo. «Se llevaron nuestro dinero, entraron en las casas, se comieron nuestra comida, nos preguntaron dónde estaban las armas y se fueron. En ese momento, nos alegramos. "Ya pasó la represión", pensamos. No mataron a nadie.»

Amaya parecía hablar con un tono de histeria controlada. Mientras charlábamos, sólo se le quebró la voz cuando me habló de la muerte de sus hijos. Los dos que habían sobrevivido se habían unido a la guerrilla después del incidente de diciembre. Aun estando en el corazón de una zona rebelde, El Mozote no era un pueblo particularmente proguerrilla.

Me contó que, a principios de diciembre, los guerrilleros habían ido por los pueblos alertando a la población de una ofensiva inminente del Gobierno y recomendándoles que se fueran a los pueblos y los campamentos de refugiados de los alrededores de la zona.

«Como conocíamos a la gente del Ejército, nosotros nos sentíamos seguros», dijo. Su marido, que, según contaba Amaya, se llevaba bien con los militares locales, «tenía un salvoconducto militar».

Dijo que hacia las cinco y media de la mañana del día siguiente a la visita, las tropas, lideradas por el mismo oficial (según ella, el mayor Ortega), regresaron a El Mozote. Me contó que agruparon a toda la gente en la pequeña plaza del pueblo, frente a la iglesia, y la dividieron en dos filas: una de hombres y otra de mujeres y niños.

«Marcos Díaz, al que el Ejército le había dicho que estaríamos a salvo, estaba en la fila de los hombres, y también mi marido. Había unos ochenta hombres y noventa mujeres, sin contar a los niños.» Dijo que se llevaron a las mujeres y a sus hijos a una casa de la plaza. Desde allí vieron como vendaban y ataban a los hombres, como los pateaban y empujaban los unos contra los otros y como se los llevaban en grupos de cuatro para dispararles.

«Los soldados no estaban enfadados —dijo—. Se limitaban a cumplir las órdenes del mayor. Con indiferencia. No era como en una batalla.

»Hacia el mediodía empezaron con las mujeres. Cogieron primero a las más jóvenes y se las llevaron a los cerros. Después, a las ancianas, y se las llevaron a la casa de Israel Márquez, en la plaza. Oímos los disparos. Después siguieron con nosotras, en grupos. Cuando me llegó el turno, mientras me llevaban a la casa de Israel Márquez, me escapé, me metí detrás de un árbol y me subí. Entonces vi al mayor. Él mismo estaba ametrallando a la gente.

»Oí a los soldados hablar —siguió contando con tono monótono—. Un tal mayor Cáceres le ordenó al teniente Ortega que matara también a los niños. "Mayor, aquí hay alguien que dice que no quiere matar a niños", dijo un soldado. "¿Quién es el pendejo que ha dicho eso?", respondió el mayor. Les oía gritar desde donde estaba acurrucada, detrás del árbol.

»Oía a los niños llorar, a mis propios hijos. Ya por la noche, después de que todo pasara, el mayor ordenó a los soldados que quemaran los cuerpos. Aquella noche hubo un gran fuego.»

Amaya dijo que se escapó cuando todavía había fuego. «Oí a los soldados decir: "Vámonos, no vayan a salir brujas del fuego". Después se fueron a hacer lo que ellos llamaban una "operación de rastreo" por las casas de los cerros. Empecé a caminar y anduve durante tres noches. De día me escondía porque había tropas por todas partes.»

Amaya, así como los dos muchachos que dijeron haber visto cómo asesinaban a sus familias, recalcaron que las tropas parecían estar en permanente contacto por radio con alguien.

Después vi a Amaya en el campamento civil y también a los dos muchachos. Aunque ellos eran los únicos testigos de la matanza, casi todos en el campamento decían que estaban allí debido a «la represión de diciembre» y afirmaban haber perdido a algunos familiares.

[En Washington, el embajador Rivas negó la credibilidad de esta historia el martes y afirmó que se estaban haciendo «importantes esfuerzos» para detener los abusos de las fuerzas armadas y que ése era «el tipo de noticias que hacen pensar que hay un plan» para desacreditar el proceso electoral en curso en El Salvador y para desacreditar también a las fuerzas armadas o «para restar credibilidad a la garantía que el presidente Reagan debía presentar ante el Congreso».

Esta semana, la Administración Reagan debe certificar por ley ante el Congreso que los dirigentes salvadoreños «están consiguiendo ganar un control significativo sobre todas las facciones de sus propias fuerzas armadas, con el objetivo de poner fin a la tortura y el asesinato indiscriminados de los ciudadanos salvadoreños por parte de dichas fuerzas»; en caso contrario, correrá el riesgo de que el Congreso restrinja las ayudas a El Salvador.]

MASACRE DE CIENTOS DE PERSONAS EN UN PUEBLO DE EL SALVADOR

por Raymond Bonner,
enviado especial para el *New York Times*.

El Mozote, El Salvador. A partir de varias entrevistas a personas que viven en este pequeño pueblo de montaña y en las aldeas de los alrededores, no cabe duda de que una masacre de grandes dimensiones tuvo lugar aquí el mes pasado.

Dentro de unas veinte casas de adobe, este reportero vio los cráneos y los huesos carbonizados de decenas de cuerpos sepultados bajo techos calcinados, vigas y tejas rotas. Había más a lo largo del camino que atraviesa los cerros y que conduce hasta el pueblo y, al final de un maizal cercano, había restos de catorce hombres jóvenes, mujeres y niños.

En varias entrevistas individuales realizadas durante un periodo de dos semanas en la zona norte de la provincia de Morazán, controlada por los rebeldes, trece campesinos dijeron que todos ellos, familiares y amigos, habían sido asesinados a manos de soldados del Gobierno del Batallón Atlacatl en una batida hecha en diciembre.

UN LISTADO CON 733 VÍCTIMAS

Los vecinos han recopilado una lista con el nombre, la edad y el pueblo de procedencia de 733 campesinos, en su mayoría, niños, mujeres y ancianos, quienes, según dicen, fueron asesinados por los soldados del Gobierno. La Comisión de los Derechos Humanos de El Salvador, que trabaja junto con la Iglesia católica romana, cifra los muertos en 926.

Un portavoz de las fuerzas armadas salvadoreñas, el coronel Alfonso Cotto, dijo que los informes sobre «cientos de civiles» asesinados por soldados del Gobierno eran «totalmente falsos». Añadió que esos informes eran invenciones de los «subversivos».

No es posible que un observador que no estuvo presente en el momento de la masacre determine de forma independiente cuántas personas murieron o quiénes las mataron. En las entrevistas, los campesinos dijeron que fueron soldados uniformados quienes dispararon, algunos arremetiendo desde los helicópteros. En esta zona, los rebeldes no son conocidos por llevar uniforme o utilizar helicópteros.

«UNA GRAN MASACRE»

«Fue una gran masacre —le contó Rufina Amaya, de treinta y ocho años, a este visitante que viajó por la región junto a quienes luchan contra la junta que gobierna El Salvador en la actualidad—. No dejaron nada.»

En algún lugar entre aquella carnicería estaba el marido de doña Amaya, que era ciego; su hijo de nueve años, y tres hijas, de cinco y tres años y de ocho meses, respectivamente.

Doña Amaya dijo que escuchó a su hijo gritar «¡Mamá! ¡Van a matarme! ¡Y han matado a mi hermana! ¡Y me van a matar!», que cuando los soldados empezaron a agrupar a las mujeres, se escapó y se escondió detrás de unos árboles en la parte trasera de las casas.

Del 8 al 21 de diciembre, según la prensa salvadoreña, los soldados del Batallón Atlacatl participaron en una batida en El Mozote y los pueblos de montaña de los alrededores como parte de una de las mayores operaciones de búsqueda y destrucción de la guerra contra los guerrilleros izquierdistas, que luchan para derrocar a la junta militar respaldada por Estados Unidos. Según los habitantes, ningún estadounidense acompañó a los soldados durante la batida.

Cuando se le preguntó al coronel Cotto si el Batallón Atlacatl estuvo implicado en una operación en la región montañosa del norte de Morazán en diciembre, aquél contestó que no podía dar detalles específicos sobre las operaciones militares.

«Estamos en guerra contra los subversivos desde 1979», dijo. Añadió que, como parte de esa guerra, las fuerzas aéreas y las unidades del Ejército, incluido el Batallón Atlacatl, están llevando a cabo operaciones continuadas en todo el país.

DENUNCIA DEL ASESINATO DE 280 NIÑOS

En El Mozote, 280 de los 482 campesinos asesinados, según el listado recopilado por los habitantes, eran niños menores de catorce años. En Capilla, la gente del pueblo dice que los soldados asesinaron a un padre y a sus nueve hijos y a una madre y a sus cinco niños; en Cerro Pando, a 87 adultos y 62 niños.

En ocasiones anteriores, la Comisión de los Derechos Humanos ya acusó al Ejército de matar a un gran número de civiles durante sus operaciones. Según la Comisión, murieron más de cien personas en la zona norte de la provincia de Cabañas en noviembre; se dice que otras 143, incluidos 99 niños menores de dieciséis años, fueron asesinadas en San Vicente, en octubre, y alrededor de trescientas en Usulután, en septiembre.

Bajo los bananeros que hay al final de un maizal cercano a este pueblo había 14 cuerpos. Entre el montón había un niño de unos cinco o seis años. A unos cinco o seis metros de los cuerpos, el suelo estaba cubierto de cartuchos de M-16. Los rebeldes habían robado varios a las unidades del Ejército y ésos son los que suele llevar el Batallón Atlacatl.

Algunos campesinos, con pañuelos o naranjas en la nariz para bloquear el hedor, rebuscaban entre los escombros por si había algo que se pudiera salvar.

A poca distancia de allí, subiendo por el camino de montaña, había doce tablones de madera recién cortados, de aproximadamente 0,9 centímetros por 3,6 metros, apoyados contra los árboles. En el patio de la casa de adobe había sierras, primitivos machetes hechos a mano y martillos manchados de sangre.

En el interior había cinco cráneos esparcidos entre las tejas rotas. Según un chico que estaba trabajando entre las colmenas detrás de la cabaña de barro, aquellos hombres habían sido carpinteros.

Doña Amaya dijo que la primera columna de soldados llegó a pie a El Mozote hacia las seis de la tarde. Según contó, durante las veinticuatro horas siguientes aterrizaron helicópteros con más soldados en tres ocasiones.

Dijo que los soldados anunciaron a los habitantes que eran del Batallón Atlacatl. «Nos dijeron que querían nuestras armas, pero les respondimos que no teníamos ninguna. Eso hizo que se enfadaran y empezaron a matarnos.»

Fusilaron a muchos de los campesinos dentro de sus hogares, pero a otros los sacaron de sus casas y de la iglesia y los pusieron en dos filas, mujeres y hombres, según contó doña Amaya. Fue en medio de aquella confusión cuando se las arregló para escapar.

Contó que cogieron a unas 25 chicas jóvenes del grupo de las mujeres y se las llevaron a las afueras de la pequeña aldea. Dijo que las escuchó gritar.

«Confiábamos en el Ejército», respondió doña Amaya al preguntarle por qué no habían huido los habitantes. Dijo que entre octubre de 1980 y agosto de 1981 siempre hubo un contingente de soldados en El Mozote, sobre todo de la Guardia Nacional. Que no habían maltratado a los campesinos y que éstos les daban de comer con frecuencia.

Los líderes rebeldes de la región mencionaron que El Mozote no era un pueblo prorrebelde, pero los guerrilleros sí que dijeron que tres mil de sus partidarios huyeron de la zona cuando entró el Ejército.

DOCUMENTOS

HOMBRES Y NIÑOS HUYERON

Cuando los soldados y los helicópteros empezaron a llegar al pueblo de La Joya, los hombres y los niños más mayores huyeron, según cuenta César Martínez, de cuarenta y seis años.

«No pensábamos que fueran a matar a niños, mujeres y ancianos, así que se quedaron», explicó. Pero los soldados mataron a su madre, a su hermana y a los dos hijos de su hermana, de cinco y ocho años. Dijo que entre las otras personas que mataron los soldados había una anciana de setenta años y una mujer y su hijo de tres días.

El señor Martínez contó que los soldados garabatearon en la pared de una casa «el Batallón Atlacatl volverá para matar al resto». Mientras hablaba, tenía a su lado sentado a Julio, de quince años. Éste contó que los soldados habían asesinado a su madre, a su padre, a su hermano de nueve años y a dos hermanas de siete y cinco años, respectivamente, en La Joya. En cuanto oyó el primer disparo, salió corriendo y se escondió en una quebrada.

Julio terminó diciendo que sólo ha vuelto a su pueblo una vez desde la masacre, para enterrar a su familia y a dos amigos, de siete y diez años.

APRENDER O LUCHAR

Julio nunca ha ido al colegio y, a diferencia de muchos chicos de su edad de la zona, nunca estuvo implicado en el movimiento revolucionario. Ahora está hecho un lío: no sabe si ir al colegio para niños dirigido por los guerrilleros o aprender a usar un rifle para «luchar contra el enemigo».

Otro campesino de La Joya, Gumersindo Lucas, de treinta y nueve años, dijo que, antes de huir con su esposa, sus hijos y otros familiares, llevó a su madre, de sesenta y dos años, a la casa de un vecino, donde la escondió debajo de unas mantas, por estar demasiado enferma para caminar. Los soldados la mataron de un disparo y luego quemaron la casa.

Don Lucas, con su mofletuda hija de cuatro meses en brazos, vestida tan sólo con una camiseta roja y un pequeño brazalete de igual color, dijo que él nunca había simpatizado con los rebeldes. «Ahora quiero que mi mujer y mis hijos se vayan a Honduras, pero yo voy a quedarme para luchar», concluye.

IV. LA EMBAJADA COMIENZA A INVESTIGAR

Los artículos del *Post* y el *Times* causaron furor en Washington, ya que se publicaron precisamente el día anterior a que el presidente Reagan enviara al Congreso la «garantía» de que el régimen salvadoreño estaba «haciendo un esfuerzo coordinado significativo para respetar los derechos humanos internacionalmente reconocidos». En unos días, los funcionarios del Departamento de Estado declararían ante el Congreso para defender la garantía, tendrían que dar una explicación sobre las sobrecogedoras noticias de una masacre en Morazán. En la embajada, los funcionarios estadounidenses empezaron a recopilar información formalmente.

Dos días después de que se publicaran los artículos, Carl Gettinger, un agregado de información de la embajada, envió el siguiente memorando a Kenneth Bleakley, segundo jefe de misión, en el que resumía lo que sabía sobre las noticias de una matanza en Morazán gracias a sus fuentes. Dicho memorando es especialmente interesante porque en él se reconoce que entre los asesinados había evangelistas que «imprudentemente eligieron quedarse». Se hizo público en noviembre de 1993, con las eliminaciones indicadas.

MEMORANDO SOBRE MORAZÁN

Fecha: 29 de enero de 1982
Responder a/a de: Carl Gettinger
Asunto: El Mozote y Arambala
Para: SJM: Bleakley
A través de: POL Driscoll

Esta mañana hablé con [eliminado] sobre la supuesta masacre en Morazán. Resumo sus comentarios a continuación.

[Eliminado] me dijo que está al tanto del asunto. [Eliminado] es la fuente de las declaraciones de que mil personas fueron asesinadas en y alrededor de El Mozote y Arambala durante una operación militar allí en diciembre.

[Eliminado]; según consta, ella se enteró de la historia a través de un evangelista protestante que consiguió escapar de la zona de la supuesta masacre y llegó a [eliminado]. [...] la historia está respaldada por una emisión de Radio Venceremos donde se informaba del ametrallamiento de mil personas en una operación llevada a cabo en diciembre.

[Eliminado] no cree que una masacre como la descrita más arriba haya tenido lugar. Se basa en dos fundamentos para rechazar dicha historia. Primero, descarta [eliminado] y la emisión del FMLN como fuentes imparciales. Segundo, y más significativo, ha conseguido una declaración [eliminado] que incluye los dos cantones afectados que rechazan el [eliminado] los argumentos del FMLN. [Eliminado] dice que, en efecto, los militares llevaron a cabo una «limpieza» en la zona; que se dio tiempo a los habitantes de ésta para abandonarla; que la mayoría así lo hizo, y que entre la cifra desconocida de víctimas de la operación había varios (sin especificar) evangelistas que imprudentemente eligieron quedarse. Según [eliminado] ha negado que una masacre como la descrita por [eliminado] haya tenido lugar.

[Eliminado] cree que las supuestas víctimas de una masacre están ahora en San Francisco Gotera.

[Eliminado] en Cacaopera, pero que reside en Gotera, pidió recientemente ayuda a Cáritas San Miguel para recibir asistencia extra para dos mil refugiados más. [Eliminado] cree que entre esas personas hay muchas de El Mozote y Arambala. Ahora mismo está intentando dar con Mendoza, el encargado de Cáritas San Miguel, para determinar qué porcentaje de esas dos mil personas viene de la zona donde supuestamente tuvo lugar la masacre.

[Eliminado], cuya fuente es [eliminado], me contó lo mismo pero en menor detalle.

V. EL TELEGRAMA DE GREENTREE

El 30 de enero, Todd Greentree y el mayor John McKay fueron en avión a Morazán. Después de sobrevolar El Mozote, aterrizaron en San Francisco Gotera, donde hablaron con algunos oficiales del Ejército y entrevistaron a varios refugiados antes de subir por la calle negra en todoterreno hasta quedarse a unos kilómetros de El Mozote. Aquella tarde, Greentree se dispuso a escribir un extenso informe. Después de recibir el beneplácito de Kenneth Bleakley y del embajador Hinton, al día siguiente telegrafió dicho informe al Departamento de Estado. Las conclusiones extraídas del telegrama de Greentree sentaron las bases de la respuesta pública de la Administración Reagan a las acusaciones de que el Ejército de El Salvador había masacrado a civiles en El Mozote.

Raymond Bonner consiguió dicho telegrama en 1983 acogiéndose a la Ley por la Libertad de la Información; el texto completo se hizo público en noviembre de 1993.

O 312020Z ENE 82 ZFF-4
De: Embajada EE. UU. San Salvador
Para: Secretaría de Estado Washington D.C. NIACT inmediato 7665
Confidencial

1. (C, texto completo.)

2. El Departamento quizá desee publicar partes de este informe si procede.

3. RESUMEN

La investigación de la embajada sobre la supuesta masacre en El Mozote, que incluye la visita a la zona del AD [agregado de Defensa] adjunto y del FE [miembro de la embajada], concluye que, a pesar de que no es posible demostrar o refutar los abusos violentos contra los civiles de El Mozote a manos de las tropas del Gobierno, es cierto que las fuerzas guerrilleras que establecieron posiciones defensivas en El Mozote no hicieron nada por apartarlos del camino de la batalla que sabían que se avecinaba y para la que se habían preparado, ni hay prueba alguna de que quienes se quedaron intentaran huir. En efecto, murieron civiles durante la Operación Rescate, pero no se han encontrado pruebas que confirmen que las fuerzas del Gobierno masacraron civiles sistemáticamente en la zona de operaciones, ni de que la cifra de civiles muertos se acerque ni siquiera remotamente a las citadas en otros informes que circulan a nivel internacional. Seguimos trabajando en averiguar si había unidades del Ejército presentes en El Mozote. Fin del resumen.

4. CONTEXTO: DEPARTAMENTO DE MORAZÁN

Morazán, situado al noreste de El Salvador, es un departamento en las montañas escasamente poblado, con pueblos pequeños y comunidades de campesinos muy dispersas. En la actualidad, este departamento se encuentra en estado de guerra. La mayoría de las zonas rurales están controladas por la guerrilla. Las fuerzas del Gobierno tienen puestos en San Francisco Gotera, la capital el departamento, y en alrededor de una decena de pueblos pequeños, la mayoría de ellos concatenados a lo largo de la carretera que une el norte y el sur del departamento. En gran parte de los pueblos, la población civil la forman principalmente familias desplazadas de sus pequeñas parcelas en el campo por culpa de la guerra. Ocupan las casas de antiguos residentes que, por otra parte, han huido de la violencia a cambio de la relativa seguridad de las grandes ciudades. La presencia militar en el departamento se compone de la sexta brigada de infantería, ubicada en la capital, con pequeños destacamentos divididos más o menos equitativamente entre fuerzas de seguridad y defensa civil emplazados en los pueblos pequeños.

El Mozote es un típico cantón (comunidad) rural ubicado aproximadamente a 25 kilómetros al norte de la capital del departamento. Es accesible por una carretera de tierra y consta de un conjunto de edificios, incluidas una iglesia y una tienda, rodeados de casas de adobe familiares dispersas. En los últimos años, muchos han huido de la violencia de la zona y la población estimada de El Mozote durante la operación de diciembre era de no más de 300 personas, principalmente, campesinos. La influencia religiosa en la zona lleva años sin sentirse, pero en el cantón vivían tanto católicos como evangelistas.

El Mozote se encuentra en el corazón del territorio de la guerrilla y sus habitantes han pasado gran parte de los tres últimos años cooperando con los insurgentes voluntaria o involuntariamente. La última vez que se destinaron fuerzas del Gobierno a El Mozote fue en agosto de 1981. En consecuencia, nada ha impedido que los guerrilleros se establezcan en la zona.

5. LA OPERACIÓN RESCATE Y EL MOZOTE

Las fuerzas regulares del Gobierno han organizado operaciones periódicas en Morazán para disminuir la influencia de elementos insurgentes y para intentar establecer cierto control gubernamental en las áreas en disputa. Las unidades conjuntas del Ejército, incluido el Batallón Atlacatl, llevaron a cabo la Operación Rescate en el centro de Morazán entre el 6 y el 17 de diciembre de 1981. En este momento, se desconoce el despliegue de fuerzas concreto.

En la operación militar de diciembre se utilizó una fuerza de bloqueo que se extendía de este a oeste a unos 30 kilómetros al norte de El Mozote. Se enviaron unidades de maniobra al norte desde la capital del departamento, que fueron peinando el territorio que las separaba de las fuerzas de bloqueo. Los guerrilleros sabían de esta operación al menos desde el 15 de noviembre, por lo que habían movilizado sus fuerzas, partidarios civiles incluidos, para acosar a las tropas del Gobierno mientras sacaban a montones de personas de la zona de operaciones.

Tanto los guerrilleros como los civiles estaban allí presentes cuando las fuerzas del Gobierno se aproximaron a El Mozote desde el sur a mediados de la operación, hacia el 11 de diciembre. Las tropas atacantes se encontraron con la firme resistencia de la guerrilla en una línea de trincheras al sur del asentamiento. El combate allí duró alrededor de cuatro horas antes de que las tropas lograran penetrar en la línea con fusiles sin retroceso de 90 milímetros. Entonces, los soldados avanzaron hacia el asentamiento bajo fuego enemigo, causando algunas bajas. El enfrentamiento continuó, dejando el pueblo medio destruido. Los civiles que quedaban en las diferentes partes del cantón podrían haber sufrido lesiones como resultado del combate.

Una compañía militar que no participó en la operación relevó a las tropas de El Mozote el 19 de diciembre y permaneció allí hasta que los guerrilleros los atacaron y recuperaron El Mozote el 29 de diciembre, matándolos y tomando prisioneros. En la actualidad, el cantón continúa en manos de los insurgentes.

6. PERSONAS DESPLAZADAS DE LA ZONA DE OPERACIONES

Miles de refugiados se congregan en los pueblos, siendo ellos la población mayoritaria en todas partes excepto en Perquín y San Francisco Gotera. Miles de personas desplazadas que no pueden volver a sus hogares en el campo han sobrepasado la capacidad de apoyo de estos pueblos y, en varias ocasiones, se han ido en masa en busca de refugio semipermanente.

Un número indeterminado de refugiados provenientes de El Mozote se encuentra en los pueblos de San Francisco Gotera, Perquín y Jocoaitique. En éste, una pareja de ancianos que se fue de El Mozote durante los ataques habló abiertamente de su experiencia. Según ellos, los guerrilleros, a principios de diciembre, les dijeron que se fueran porque eran demasiado mayores, pero ellos no querían porque llevaban allí toda su vida y nunca habían salido de la comunidad. Su casa de adobe situada al sur del asentamiento principal acabó destruida por culpa del bombardeo de la artillería, seguramente durante la mañana del 11 de diciembre. Más tarde ese mismo día, mientras llegaban al primer grupo de casas, el combate terminaba y los soldados se hacían con el control. Afirmaban haber visto decenas de cadáveres. Los soldados no los molestaron, y, al día siguiente, anduvieron ocho kilómetros para conseguir refugio en Jocoaitique.

El alcalde de este pueblo dio a entender que sabía que había enfrentamientos violentos en El Mozote y en otros cantones cercanos. En ese momento, al menos unas mil personas se refugiaban al amparo de los militares en aquel pueblo en el que la mayoría de sus 3.500 habitantes eran refugiados de las zonas rurales. Declinó hablar del comportamiento de las fuerzas del Gobierno diciendo que eso era «algo de lo que [había] que hablar en otro momento y en otro país».

Uno de los pocos sacerdotes que quedan en Morazán viaja libremente por la carretera principal, pero declaró que no estaba dispuesto a atravesar territorio guerrillero para llegar a los pequeños asentamientos más alejados de la carretera. Según él, El Mozote y otros cantones de los alrededores llevan años politizados por la izquierda y ofrecen una servicial base de apoyo. Estaba de acuerdo con el alcalde de Jocoaitique en que muchos de los refugiados de aquel pueblo venían de familias guerrilleras.

Las familias de campesinos desplazadas de los cantones de Arambala, Tierra Colorada y Guacamaya hacia el norte y el sur de El Mozote reconocen que huyeron de estas zonas para ir a las ciudades a principios de diciembre con el objetivo de evitar la inminente ofensiva o a finales de dicho mes para evitar la también inminente contraofensiva guerrillera.

DOCUMENTOS

7. ATAQUE EN JOCOAITIQUE

A finales de diciembre, después de la Operación Rescate, los insurgentes lanzaron una exitosa contraofensiva que logró desplazar a las tropas del Gobierno al este de la carretera que une norte y sur desde el río Sapo, cerca del pueblo de Osicala, hasta el norte de Arambala.

En la madrugada del 12 de enero, los guerrilleros empezaron a abrir fuego sobre Jocoaitique desde los cerros de los alrededores. Entraron y continuaron abriendo fuego contra el pequeño destacamento de la Guardia Nacional y los puestos de defensa civil asentados en el pueblo y en los alrededores hasta que quienes defendían se quedaron sin munición. Los guerrilleros entraron rápidamente en el pueblo y mataron a cuatro guardias nacionales y a 27 habitantes, principalmente, gente de la defensa civil y sus familiares. Varios de éstos no murieron durante el asalto al pueblo, sino que les dispararon después de ser capturados. Dos mujeres y cuatro niños fueron heridos durante el combate. Los insurgentes tomaron veinticinco prisioneros que liberaron tras ocho días. Durante la ocupación, tres periodistas, incluidos un hombre y una mujer estadounidenses, fueron supuestamente con los guerrilleros a Jocoaitique.

La guerrilla permaneció en el pueblo durante seis días antes de que las tropas del Gobierno llegaran el día 18, momento en el que se retiraron a los cerros sin oponer resistencia. Cuando se fueron, se llevaron todas las máquinas de escribir y las medicinas del pueblo y también los registros del ayuntamiento con los nombres de todos los habitantes de los cantones aledaños. Ése fue todo el daño que hicieron a la gente del pueblo. Varias familias de refugiados se fueron con los maridos cuando el grupo partió el día 18.

Ahora el pueblo está rodeado por guerrilleros. Los soldados permanecen en el pueblo o en posiciones fortificadas de los alrededores. La gente no puede ocuparse de sus cultivos. No hay suficiente comida ni medicinas. El alcalde del pueblo dijo que los guerrilleros le perdonaron la vida porque les pidió que mataran primero a sus siete hijos. Está haciendo todo lo posible por mantener la neutralidad política. En cuanto se vayan los soldados, volverán los guerrilleros. Afirmó que su mayor problema es qué hacer «con las viudas y sus hijos».

8. CONCLUSIÓN

Morazán es un departamento devastado por la guerra. La producción agrícola se ha visto gravemente afectada. Hay grandes áreas totalmente abandonadas, los pueblos están habitados básicamente por refugiados, y miles de personas han muerto a manos tanto de los guerrilleros como de los militares. La mayoría de los civiles procuran mantenerse neutrales. Con el Gobierno al control de los pueblos y los guerrilleros al mando de las zonas rurales, todos los días se dan pequeños enfrentamientos y la posibilidad de que haya confrontaciones mayores es permanente.

Exceptuando un breve periodo de tiempo en diciembre, durante el que estuvo ocupado por las fuerzas del Gobierno, El Mozote ha estado en manos de los guerrilleros desde agosto de 1981. Lo cierto es que los habitantes eran indiferentes y probablemente fueran partidarios activos de la guerrilla en toda el área rural dominada por los guerrilleros. Los civiles que permanecieron en El Mozote durante el ataque se vieron expuestos al combate. A pesar de que no es posible demostrar o refutar los abusos violentos contra los civiles de El Mozote a manos de las tropas del Gobierno, es cierto que las fuerzas guerrilleras que establecieron posiciones defensivas en El Mozote no hicieron nada por apartarlos del camino de la batalla que sabían que se avecinaba y para la que se habían preparado, ni hay prueba alguna de que quienes se quedaron intentaran huir.

En efecto, murieron civiles durante la Operación Rescate, pero no se han encontrado pruebas que confirmen que las fuerzas del Gobierno masacraron civiles sistemáticamente en la zona de operaciones. Previamente a la operación, al menos mil personas abandonaron los cantones voluntariamente en busca de la relativa seguridad de las ciudades.

El análisis de los archivos indica que la primera vez que Radio Venceremos habló de las masacres fue el 27 de diciembre, afirmando que habían muerto 192 personas en El Mozote. El 2 de enero informó de que se había masacrado a 472. El 27 de enero, el *Washington Post* habló de 700 en total entre El Mozote y los alrededores. Y un día después, el *New York Times* mencionaba 482. En los artículos de ambos periódicos estadounidenses se declara haber visto «decenas de cadáveres», sin especificar, en tres estructuras del asentamiento que estaban devastadas, y una pila con entre 10 y 14 cuerpos bastante cerca de allí, nada que se acercara a las cifras mencionadas.

Se estima que, antes de diciembre de 1981, no había más de 300 personas en todo el cantón. Los nombres de las «víctimas» aparecidos posteriormente en la prensa estadounidense y que circularon por toda Europa bien podrían haberse extraído, en parte o en su totalidad, de los registros civiles de la zona robados en Jocoaitique por los subversivos.

9. FUENTES

Ni las autoridades civiles, ni los miembros de la Iglesia, ni los cooperantes, ni los representantes de Socorro Jurídico pudieron proporcionar información de primera mano sobre El Mozote.

Los delegados de la Cruz Roja internacional a cargo de ayudar a las personas desplazadas al norte de San Francisco Gotera no pudieron o no quisieron hablar del asunto, remitiendo a sus superiores en Ginebra. Dicha institución es la única organización de socorro con permiso para circular libremente por el departamento de Morazán, y va todas las semanas a los pueblos ubicados a lo largo de la carretera que une norte y sur y a otras áreas para llevar provisiones de socorro. Quizá dichos delegados puedan ofrecer información más precisa sobre las masacres en El Mozote y otros cantones durante la operación de mediados de diciembre.

El 30 de enero, el miembro de la embajada y el agregado de Defensa adjunto visitaron varias localizaciones por todo Morazán; entrevistaron a los habitantes y observaron las condiciones de la zona. Entrevistaron a refugiados de El Mozote y de cantones cercanos en San Francisco Gotera, Jocoaitique y Perquín. La oficina del agregado de Defensa está tratando de determinar qué unidades del Ejército estuvieron presentes en El Mozote durante y después de la operación.

HINTON

VI. EL EMBAJADOR Y EL MINISTRO DE DEFENSA (1)

El 30 de enero, mientras Greentree y McKay entrevistaban a los refugiados en Morazán, el embajador Hinton estaba inmerso en su propia investigación en una cena con el general José Guillermo García, el ministro de Defensa de El Salvador.

El embajador telegrafió su informe el 1 de febrero. CESPDES se refiere a la oficina de propaganda del Ejército salvadoreño.

O 011616Z FEB 82
De: Embajada EE. UU. San Salvador
Para: Secretaría Estado Washington D.C. inmediato 7683

SECRETO San Salvador 0796
Distribución privada
Orden ejecutiva 12065: fecha de desclasificación, 1/2/88 (Hinton, Deane R.) OR-M
Asunto: (S) conversación con el general García

1. (S,-texto completo.)

2. García, el ministro de Defensa, está de camino a Estados Unidos para asistir, entre otras cosas, a un desayuno de oración en el Congreso. En una conversación mantenida el 30 de enero al margen de la cena, hablamos de lo siguiente: a) la supuesta masacre de Morazán; b)

el ataque militar a una casa habitada por un estadounidense; c) el ataque de CESPDES a los jesuitas, y d) las últimas impresiones sobre el caso de las religiosas asesinadas.

3. Le advertí a García que debía estar preparado para hablar sobre la historia de la masacre en Morazán. Fue tan arrogante como siempre: «Lo negaré y demostraré que es una invención». Le deseé suerte y añadí que tendría que explicar los detalles proporcionados por los corresponsales. «Podría ser —estábamos investigando y le agradecíamos su ayuda—, pero no debía obviar que algo había salido mal. Quién lo hizo, cuándo y en qué circunstancias era otro tema.»

4. Le dije a García que no me gustaba la redada que tuvo lugar la otra noche en la casa donde vivía un estadounidense. «Lo estamos investigando», contestó él.

5. Además, le sugerí que ya era hora de que tomara el control de CESPDES, ya que el último ataque, a los jesuitas, fue un acto totalmente irresponsable. (San Salvador 0704.) Añadí que el papa había cambiado al líder de la orden, que los jesuitas estaban limpiando la casa y que estaban bajo nuevas órdenes y nuevos líderes, incluido el arzobispo local. Deberían contar con el beneficio de la duda. Es más, en los malos momentos algunos se extraviaron, pero no toda la orden. Los atacantes tenían que discriminar, no condenarlos a todos. Por último, le recordé el papel tan positivo que tenía la Iglesia en Nicaragua y en Polonia y le pregunté si no quería tenerla de su lado. Se dio por aludido, tomó nota de que los ataques eran «peligrosos» y volvió al tema de las religiosas.

6. De nuevo me aseguró que todo iba bien y que el Gobierno esperaba hacer declaraciones en uno o dos días. Creo que me ofreció buenas noticias voluntariosamente con el objetivo de tratar el caso «a nivel plenario». Es una idea novedosa para mí, pero, en contextos donde

sea factible, podría mitigar de alguna manera las constantes preocupaciones relacionadas con la posible intimidación del juez de la causa. En cualquier caso, acepto estos comentarios como prueba de que las autoridades militares y civiles han dialogado entre ellas para considerar qué pasos hay que dar cuando se acuse a los militares en los tribunales civiles.

HINTON

Nota del observador-controlador/entrenador: atención, este mensaje parece contener información confidencial sensible.

VII. EL «INTERROGATORIO» DE MONTERROSA

El 1 de febrero, un oficial estadounidense de la oficina del agregado de Defensa fue en coche hasta Sitio del Niño (el cuartel general del Batallón Atlacatl) para preguntarle directamente al teniente coronel Domingo Monterrosa y a sus oficiales por El Mozote. Ya entrada la tarde, el estadounidense telegrafió el siguiente informe a la Agencia de Inteligencia de Defensa del Pentágono. Salió a la luz en noviembre de 1993.

De: oficina agregado Defensa EE. UU. San Salvador, ES
Para: AID, Washington D.C.//JSI-4B/OS-I /DB-3E2//DB-3E
Confidencial, vetado a ciudadanos/países extranjeros
Asunto: El Salvador/conversación con oficiales del Batallón Atlacatl sobre la supuesta mala conducta del Ejército en el departamento de Morazán
Éste es un documento informativo, no información secreta evaluada

1. País: El Salvador (ES)

2. N.º de documento informativo: 6 829 0038 82

3. Título: conversación con oficiales del Batallón Atlacatl sobre la supuesta mala conducta del Ejército en el departamento de Morazán.

4. Fecha de la información: 1/2/82

5. Origen: oficina agregado Defensa EE. UU. San Salvador, ES

6. [Eliminado.]

7. Fuente: [eliminado.]

8. (Confidencial/vetado a ciudadanos/países extranjeros.) Resumen: (todo el texto es confidencial/vetado a ciudadanos/países extranjeros) Este documento informativo proporciona un resumen de los comentarios del teniente coronel José Domingo (Monterrosa), comandante del Batallón Atlacatl; del mayor Jesús Natividad (Cáceres), jefe operativo; y del mayor José Armando (Azmitia) Melara, oficial de operaciones del Atlacatl, en relación con las acusaciones de las atrocidades cometidas a manos de facciones de las fuerzas armadas de El Salvador. El incidente sobre el que se habló en esta conversación ocurrió supuestamente en la vecindad de El Mozote (1355N-88080), en el departamento de Morazán, durante la Operación Rescate (6-17 de diciembre de 1981). El Batallón Atlacatl participó en la Operación Rescate.

8.1. Se expuso el objetivo concreto de la visita del AI [agregado de información] al Batallón Atlacatl (es decir, determinar la misión asignada, así como las posiciones sucesivas ocupadas por el Batallón Atlacatl durante la Operación Rescate; y determinar específicamente si el batallón, o miembros de éste, participaron en los combates de El Mozote y alrededores, en el departamento de Morazán, durante la operación) al comandante (esto es, al teniente coronel Monterrosa) poco después de intercambiar saludos y cumplidos. Monterrosa fue correcto, pero le dijo firmemente al AI que no estaba en posición de discutir esos temas, y que más le valía al AI haber obtenido permiso del Estado Mayor Conjunto de las fuerzas armadas antes de venirle con tales preguntas a su batallón (el del teniente coronel Monterrosa). (Nota del AI: sinceramente, el AI tuvo la impresión de que la entrevista, a pesar de la brevedad, había terminado.) El AI se apresuró a pedir las preceptivas disculpas por lo que el coronel podría haber interpretado como una impertinencia; el AI también señaló que unas respuestas sinceras a las preguntas planteadas ayudarían a contrarrestar las recientes notas de prensa, que eran de todo menos halagadoras para con las fuerzas armadas de El Salvador.

8.2. En este punto, el mayor Azmitia interrumpió para decir algo que sólo puede describirse como una parábola: la unidad que había luchado en El Mozote lo había pasado mal y, debido a la intensidad y la duración de la batalla (nota del AI: el mayor Azmitia parece que aquí tuvo un lapsus, ya que utilizó la primera persona del plural, «cuando nos acercamos a aquel pueblo en la tarde...»), hubo indudablemente víctimas entre los civiles. El coronel Monterrosa retomó el relato. Dijo que la unidad involucrada había tenido que luchar contra posiciones enemigas fijas, y después, una vez en la ciudad, abrieron fuego contra ellos desde las casas del pueblo. (Nota del AI: Monterrosa utiliza la primera persona: «No tengo visión de rayos X y no puedo ver el interior de la casa desde la que alguien me está disparando, ni estoy dispuesto, en ese tipo de circunstancias, a perder el tiempo intentando averiguar quién más podría haber dentro».) Entonces afirmó (en tercera persona) que utilizaron fusiles sin retroceso de 90 milímetros para disparar contra la casa desde la que recibieron el fuego. En ese momento, el teniente coronel Monterrosa dijo que quería reiterar al AI que él no sabía en qué día (de la operación) estaba interesado el AI y que estaba hablando en términos generales, no específicos, sobre lo que había pasado en El Mozote.

8.3. El mayor Azmitia dijo que habían estado allí luchando (en la zona de El Mozote) «desde las tempranas horas de la tarde hasta muy tarde». Entonces cambió a la tercera persona y dijo que las pérdidas humanas entre las tropas del Gobierno eran muy graves (NFI). Y añadió que la lucha en Arambala (1356N-8808O), en el departamento de Morazán, no había sido tan seria.

8.4. El AI le preguntó al teniente coronel Monterrosa si habían cogido algún prisionero durante o después de la lucha por El Mozote. De nuevo, el coronel percibió cierta obstinación, y sugirió al AI que hablara con el Estado Mayor Conjunto o que obtuviera su permiso para hacer tales preguntas. Entonces, procedió a repetir que él no podía responder a las preguntas del AI sobre la participación del batallón en la Operación Rescate hasta que tuviera permiso del Estado Mayor Conjunto. Luego reculó un poco y expresó lo que parecía ser un interés real en examinar junto con el AI la participación del Batallón Atlacatl en toda la operación. Cuando el Estado Mayor Conjunto le notificara que podía hacerlo, se sentaría con el AI y le hablaría de los movimientos de su batallón, de las órdenes que envió (afirmaba tenerlas) y de la reacción del enemigo. Pero, sin el permiso del Estado Mayor Conjunto, no podía ofrecerle al AI (y dijo que sentía que así fuera) la ayuda que buscaba. La entrevista había terminado.

8.5. El mayor Azmitia escoltó al AI hasta su vehículo, y se mostró pesaroso por no poder proporcionar más datos sobre El Mozote, pero estaba seguro de que el AI había entendido lo que le había dicho el teniente coronel Monterrosa.

8.6. Esta entrevista se concertó a partir de la petición del embajador de intentar determinar qué unidad o unidades del Ejército participaron en el ataque de El Mozote durante de la Operación Rescate. El AI llegó al cuartel general del Batallón Atlacatl poco después de las 15:00 horas (L) del 1 de febrero de 1982. Se fue poco después de las 17:00 horas (L).

8.7. El mayor Azmitia estuvo presente durante todo el tiempo que el AI pasó con el teniente coronel Monterrosa; el mayor Cáceres apareció hacia la mitad de la discusión.

8.8. Los tres oficiales mencionados en este documento estuvieron en el departamento de Morazán durante la Operación Rescate, aunque, al parecer, el mayor Cáceres pasó algunos periodos en el cuartel general del batallón en Sitio del Niño (1348N-8922W).

8.9. Las dos horas que pasé con estos oficiales fueron, cuando menos, interesantes. Me intrigaron los matices, las sutilezas y las comparaciones indirectas utilizadas por el teniente coronel Monterrosa y el mayor Azmitia, pero las cuestiones centrales siguen sin respuestas concluyentes.

8.10. La opinión personal del AI, donde se desea recalcar «personal», es que el Batallón Atlacatl o miembros de éste participaron en el ataque de El Mozote. Descartada la aprobación del general García, el ministro de Defensa, las respuestas concluyentes sobre la misión, las posiciones y las acciones del Batallón Atlacatl en la Operación Rescate puede que no lleguen nunca».

VIII. EL EMBAJADOR DESMIENTE AL DEPARTAMENTO
DE ESTADO

El 1 de febrero, el embajador Hinton telegrafió al Departamento de Estado para rectificar algo que aparentemente se había interpretado de forma errónea a raíz de su respuesta a la pregunta del Consejo Nacional de Iglesias (véase «Primeras investigaciones: la respuesta del embajador Hinton», más atrás). El tono del telegrama (y la referencia inexplicada a «pruebas nuevas») sugiere que puede que el embajador ya hubiera sido informado sobre el intento de obtener algunas respuestas claras del coronel Monterrosa y sus oficiales.

C Q11617Z FEB 82
De: Embajada EE. UU. San Salvador
Para: Secretaría Estado Washington D.C. inmediato 7684

CONFIDENCIAL San Salvador 0797

Asunto: (C) acusaciones de masacre en Morazán

DOCUMENTOS

1. (C, texto completo.)

2. Agradecería que el Departamento fuera extremadamente cuidadoso a la hora de describir mis puntos de vista sobre la supuesta masacre. En concreto, la descripción en el párrafo 3 del *telegrama de referencia* donde se menciona que en mi carta a Stockwell «negaba el incidente». Mi carta no «negaba» el incidente: decía que en ese momento yo no tenía ninguna confirmación, y argumentaba, partiendo de las pruebas disponibles de Radio Venceremos y de la ausencia de otras informaciones, que no tenía razón alguna para creer las declaraciones de Venceremos. Sigo sin creerme la versión de Venceremos, pero había pruebas nuevas que sugerían firmemente que ocurrió algo que no debería de haber ocurrido, y que es muy probable que el Ejército salvadoreño cometiera excesos. Las acusaciones de que fue una unidad del Batallón Atlacatl la que estuvo en El Mozote continúan sin ser confirmadas o desmentidas.

3. Me parece que la afirmación de García (USINFO 698) «no tenemos absolutamente ninguna información sobre acciones militares en El Mozote» es una evasiva sin credibilidad. He intentado advertirle sobre la necesidad de hacer frente al problema, pero mi impresión es que él cree que la negación categórica es la forma de gestionar esta cuestión. Puede que los funcionarios del Departamento quieran analizar el asunto con él y con el embajador Rivas Gallont antes de que lo haga la prensa estadounidense.

HINTON

IX. EL SECRETARIO ENDERS VA AL CONGRESO

El 2 de febrero, el subsecretario de Estado Thomas O. Enders fue al Capitolio a defender la «garantía» de la Administración de que los aliados salvadoreños de Estados Unidos estaban «haciendo un esfuerzo coordinado significativo para respetar los derechos humanos internacionalmente reconocidos». A continuación se ofrecen algunos fragmentos de su declaración ante el Subcomité de Asuntos del Hemisferio Occidental de la Cámara, presidido por el representante Michael Barnes, demócrata de Maryland.

COMPARECENCIA DEL SUBSECRETARIO DE ESTADO
THOMAS O. ENDERS

Muchas gracias, señor presidente. Es un placer estar de vuelta. Le agradezco sinceramente la oportunidad de poder venir y hablar con la Comisión sobre la garantía que ha ofrecido el presidente de conformidad con la ley y celebro gustosamente su frase de bienvenida, donde decía que debíamos intentar conseguir un enfoque bipartito para gestionar esta difícil cuestión a la que nos enfrentamos en Centroamérica, un problema al que no podemos darle la espalda, por mucho que a veces así lo quisiéramos.

Y permítame decírselo en nombre de la Administración, que está plenamente comprometida con los objetivos que se establecieron en la Ley de Asistencia Exterior con respecto a El Salvador. Entendemos que la ley dice que sí, que hay un reto para nuestra seguridad nacional, y que es por eso que se autorizan las ayudas económicas y de defensa. Pero también dice que debemos utilizar nuestro apoyo para ayudar a El Salvador a controlar la violencia en dicho país, a trabajar en la reforma agraria, a desarrollar un proceso democrático, y a juzgar a los asesinos de nuestros compatriotas. La garantía presentada por el presidente la semana pasada demuestra que ciertamente ha habido progresos significativos en relación con los objetivos establecidos en la ley.

SUPUESTAS MASACRES

Lo más difícil de evaluar son las reiteradas denuncias de masacres. La ambigüedad radica en el hecho de que, efectivamente, hay incidentes en que los civiles han sufrido de forma brutal a manos de los guerrilleros, de justicieros derechistas, de las fuerzas del Gobierno, de todos ellos o de algunos, pero, al mismo tiempo, la insurgencia se ha inventado o exagerado las presuntas masacres en repetidas ocasiones como medio de propaganda.

El año pasado hubo un caso al que se le dio mucha cobertura, y Radio Venceremos habló de la masacre de mil personas en una cueva. Lo cierto es que dicha acusación la repitió hace poco un sacerdote belga en la radio. En los medios se habló mucho de ello y en gran detalle hasta que unos geólogos confirmaron que no existía una cueva tan grande en la zona, por lo que no se pudo haber cometido tal atrocidad.

En abril hubo otro incidente: seiscientas personas fueron supuestamente asesinadas en el río Lempa mientras cruzaban la frontera entre El Salvador y Honduras. Les pedimos a los representantes del Alto Comisionado de las Naciones Unidas para los Refugiados que fueran a echar un vistazo, y así lo hicieron, pero no encontraron pruebas de que aquella atrocidad hubiera tenido lugar.

Por otro lado, como usted indicó en su frase de bienvenida, ocurren cosas horribles todos los días. Yo creo que una ocurrió hace dos noches. Murieron 19 personas en San Salvador; desconozco si se encontraron armas o si fueron miembros de organizaciones guerrilleras, pero me cuesta creer que hubiera un tiroteo, que fuera obra de los militares, como se ha afirmado. Y tanto el Gobierno como yo censuramos categóricamente la desmesurada violencia infligida por las fuerzas salvadoreñas.

Enviamos a dos miembros de la embajada a investigar las declaraciones a las que usted, señor presidente, hacía referencia en relación con la masacre de El Mozote, en la provincia de Morazán. Queda claro por el informe que entregaron que en el pasado mes de diciembre hubo un enfrentamiento entre los guerrilleros que ocupaban El Mozote y las fuerzas atacantes del Gobierno. No se han encontrado pruebas que confirmen que las fuerzas del Gobierno masacraron civiles sistemáticamente en la zona de operaciones, ni de que la cifra de civiles muertos se acerque ni siquiera remotamente a las 733 o 926 víctimas citadas en la prensa. Quiero señalar que preguntaron cuántas personas había en aquel cantón y que les dijeron que unas trescientas, en diciembre, y que ahora hay muchos supervivientes, incluidos los refugiados. Así que debemos ser muy cautelosos al intentar aportar pruebas para la garantía. Nosotros, la embajada, estamos intentando investigar todos los informes que recibimos, y aprovechamos toda oportunidad que surge para recalcarles al Gobierno y al Ejército salvadoreños que nos tomamos en serio el ejercicio de los derechos humanos y que así deberían hacerlo ellos también.

Los resultados están tardando en llegar. Estoy de acuerdo en eso. Pero están en camino. Desde octubre de 1979, las autoridades de El Salvador han hecho mucho más que recalcar a oficiales y soldados la necesidad de proteger los derechos humanos. Han roto los vínculos tradicionales entre los grandes terratenientes y las fuerzas de seguridad ilegalizando la organización paramilitar ORDEN. Han promulgado un código de conducta militar que subraya la necesidad de proteger los derechos humanos. Han trasladado, jubilado, destituido o sancionado a mil oficiales y soldados por cometer diferentes abusos de autoridad. Y, poco a poco, mediante el fortalecimiento de la autoridad del alto mando, han consolidado su control sobre el disperso personal de las fuerzas de seguridad locales.

PROGRESOS EN RELACIÓN CON LOS DERECHOS HUMANOS

Si me permiten, me gustaría empezar por la cuestión de los derechos humanos. La ley nos exige que certifiquemos que El Salvador está haciendo un esfuerzo coordinado significativo para respetar los derechos humanos internacionalmente reconocidos y consiguiendo ganar un control significativo sobre todas las facciones de sus propias fuerzas armadas. No exige acabar con el problema de los derechos humanos. Lo que sí exige es que haya progresos.

No hay duda de que la situación de los derechos humanos en El Salvador es muy preocupante, como se detalla en nuestro informe anual, que justo se acaba de entregar al Congreso. La explosión de violencia y contraviolencia posterior a la recepción por parte de la extrema izquierda de armamento para la guerrilla ha acentuado unos niveles de violencia que ya eran demasiado altos; ha tensado el sistema judicial hasta casi quebrarlo, y ha erosionado los límites que la sociedad habitualmente pone a la violencia. Han surgido innumerables violaciones de los derechos humanos resultado de las hostilidades partidistas tanto de la izquierda como de la derecha, así como venganzas personales, represalias, provocaciones, intimidaciones y una brutalidad escabrosa. El colapso de esta sociedad es muy grave y su recuperación llevará años.

Creo que todos nos hemos dado cuenta de que es muy difícil establecer información precisa. No es posible determinar legalmente ni, por lo general, explicar con pruebas claras y coherentes a quién corresponde la responsabilidad de la abrumadora cifra de muertos. El setenta por ciento de los asesinatos políticos en conocimiento de nuestra embajada fue cometido por agresores desconocidos. Y está habiendo muchos alegatos especiales al respecto. Por ejemplo, muchos de ustedes habrán leído sobre la oficina de asistencia legal del arzobispado, Socorro Jurídico; se habla mucho de ella en los medios internacionales. Curiosamente, no enumera víctimas de violencia terrorista y guerrillera. Aparentemente, no hacen uso de la violencia. En enero, el delegado apostólico Rivera y Damas privó a esta oficina de asistencia legal del derecho a hablar en nombre del arzobispado, con el beneplácito del resto de arzobispos de El Salvador.

Hay otro organismo, la Universidad Centroamericana, que también recopila estadísticas. Sus inclinaciones podrían deducirse del hecho de que incluye una categoría de personas asesinadas por, como creo que lo expresó el congresista Bonker, organizaciones paramilitares. Los llaman «*ajusticiados*», refiriéndose a personas que recibieron justicia a manos de sus verdugos.

Finalmente, quisiera decir que esa institución que se hace llamar Comisión de los Derechos Humanos, que de vez en cuando publica estadísticas internacionales y que así lo hizo hace poco con respecto al incidente de El Mozote, se ha convertido en un vehículo de propaganda para la insurgencia. No tiene capacidad para recopilar información de manera ecuánime.

NIVEL DE LA VIOLENCIA CONTRA LOS CIVILES

En consecuencia, y a juzgar por nuestros mejores datos y por las tendencias observadas en las otras dos agencias citadas anteriormente, el grado de violencia contra civiles parece haber disminuido en más de la mitad durante el último año.

Señor presidente, permítame que me centre en esto porque creo que es un asunto relevante. El informe de la American Civil Liberties Union, que he leído con mucho interés, contenía información de hasta el mes de septiembre de 1981. No reflejaba las cifras que nuestra embajada ha estado recopilando muy cuidadosamente desde septiembre de 1981, ni contaba con la ventaja de las tendencias a corto plazo tanto como con el tratamiento más general que ofrecen ese informe u otros que se publican todas las semanas.

Diría que ocurre lo mismo con el informe de Amnistía Internacional, que lo cierto es que no contiene referencias históricas. A la hora de comparar no tiene en cuenta los primeros años, por lo que es difícil saber si se puede determinar la cuestión fundamental planteada a raíz del proceso de certificación, es decir, si ha habido progresos; porque entiendo que a lo que se llama progreso en este caso se refiere al progreso a partir del momento en el que Estados Unidos intervino en El Salvador, al progreso reciente y al progreso sostenido.

Los números lo demuestran. Tenemos las cifras de septiembre, octubre, noviembre y diciembre de 1980, con alrededor de 800, 779, 575 y 665 asesinatos políticos, respectivamente. Eso, en 1980. Tenemos las mismas cifras relativas a este año, que presentan 171 en septiembre, 161 en octubre, 302 en noviembre y 200 en diciembre. Nuestros informes presentan cifras muy diferentes usando la misma metodología.

Déjeme aclarar que éste no es un informe definitivo. Nadie tiene un informe definitivo. Pero la embajada dice que puede que se encuentre entre el treinta por ciento del total, aunque no puedo garantizar que ése sea el caso. No obstante, se trata de un intento coherente de responder a la pregunta planteada sobre si estamos obteniendo algo más que meras exhortaciones y palabras bonitas, sobre si estamos obteniendo resultados. Ésta es la prueba que les garantiza que sí los estamos obteniendo.

Permítame aclarar, señor presidente, que nuestra relación con el Gobierno de El Salvador se centra en el control de la violencia. Pretendemos reducirla al mínimo teniendo en cuenta el conflicto civil existente...

SUPRESIÓN DE LOS INCENTIVOS MILITARES EN LA GARANTÍA

No creo que pueda haber duda alguna en el Ejército o en el Gobierno de El Salvador con respecto a lo firmemente que creemos en la necesidad de seguir mejorando en el ámbito de los derechos humanos y del control de la violencia.

No sólo se lo hemos hecho saber en repetidas ocasiones desde lo más alto del Gobierno estadounidense y de nuestra embajada allí; sino que hemos manifestado, creo que de forma franca y clara, que, para que las ayudas para las reformas políticas de El Salvador continúen, debe haber un amplio consenso en Estados Unidos en relación con el comportamiento del Gobierno, y éste debe ser admisible dentro de unos estándares aceptables para nosotros.

En ese contexto, es necesario progresar. Creo que allí abajo no tienen duda alguna de que así debe ser.

Ahora bien, llevo mucho tiempo en esto, señor presidente. Una de las cosas que a mi parecer es necesaria para conseguir resultados de otros países es ser capaces de establecer estándares viables; ser capaces de identificar los pasos que hay que dar en coherencia con su capacidad para cumplirlos en un periodo de tiempo breve.

Esta ley, una vez completada, la firmó el presidente el 29 de diciembre. Además, como se exigía, se certificó de conformidad con la ley el 29 de enero, un mes después. Considero que si les hubiéramos dicho a los salvadoreños «hemos observado que habéis hecho algunos progresos, pero necesitamos ver que se pone fin a los asesinatos políticos en los que quizá hayáis tenido algo que ver, al margen de lo que hagan vuestros enemigos», sencillamente nos habrían dicho que... lo habrían percibido como si Estados Unidos se zafara, con un gran impacto en la psicología de esa sociedad, que lo hubiera interpretado como un abandono por parte de los estadounidenses.

No creo que ésa hubiera sido una buena táctica, pero considero que el mensaje está ahí.

Permítame añadir algo. El Ejército y las fuerzas de seguridad de El Salvador están descentralizados, pero se está llevando a cabo su recentralización gradualmente. En el pasado se descentralizaron para intentar conseguir un equilibrio de poderes en un gobierno militar con cuatro dependencias, así como para evitar la acumulación de demasiado poder en una sola mano en el centro en detrimento de las ciudades.

Lleva mucho tiempo restablecer todo eso y crear una estructura organizada que sepa cómo abordar la cuestión de los derechos humanos. No creo que haga mucho bien pedirle a una organización que cambie del día a la mañana cuando se sabe que no puede hacerlo, pero sí que puede progresar.

BARNES: Dice usted que no hay duda alguna entre los militares de la relevancia de este tema para Estados Unidos y para la continuidad de las ayudas prestadas por Estados Unidos.

Pero, dos o tres días después de que el presidente presentara la garantía, según su relato y la declaración que acaba de hacer, los militares, aparentemente (ninguno de nosotros conoce todos los hechos), se involucraron en lo que acabó siendo un incidente bastante trágico.

Ha dicho usted que no cree que fuera un tiroteo. Sólo acierta a decir que eso es lo que no fue. Los testimonios de la prensa dicen que algunos de los que fueron asesinados tenían las manos atadas a la espalda. Otro testigo declaró que el personal militar violó a niños. Todo ello dos días después de que el presidente presentara la garantía.

Si se transmitió el mensaje; si tan claro lo tienen allí abajo, ¿cómo se explica esto?

ENDERS: Bueno, como he dicho hace un momento, creo que a los líderes de dicha sociedad les costará algo de tiempo imponer por completo su control sobre todas los elementos de esas dependencias con respecto a lo que hemos intentado manifestar y que creemos que así lo hemos hecho, es decir, el progreso en la consecución de ese objetivo, no el logro de un estándar absoluto como el que, por ejemplo, mencionaba el congresista Bonker.

No quiero darle a entender, señor presidente, que no va a haber más incidentes ni en la izquierda ni en la derecha. Creo que seguirá habiéndolos. Lo que estamos intentando hacer es evitarlos en la mayor medida posible, disminuirlos.

Podría parecer que ése es el estándar que usted ha establecido. De hecho, si el estándar que usted ha establecido es que no deben darse ese tipo de incidentes en un país en guerra civil, en realidad sería como decir que no vamos a apoyar a dicho país.

BARNES: ¿Sabe usted, o cualquier otra persona, quién llevó a cabo dicha acción en concreto?

ENDERS: No, señor. Quizá alguien lo sepa, pero yo no.

CIRCUNSTANCIAS QUE SUPONDRÍAN LA INTERRUPCIÓN DE LAS AYUDAS MILITARES

BARNES: ¿Podría indicarle a la Comisión en qué circunstancias recomendaría usted al presidente que suspendiera las ayudas para el Gobierno militar de El Salvador?

ENDERS: Pues, claramente, si el presidente creyera que no se están haciendo progresos en relación con los objetivos establecidos, tendría que, bajo dichas condiciones, no certificar tal cosa. La cuestión es (y no tengo potestad para hablar de ello) qué pasaría entonces, pero creemos que ahora mismo no estamos en esa situación...

BARNES: El caballero de Massachusetts, el señor Studds.

STUDDS: Gracias, señor presidente.

Creo que alguien le ha hecho un flaco favor al presidente. Es obvio que alguna persona, en algún lugar, le ha persuadido para estampar su firma en la garantía. Si queda algo del idioma inglés en esta ciudad después de su extensa diatriba en nombre de su superior inmediato, acaba de esfumarse porque el presidente acaba de asegurar que arriba es abajo, que dentro es fuera y que negro es blanco. Preveo que en cualquier momento va a decirnos que guerra es paz.

Como queda claro tras la serie de sosegadas preguntas que ha hecho el presidente (y yo intentaré mostrarme igual de sosegado), no existe ningún tipo de prueba de fuente alguna que yo conozca o de la que haya oído hablar, al margen de esta administración y de la prensa salvadoreña (en cuyas estadísticas oficiales dice nuestro propio embajador que confiamos), que corrobore cualquier cosa relevante expuesta por el presidente la semana pasada.

Cito a continuación la respetada opinión de Amnistía Internacional:

«Después de estudiar los cientos de detallados informes que han llegado a nuestra organización, donde en la mayoría de los casos las fuerzas de seguridad oficiales se habían visto involucradas y donde la vulneración de los derechos humanos había tenido lugar a escala masiva (en 1981), se puede decir que constituyen una importante pauta de continuas violaciones de los derechos humanos.

»Los testimonios que hemos recibido en Amnistía Internacional implican a todas las dependencias de las fuerzas de seguridad salvadoreñas, ya sean militares, policías militares o paramilitares, en la vulneración de los derechos humanos de civiles que no tenían nada que ver con la actividad de la guerrilla.»

Para que quede constancia, me gustaría pedirle que le facilitara a esta comisión las fuentes en las que se basó la siguiente afirmación de la garantía del presidente: «Las estadísticas recopiladas en El Salvador indican una disminución de los abusos cometidos por las fuerzas de seguridad».

INCIDENTE EN EL MOZOTE

Sería interesante que, para quede constancia, pudiera proporcionarnos las fuentes de esas tranquilizadoras declaraciones. Espero que algunas de ellas no provengan de la prensa controlada de El Salvador.

Déjeme indicar, en relación con el incidente que tuvo lugar hace dos días en la zona de chabolas de San Salvador, al que se han remitido varias personas antes, sin tomarse la molestia de mencionar los asesinatos y las violaciones, que aquello no fue como si un pequeño grupo de campesinos militares se desmadraran en el campo, como sabe. Fue una acción meditada y orquestada de la que el mando militar se siente muy orgulloso.

Tuvo lugar en San Salvador y fue un asesinato a sangre fría. No hubo arrestos, no hubo presos, no se buscaron pruebas, no fue en defensa propia: fue un asesinato. Como usted sabe, los cuerpos se encontraron en la calle por la mañana.

Lo único realmente extraño sobre esto, teniendo en cuenta lo que sé al respecto, es que los implicados eran un grupo relativamente grande, y no unos individuos aislados y una familia, y se le dio mucha cobertura en nuestra prensa, como viene pasando con estas cosas desde hace dos semanas.

Como usted sabe, se han encontrado muertos en las calles de El Salvador todos los días del año. Lo que me gustaría saber es cuánto tiempo más cree que esta administración seguirá ignorando las noticias de masacres, y las torturas, y los asesinatos de este tipo, y cuánto tiempo más podrá seguir restándole importancia, como ha hecho hasta ahora, a los asesinatos, como los que ocurrieron en El Mozote y, anteriormente, en el río Lempa; a los asesinatos de las religiosas; al asesinato del arzobispo; y al asesinato a sangre fría, en noviembre de 1980, de todos los dirigentes de la oposición.

No entiendo cómo puede ser bueno para nuestro país que lo asocien con actos terroristas de este tipo. ¿De quiénes son las armas y las balas que mataron a esas personas en San Salvador el domingo por la mañana? Lo más probable es que se pagaran con dinero de nuestros propios contribuyentes.

Señor subsecretario, la enmienda Bingham-Solarz, con la que el presidente acaba de declarar que el Gobierno de El Salvador está conforme, la concibió la Comisión con sumo cuidado en una reunión con el Senado, resultado de una votación bipartidista 26 a 7, concebida para darle al Departamento de Estado, es decir, el poder ejecutivo, el impulso para obligar a la junta militar de El Salvador a enmendar sus acciones.

Le hago saber que, con la firma de esta garantía, acaba usted de pronunciarse (usted, el Gobierno, el presidente) como satisfecho con los actuales esfuerzos del Gobierno.

ENDERS: No, señor.

STUDDS: Usted ha cogido unas palabras vacías y las ha transformado en reformas. Ha aceptado promesas sin haber exigido acciones. Ha analizado un periodo de catorce meses entre un asesinato y una sesión con el detector de mentiras y lo ha llamado investigación. Le hemos dado a El Salvador más ayudas militares de las que jamás le hemos concedido a cualquier otro país latinoamericano, y no ha funcionado. En respuesta, usted (que tiene algo de experiencia en el asunto) ha resucitado el enfoque del Departamento de Estado en Vietnam: si no funciona, siga haciendo lo mismo.

En su declaración también nos ha dicho que, después de Nicaragua, quién no viviría preso del miedo en Centroamérica si El Salvador quedara en manos de una minoría violenta.

Señor subsecretario, debería saber que, en este momento, El Salvador está en manos de una minoría violenta. En lo que lleva de siglo, ha estado en manos de una minoría violenta, y, desafortunadamente, se trata de una minoría violenta respaldada por nuestro propio gobierno.

Creo que si usted puede defender (y, obviamente, le daré la oportunidad de hacerlo), si cualquiera puede defender la firma de la garantía, como ha hecho el presidente de Estados Unidos, uno podría defender prácticamente cualquier cosa.

Con esta garantía le acabamos de transmitir a los militares de El Salvador que no importa lo que hagan porque consideramos que hay cosas más importantes en juego (como la decisiva lucha por Centroamérica). Así que, adelante, demos fe de vuestro cumplimiento. No importan las masacres, no importan los muertos, no importa si la reforma agraria se está yendo al garete, como dice el informe... da igual todo. Como consideramos que la seguridad de este país está en juego, vamos a dar fe de vuestro cumplimiento.

Aquí tiene su impulso. Aquí tiene el gran impacto de la enmienda Bingham-Solarz, concebida para darle al Gobierno de Estados Unidos algo para controlar a los militares de El Salvador. Usted permite que se vayan de rositas. Si les dice que los resultados de los dos últimos meses y del año pasado son buenos, básicamente les habrá dicho que pueden hacer lo que quieran porque Estados Unidos seguirá prestándoles su ayuda.

Debe saber que esto es sólo un paso más, un nuevo empujón, hacia unas arenas movedizas. ¿Cómo se supone que vamos a salir de ellas? [Aplausos.]

BARNES: Por favor, dejen de aplaudir. Le ruego al público que se abstenga de manifestarse.

STUDDS: Secundo al presidente. Ésa no era mi intención, señor secretario. Quienes hacen frente a una tragedia de estas dimensiones sin cierto grado de emoción son quienes tienen otros poderes a los que rendir cuentas.

BARNES: Ruego a los invitados que se abstengan de reaccionar a las declaraciones emitidas por los los miembros de la Comisión o por el testigo. Si lo hacen, se les pedirá que abandonen la sala.

El tiempo del caballero ha terminado, pero seguro que tanto él como otros miembros de la Comisión esperan las respuestas del subsecretario Enders a las cuestiones planteadas.

ENDERS: No soy consciente de que el señor Studds haya planteado ninguna cuestión en sus declaraciones. Sólo diré que la garantía del presidente no es una muestra de satisfacción.

Claramente, la reforma agraria sigue en marcha. Aún queda un largo camino para dar por terminada la parte más importante, la llamada sección 207. Probablemente llevará otro año terminarla, quizá dos.

Nuestra intención es llegar hasta el final. Va progresando. Sin duda, hemos hablado mucho sobre la violencia. No creo que usted y yo difiramos mucho con respecto a la violencia que sigue habiendo. Hay demasiada. Aspiramos a acabar con ella.

Se nos ha pedido que certifiquemos que ha habido progresos y consideramos que así podemos demostrarlo. Debemos progresar más. Las elecciones son sólo el primer paso hacia un gobierno legítimo. Han de ir seguidas de la constitución y de unas elecciones más grandes para elegir un presidente y diputados para el parlamento. También aspiramos a presenciar eso. No estamos diciendo que nos demos por satisfechos. No le estamos diciendo a nadie que ustedes se estén zafando. No estamos diciendo que el único interés de Estados Unidos sea la seguridad, en detrimento de sus intereses políticos y humanos, por lo que su afirmación sobre lo que pretendemos o lo que se ha oído no es acertada...

BARNES: El caballero de Nueva York.

NIVEL DE VIOLENCIA EN EL SALVADOR

SOLARZ: En cierto modo me preocupa el tono orwelliano de la garantía, en el sentido de que el presidente parece estar diciendo que la situación de los derechos humanos está mejorando cuando el resto del mundo dice que está empeorando. El presidente dice que las fuerzas insurgentes no están por la labor de participar en las elecciones como parte de un acuerdo negociado, mientras que los insurgentes, de hecho, afirman que están dispuestos a participar en las elecciones como parte de una solución política equitativa.

Me gustaría hacerle una serie de preguntas sobre la propia garantía. Deduzco que, si el presidente, de hecho, hubiera llegado a la conclusión de que la realidad de la situación allí era tal que resultaba imposible hacer un certificado de buena fe, no nos habría presentado dicho certificado.

ENDERS: Así es, señor.

SOLARZ: Si ése es el caso, y me alegra escuchar que así es, ¿habría el presidente dado por cumplida la condición número 2 si hubiéramos llegado a la conclusión de que el nivel de violencia gubernamental había aumentado en 1981 en comparación con 1980?

ENDERS: Bueno, la condición número 2 es conseguir ganar un control total sobre las fuerzas armadas. Eso, lógicamente, es algo abierto a diferentes interpretaciones. A ese respecto, hemos citado algunas acciones llevadas a cabo, así como resultados. Entiendo que por lo general sería necesario conseguir un poco de equilibrio entre ambas cosas.

SOLARZ: Mi pregunta es la siguiente: si el Gobierno de Estados Unidos hubiera llegado a la conclusión de que el nivel de violencia atribuible al Gobierno y a sus fuerzas armadas había aumentado en 1981 en comparación con 1980, ¿habría certificado igualmente que se había cumplido con la condición número 2, esto es, que el Gobierno salvadoreño está consiguiendo ganar un control significativo sobre sus fuerzas armadas? Usted afirma que el nivel de violencia ha disminuido. Si hubiera llegado a la conclusión contraria, ¿seguiría certificando que se ha cumplido con el punto número 2?

ENDERS: Señor Solarz, creo que nos ha dado una interpretación autorizada de eso en el boletín de la Comisión, y entiendo que es autorizada. Dice que la Comisión quiere dejar claro su propósito. Presupone que el presidente certificará que dicha condición se ha cumplido sólo si el Gobierno de El Salvador realmente ha logrado progresos significativos en la toma del control sobre todas las facciones de sus fuerzas armadas. Ése es el criterio, progresos significativos. Entonces la pregunta sería si se han hecho progresos significativos. ¿Y es ésa una pregunta sobre los pasos dados, una pregunta sobre los resultados o no y se trata de una mezcla de ambas cosas?

SOLARZ: El texto del proyecto de ley del Senado estipulaba que la condición número 2 es que el Gobierno de El Salvador se prepare para conseguir tomar el control de sus fuerzas armadas. Eso claramente implica dar ciertos pasos. El texto del proyecto de ley del Senado estipulaba que el Gobierno de El Salvador está consiguiendo tomar el control de sus fuerzas armadas. En la reunión acordamos eliminar las referencias que aparecen en el proyecto de ley porque lo que nos interesaba no eran los pasos dados, sino los resultados obtenidos.

Dejando por un momento a un lado los pasos que se dieron o no, en la propia garantía el presidente señalaba que la disminución en el nivel de violencia era muestra de que el Gobierno de El Salvador estaba realmente ganando un control significativo sobre sus propias fuerzas armadas.

Mi pregunta, que asumí que respondería con bastante facilidad, es si habría seguido diciendo que el Gobierno salvadoreño está consiguiendo ganar un control significativo sobre sus fuerzas armadas si hubiera llegado a la conclusión contraria, esto es, que el nivel de violencia gubernamental había aumentado en 1981 en comparación con 1980.

ENDERS: Señor Solarz, ¿me permite recapitular? Porque tengo la impresión de que eso está siendo objeto de cierta controversia. ¿Puedo decir lo que la Comisión de Asuntos Exteriores dijo sobre esto? Considero que es importante en este caso.

SOLARZ: ¿Qué Comisión de Asuntos Exteriores?

ENDERS: Lo que dijo esta comisión sobre el texto del proyecto de ley, en relación con la segunda condición de esta subsección, de la cual estamos hablando...

SOLARZ: ¿Se refiere al informe de la sesión o al proyecto de ley aprobado por la Cámara?

ENDERS: Esta comisión, señor. Con respecto a la segunda condición de esta subsección decía que la Comisión tuvo en consideración la difícil naturaleza de la tarea del Gobierno de El Salvador de enfrentarse a ganar un control significativo sobre todas las facciones de sus fuerzas armadas. Así, la Comisión no incluyó en el requerimiento de la garantía la condición de que el Gobierno de El Salvador tuviera que conseguir un control total sobre todas las facciones de sus fuerzas armadas. En su lugar estipulaba que el presidente debe poder certificar que el Gobierno de El Salvador está consiguiendo ganar un control significativo, una clara distinción hecha por usted.

NÚMERO DE CIVILES MUERTOS

SOLARZ: Le hago saber que no ha respondido en absoluto a la pregunta. Usted afirma en la garantía que el nivel de violencia ha disminuido en comparación con el año pasado. ¿Podría decirnos, según su criterio, cuántas personas fueron asesinadas a lo largo del año pasado? ¿Podría darnos una cifra concreta de las proporcionadas por la embajada?

ENDERS: La embajada proporcionó una cifra estimada de unos seis mil civiles muertos a lo largo del año pasado.

SOLARZ: ¿Todas atribuibles al Gobierno o en general?

ENDERS: No ha sido posible atribuir más del treinta por ciento a un bando u otro. El setenta por ciento restante se desconoce.

SOLARZ: ¿Sabe usted cuál fue el nivel de muertes civiles en 1980?

ENDERS: Creo recordar que la cifra que consta en nuestro informe sobre derechos humanos para 1980 es de nueve mil.

SOLARZ: ¿Entonces usted llegó a la conclusión de que la cifra de muertos civiles disminuyó de nueve mil a seis mil?

ENDERS: No con base en eso, señor.

SOLARZ: Acaba de declarar que el informe sobre derechos humanos de 1980 decía que hubo nueve mil muertos civiles, y la garantía, donde no se menciona cifra alguna, se basaba hasta cierto punto en la conclusión de la embajada de que el número de muertos civiles era seis mil.

ENDERS: Ésa es la tendencia a lo largo del año.

SOLARZ: ¿Podría decirnos con qué base la embajada y la Administración llegaron a la conclusión de que el número de muertos civiles ha caído de nueve mil a seis mil? ¿Dónde están las pruebas?

ENDERS: Se las mostraré con mucho gusto. Todas las semanas, la embajada recopila pruebas de diferentes fuentes. Radio Venceremos es una de ellas; las noticias de la prensa local, otra, así como de las emisoras de radio locales y otros informes disponibles gracias a fuentes en el Gobierno. Es un proceso complejo.

SOLARZ: Eso es la base más que un recuento de cuerpos *in situ*, que entiendo que no es la manera como se obtienen dichas cifras.

ENDERS: No.

SOLARZ: ¿Cómo explica usted el hecho de que, en 1981, nuestra embajada, basándose en Radio Venceremos, en las noticias de la prensa sobre muertos y en otras fuentes, llegara a la conclusión de que hubo seis mil muertos, cuando la estimación del arzobispo Rivera y Damas era de 11.700 muertos; la de la oficina de asistencia legal, de 12.500; y la de la Universidad Centroamericana, de 13.000? ¿Por qué Amnistía Internacional y otras instituciones que han informado sobre la situación de los derechos humanos en aquel país dijeron que las cifras de muertos allí son similares o mayores que las de 1980, mientras que nuestra embajada habla de una caída del 33 por ciento?

ENDERS: Los totales son diferentes, pero la tendencia es igual. Si usted consulta las tendencias de la oficina de asistencia legal, y ya le comenté antes algo sobre sus inclinaciones, verá la misma tendencia a la baja. Y lo mismo ocurre con las estadísticas de la Universidad Centroamericana, pero de nuevo es información sesgada. Todas ellas muestran una tendencia a la baja a lo largo del año. Ésa es la base de la afirmación, señor.

SOLARZ: Tengo una última pregunta. Obviamente, la consideración fundamental no es el número total de muertos, sino el número de muertes de las que son responsables las fuerzas armadas y de seguridad del Gobierno de El Salvador.

ENDERS: Así es.

SOLARZ: ¿Sobre qué base se fija el porcentaje de muertos civiles atribuible a las fuerzas armadas y de seguridad y sobre qué base se ha llegado a la conclusión de que el número de muertos civiles atribuibles a las fuerzas armadas y de seguridad ha disminuido de 1980 a 1981?

ENDERS: Las estimaciones del número total de muertos hechas por esas tres instituciones parece presentar una tendencia a la baja mes a mes. Como dije antes, ésa es la base. Muchas de esas muertes no se pueden atribuir a un bando u otro, y ni siquiera estamos seguros de que las atribuidas tengan lógica. La cuestión aquí es que, de acuerdo con todas las estadísticas, la tendencia es a la baja.

El Gobierno ha estado intentando tomar el control del asunto. Nos encontramos con que los insurgentes afirman que cuando cometen actos de violencia los justifican diciendo que es por la defensa de un nuevo orden, por lo que no sabemos con certeza si su intención es contribuir a disminuir la violencia, y entonces suponemos que ha habido repercusiones, pero no sabemos en detalle cuántas muertes son culpa de personas relacionadas con las fuerzas de seguridad.

SOLARZ: Si usted mismo dice que no hay forma de saber cuántos muertos civiles son atribuibles a las fuerzas armadas y de seguridad, no puedo entender cómo le dice al Congreso sin inmutarse que usted cree que el nivel de violencia gubernamental ha disminuido. Incluso si es cierto el indicio de sus estadísticas de que, en general, el número de civiles muertos ha disminuido, eso no demuestra necesariamente que el número de muertos a manos del Gobierno haya disminuido.

ENDERS: ¿Podría hacer otro comentario al respecto? No tengo claro que podamos seguir profundizando en ello, dado que ninguno de nosotros lo sabe. Por ejemplo, Radio Venceremos ha afirmado haber causado dos mil bajas en los últimos siete meses, y consideran que causar bajas es un medio legítimo para hacer la revolución y la guerra. Yo no he oído ninguna declaración de nadie que represente a los insurgentes donde se diga que creen que éstos deban poner freno a las violaciones de los derechos humanos o que el problema es culpa de ellos, por lo que me pregunto si se puede atribuir el progreso alcanzado a los insurgentes. La única forma de que su observación se sostuviera sobre la lógica sería decir que todas las mejoras son obra de los insurgentes. Ellos no creen que sea necesaria ninguna mejora...

BARNES: La presidencia le concede la palabra durante cinco minutos a la dama de Rhode Island...

SCHNEIDER: Bien, creo que el testimonio de los miembros de esta Comisión ha sido muy claro al indicar su gran descontento con la ausencia de datos contundentes que demuestren a los miembros del Congreso que el Gobierno de El Salvador forma parte de una «pauta recurrente de violaciones de los derechos humanos».

Y yo me pregunto si usted estaría dispuesto a comprometerse con esta comisión a manifestar que el Departamento de Estado podría cambiar su *modus operandi* a la hora de verificar cualquier incidente relacionado con la vulneración de los derechos humanos.

NIVEL DE PRESENCIA ESTADOUNIDENSE EN EL SALVADOR

ENDERS: Una de las cosas que hemos intentado evitar es crear una embajada demasiado grande en la zona. Me acaban de hacer una pregunta sobre nuestro personal militar, si iba a aumentar o no. Obviamente, hemos estado intentando que no sea demasiado numeroso. Contamos con cinco personas encargadas de las relaciones con el Gobierno en el ámbito político que nos informan al respecto, y también contamos con todas las investigaciones que llevamos a cabo.

No sé si hacemos todo lo que podemos, pero ¿sabe usted?, francamente, no contamos con asesores que acompañen a las unidades. Se trata de entrenadores militares. Están en un segundo plano. No tenemos intención de contar con ellos ni creo que fuera buena idea hacerlo.

No tenemos claro que queramos enviar a nuestros responsables políticos a esos sitios donde hay tiroteos constantemente para que consigan más datos. Pero hacemos todo lo posible e investigamos lo que podemos. Ahora bien, presidente, le garantizo que sí, que soy consciente de que una de las cosas que nos impone este proceso de certificación es un requerimiento informativo. Y el requerimiento de conseguir información lo más fiable y detallada posible. Estamos haciendo todo lo posible para lograrlo, y me gustaría analizar con ustedes qué más podemos hacer al respecto. Pero es evidente que hay ciertos límites.

SCHNEIDER: No creo que estuviera recomendando necesariamente que los responsables políticos se encarguen del recuento de cuerpos. Pero considero que sería conveniente que el Departamento de Estado hiciera algunas sugerencias sobre cómo cambiarían ellos su base de información, así como quizá utilizar información de otras fuentes o consolidar la existente porque si, no, creo que los miembros de la Comisión seguirán estando desconcertados ante el amplio espectro de cifras que difieren entre ellas, viéndose atrapados en una situación en la que no saben muy bien a quién creer.

Eso es lo único que le pido y le recomiendo. Creo que sería útil que el Departamento de Estado recopilara un documento con varias alternativas que plasmen de qué manera se podría cambiar su *modus operandi*.

ENDERS: Permítame decir al respecto que, siempre que hay un supuesto incidente importante como el de El Mozote, nosotros nos acercamos al lugar y hablamos con todas las instituciones que afirman saber algo.

Por ejemplo, en este caso fuimos a hablar con la Sociedad de Ayuda Legal porque habló del asesinato de mil personas en una masacre. Les preguntamos cómo lo sabían, si habían enviado a alguien allí. Nos dijeron que no habían enviado a nadie, por lo que esa fuente quedó descartada.

En algunos casos sí que saben algo. A veces tienen alguna información. Así que realmente intentamos hacerlo. Estoy de acuerdo con usted en que tendremos que presentar información mucho más detallada. Vamos a tratar de hacerlo...

X. EL EMBAJADOR Y EL MINISTRO DE DEFENSA (II)

El 3 de febrero, mientras el subsecretario Enders declaraba ante el Congreso por segunda vez, el embajador Hinton intentaba una vez más hablar sobre el asunto de El Mozote con el general García en San Salvador. El telegrama en el que informaba sobre la reunión se hizo público en noviembre de 1993.

R 030559Z FEB 82
De: Secretaría de Estado Washington D.C.
Estado confidencial 028027
Distribución privada, destinatario militar, tratar como categoría especial exclusiva.
Orden ejecutiva 12065: disponible a partir del 1/2/02 (Hinton, Deane R.) OR-M
Asunto: (C) más sobre supuesta masacre en Morazán; San Antonio Abad; religiosas

1. Puesto que los agregados de Defensa llevan días intentando en vano identificar a las unidades del Ejército salvadoreño que estuvieron en El Mozote el día que supuestamente tuvo lugar la masacre, hoy le pregunté al comandante del Milgroup si puede que fuera posible que el alto mando no supiera dónde y cuándo operaron sus fuerzas de campo. Me dijo que no, que no era posible. En consecuencia, le pedí que consiguiera una respuesta.

2. Fue a ver al jefe del Estado Mayor, que le dijo que el ministro de Defensa no quería que nadie más aparte de él se ocupara de aquello.

3. Esta tarde llamé al general García. Bromeamos un poco, como es costumbre, y entonces él me felicitó por mi entrevista en el *Washington Post*, que dijo que cuenta las cosas exactamente como son. Yo le di las gracias, pero le dije que mejor que no opinara en alto, pues tenía entendido que Tom Enders le había dicho hoy a la Comisión Long que no compartía mis puntos de vista sobre los asuntos militares.

4. Cuando mencioné a Enders, le expliqué a García que Tom estaba en el Congreso defendiendo los 55 millones adicionales en ayudas militares para El Salvador, y que se pasaría gran parte de lo que quedaba de semana frente a comités de congresistas explicando la garantía del presidente que autorizaba la continuidad de las ayudas para El Salvador. En ese sentido, le dije que las noticias publicadas en el *Washington Post* y el *New York Times* sobre la supuesta masacre en Morazán y el incidente de la noche anterior suscitaron gran preocupación. Añadí que había una frase muy buena en el artículo de Bonner; se la leí y le dije que no había confirmación independiente de quiénes eran los responsables de las muertes ni de cuántas personas habían sido asesinadas.

5. Él dijo que lo de Morazán era una «novela», pura propaganda marxista sin fundamento.

6. Le dije que lo que era claramente propaganda era que su cronología se hubiera calculado con tanto cuidado pero que hubiera tantos detalles que dificultaran lidiar con los artículos. Estaba particularmente preocupado por las referencias al Batallón Atlacatl y a los mayores Cáceres y Ortega. Le pregunté si podía decirme si el Atlacatl había tenido algo que ver con El Mozote, y quiénes eran los mayores Cáceres y Ortega. Me dijo al momento que había un tal mayor Cáceres que era el subcomandante del Batallón Atlacatl y que era un militar sencillo y honrado que jamás habría matado a mujeres y niños como se describe en el artículo. Sobre el mayor Ortega, no sabía quién era, pero preguntaría. Tras un breve debate, dijo que el Batallón Atlacatl había estado en El Mozote durante la batida de diciembre, pero luego reiteró que la historia era una sarta de

mentiras. No obstante, hablaría con el mayor Cáceres para escuchar su historia y estar así preparado cuando fuera a Washington y también analizaría los informes diarios de las acciones llevadas a cabo por las unidades de la operación sobre muertes amigas, enemigas y otras para ver qué decían. Me pidió que le dejara los artículos, y así lo hice, dándole también como aliciente el editorial del *Washington Post* del 29 de enero, donde se respaldan nuestras políticas comunes. Por otro lado, la prensa también estaba distorsionando el incidente de San Antonio Abad como parte de una campaña. Lo que ocurrió fue que los vecinos habían informado de la existencia de unas reuniones sospechosas en una casa. Cuando las tropas de la primera brigada fueron a indagar, dispararon contra ellos. Aquéllas respondieron y los que murieron lo hicieron en acción. Además, se habían apoderado de las armas. La prueba de que los hechos se habían visto influidos por los propagandistas de la izquierda es que el juez de la investigación no sabía nada de ninguna violación, algo que, por supuesto, no pasó, ni tampoco fueron asesinadas más de dos mujeres, y ambas eran guerrilleras. Había hablado del incidente directamente con el coronel Palacios y confiaba en su versión.

7. Estaba de acuerdo con él en que los propagandistas estaban aprovechándose de la situación, pero seguía sin poder entender las declaraciones que decían que algunos cuerpos presentaban indicios de tortura y que a muchos les habían disparado en la cabeza.

8. No intentó explicarme las incongruencias, pero reafirmó que todas esas historias formaban parte de un complot para desacreditar a las fuerzas armadas en un momento tan crucial. Le dije que, desafortunadamente, el tiempo apremiaba, pero que tenía la impresión de que, aunque se estaban exagerando, había cierta base objetiva en los hechos y que yo sólo podía instarle una vez más a que alentara a su comandante a ejercer un control más riguroso sobre sus fuerzas.

9. García dijo que le resultaba curioso que la izquierda no hubiera vuelto a mencionar el caso de las religiosas. Estábamos de acuerdo en que eso se debía a que realmente se habían hecho progresos y ellos lo sabían.

10. Entonces manifestó que quería hablarme del creciente resentimiento del Ejército por las propuestas de los políticos; que era posible que fueran los políticos quienes anunciaran la entrega de los acusados que debían ir a juicio, y no las fuerzas armadas. Deduje que Duarte y él están en discusiones sobre quién dirá qué y cuándo. Me preguntó por mi opinión.

11. Le contesté que, personalmente, no pensaba que lo más importante fuera quién lo anunciaría, sino que lo crucial era que no se entregaran los presos a las autoridades civiles hasta que éstas hubieran averiguado cómo gestionar el proceso. Le dije que acababa de enterarme de que, hasta el sábado, la fiscalía había estado lejos de desarrollar una estrategia de enjuiciamiento que fuera a funcionar. Desde mi punto de vista, nadie, ni las fuerzas armadas, ni los políticos, ni mi gobierno, podría beneficiarse de una falta de atención a las cuestiones judiciales si ello supusiera acabar con los inmensos esfuerzos de la investigación militar. Lo que queríamos era hacer justicia con los asesinos de forma eficaz. Una vez que el caso estuviera listo para ser presentado, alguien que desconozco lo anunciaría detalladamente, por supuesto, y, mientras tanto, las declaraciones generales como las que hizo él la semana pasada podrían resultar útiles.

12. Me preguntó cuándo creía que estarían listas las autoridades civiles. Le dije que esperaba que en unos días. Él esperaba lo mismo porque la Guardia Nacional, aparte de sus otros problemas, necesitaba dejar de custodiar a los presos.

13. Me despedí. Me dio las gracias por aconsejarle que se preparara bien para su visita a Washington, y yo le deseé un buen viaje.

14. Nota: lo que García cuenta sobre el incidente de San Antonio Abad en el párrafo 7 coincide tanto con la versión emitida por el alto mando a lo largo de la noche, donde se listan numerosas localizaciones, como con lo que SE Palacios le contó al [agregado de Defensa] sobre un tiroteo que hubo que causó gran confusión y que quizá provocó la muerte de personas inocentes.

HINTON

XI. LA GUERRA EN CASA (I)

Mientras tanto, en Washington, donde Thomas Enders y otros oficiales de la Administración Reagan se encontraban declarando sobre la garantía frente a ambas cámaras del Congreso, el debate sobre la política de Estados Unidos en El Salvador crecía en intensidad y resentimiento. El 10 de febrero, el *Wall Street Journal* dedicó su columna editorial a un artículo titulado «La guerra de los medios», que abrió un encendido debate sobre la «tendencia» de los reporteros que cubrían la guerra en El Salvador. Dicho debate, que siguió abierto en columnas editoriales y programas de televisión, se alargó hasta principios de la primavera. En agosto, los directores del *Times* trajeron de vuelta a Bonner de Centroamérica.

A continuación sigue el texto completo del editorial del *Wall Street Journal*, cuyos directores permitieron que se reimprimiera bajo unas condiciones bastante inusuales (véase «La guerra en casa (II)», más adelante).

LA GUERRA DE LOS MEDIOS

En el Congreso se está perfilando un debate crucial sobre si Estados Unidos aumentará las ayudas al Gobierno de El Salvador o si dejará dicho país a merced de Fidel Castro. En el centro de dicho debate está la opinión pública sobre lo que ha estado pasando en El Salvador y es evidente que dicha opinión está muy confundida. Creemos que gran parte de este problema se debe a la forma en que la prensa estadounidense está dando cobertura al conflicto.

La historia de El Salvador es complicada. Los asesinatos que han tenido lugar a lo largo de toda una década reflejan una sociedad que intenta despojarse del feudalismo latinoamericano. Tanto los extremistas de la derecha como los de la izquierda cometen la mayoría de sus asesinatos en la oscuridad de la noche. En ambas facciones, algunos son soldados, pero también en ambos bandos aprendieron hace mucho el truco de vestirse con uniformes militares para confundir a sus víctimas. Las dos partes cuentan con propaganda dirigida principalmente a Estados Unidos y Europa. En una vorágine así resulta difícil discernir la verdad. (Véase el artículo de Stanley Karnow sobre las dificultades para establecer la «verdad» durante la guerra de Vietnam.)

Hablemos de la reciente polémica sobre las acusaciones de una «masacre» a manos de un batallón de élite del Ejército salvadoreño. El 27 de enero, Raymond Bonner, del *New York Times*, y Alma Guillermoprieto, del *Washington Post*, informaron de forma paralela de una visita a territorio rebelde, reproduciendo entrevistas en las que les dijeron que cientos de civiles fueron asesinados en El Mozote en diciembre. Thomas O. Enders, subsecretario de Estado de Asuntos Interamericanos, puso en duda los artículos posteriormente. Había habido una operación militar, pero no un asesinato sistemático de civiles, según dijo, y, en cualquier caso, la población de la aldea era solamente de trescientos habitantes antes del ataque en el que supuestamente murieron 926 personas.

Cuando se le ofrece la oportunidad de recorrer un territorio rebelde, el corresponsal debe aceptar sin dudarlo e informar de lo que ve y oye, pero se puede acabar pecando de crédulo. El señor Bonner declaró que era «evidente» que la masacre había tenido lugar, mientras que la señorita Guillermoprieto fue más precavida al decir que los guerrilleros llevaron a ambos periodistas «a dar una vuelta» por la zona con el fin de alardear de su control y proporcionar pruebas de la masacre. En otras palabras, al margen de cuánto había de verdad y cuánto de invención, se trataba de un ejercicio de propaganda.

Siendo realistas, ni la prensa ni el Departamento de Estado tienen la facultad de determinar de manera concluyente lo que pasó en El Mozote en diciembre, y estamos seguros de que los sofisticados directores del *Times* estarán de acuerdo. Sin embargo, como institución, su periódico ha cerrado filas en torno a un reportero en peligro, lanzando una pequeña campaña para reforzar su posición impugnando las críticas. En un «análisis de la noticia» se acusaba al Gobierno de sembrar la duda al cuestionar los artículos de la prensa «sin presentar pruebas detalladas que apoyen su posición». El análisis plantea la cuestión de «cómo recopilan los diplomáticos estadounidenses la información en el extranjero», pero no plantea lo mismo sobre los periodistas estadounidenses. Además, el columnista del *Times* Sydney H. Schanberg lanzó un ataque personal contra el señor Enders. En una columna titulada «El bombardero optimista», el señor Schanberg señalaba que el subsecretario había sido portavoz en la embajada de Nom Pen en 1973. El señor Schanberg sugería que no había que creer lo que el señor Enders dijo entonces sobre los bombardeos estadounidenses en Camboya. La implicación tácita era que ahora el señor Enders está mintiendo sobre de El Salvador.

Por supuesto, la cuestión de la credibilidad del Gobierno llegó a copar la cobertura periodística de Vietnam, pero nos preguntamos si la prensa está siendo prudente al iniciar este tipo de batalla justo ahora. La experiencia con «Jimmy's World» y las grabaciones de la Casa Blair de Carter podrían explicar la gran cautela mostrada en la versión del *Washington Post* de la historia de El Mozote, pero el *Times* también tiene su propia experiencia. En concreto, sus columnistas Anthony Lewis y Flora Lewis se dejaron engatusar el año pasado por un «artículo de oposición» falso que pretendía hacer ver que dentro del Departamento de Estado había fuertes objeciones a la política salvadoreña.

La propia experiencia del señor Schanberg en Camboya es ejemplar en un sentido más amplio. Ganó un merecido Pulitzer por quedarse heroicamente durante la caída de Phnom Penh y escribir espectaculares noticias donde narraba el inicio de la carnicería de los jemeres rojos, pero ahora le sorprendía cómo se estaban desarrollando las cosas. El tema que eligió el mes anterior para el «análisis de la noticia» era «la brecha de la credibilidad» consecuencia de «contradicciones e incongruencias» en las declaraciones del Gobierno de Estados Unidos precisamente cuando el Gobierno de Lon Nol se quedaba sin dinero y sin munición.

«Si el otro bando tomara el control, matarían a toda la gente con estudios, a los profesores, a los artistas, a los intelectuales... y eso sería un paso hacia atrás, la vuelta a la barbarie», le advirtió un miembro de la embajada estadounidense al señor Schanberg. Después de esta cita, empezó a escribir que la victoria de los insurgentes implicaría la ejecución o el exilio «del mariscal Lon Nol y de su corrupto entorno del palacio presidencial». Sin embargo, añadió lo siguiente: «A diferencia de la gente del Gobierno en Washington y de la embajada aquí, los camboyanos... apenas hablan de la barbarie o las matanzas. El campesino medio está tremendamente cansado de la guerra [...]. Sólo quiere que acabe [...] "Cuando vengan, la guerra habrá terminado", dijo un empresario refiriéndose a los insurgentes.»

Si el señor Schanberg no se hubiera preocupado tanto por la credibilidad de Washington, tanto él como el resto de nosotros podríamos haber sido conscientes antes de la tragedia que se avecinaba. Al parecer, la duplicidad del Gobierno de Estados Unidos no era ninguna novedad en Camboya.

Ahora bien, no tenemos ningún interés especial en atormentar al *New York Times*, un periódico al que tenemos en la más alta estima y a cuyos directores admiramos, pero, a pesar de que la polémica entre Bonner y Enders es el ejemplo más dramático, los puntos fundamentales van más allá. R. Bruce McColm, especialista en Centroamérica de Freedom House, ha escrito una excelente monografía titulada *El Salvador: Peaceful Revolution or Armed Struggle?* y sus declaraciones a prensa son dignas de atención.

«El sesgo político, la ideología, las fuentes insuficientes y la desinformación deliberada» son algunos de los pecados contra los que carga. Se pregunta por qué casi no había informes sobre las largas conferencias de prensa con un antiguo comandante guerrillero y dos pilotos nicaragüenses prisioneros que revelaron el apoyo cubano y nicaragüense a la guerrilla. Dice que la prensa latinoamericana trabaja mucho mejor que la prensa estadounidense.

El señor McColm comenta que, cuando se hizo patente que El Salvador quizá fuera el nuevo Vietnam, muchos periodistas con sed de aventuras se fueron para allá. «Se echaba mucho en falta gente que hablara español, con experiencia en Centroamérica o Latinoamérica, gente que supiera algo sobre la historia de El Salvador o que tuviera experiencia en enfrentamientos, sobre todo en la prensa televisiva.» La gran mayoría de los medios estadounidenses parecían estar sometidos a una manera de informar gestada en Vietnam, donde se daba más crédito a las fuentes comunistas que a las del Gobierno de Estados Unidos o las del Gobierno al que apoyaba.

Como sabrá cualquiera que haya visto a Warren Beatty en la película *Rojos*, la idealización periodística de los revolucionarios no es ninguna novedad, pero cabría esperar que, después de haber trillado el tema, los directores serios empezaran a entender cómo suelen acabar esas historias. El romance de John Reed en 1917 con los bolcheviques rusos, que en la actualidad se repite en *Rojos*, no daba lugar al temor de que un Stalin cualquiera surgiera de entre sus héroes. Theodore H. White tuvo la integridad de admitir que jamás se imaginó en lo que se convertirían sus comunistas chinos (aunque sin admitir que, en aquel momento crucial, su director en la oficina central, Henry Luce, estaba en lo cierto). *Homenaje a Cataluña*, del inigualablemente sincero George Orwell, son unas perspicaces memorias sobre la desilusión posterior a la guerra civil española: su lectura debería ser obligatoria para cualquier joven corresponsal destinado a una batalla de guerrillas.

Más recientemente, el enaltecimiento de Herbert Matthews de Fidel Castro en los años cincuenta se convirtió en una vergüenza perpetua para el *New York Times*. David Halberstam y sus sucesores tuvieron un papel clave en quitarle de encima a Vietnam al supuestamente represivo régimen de Diem, dando paso a un futuro aún más sangriento. En Irán ya no actúa la policía secreta del sah ni en Nicaragua está ya Somoza; en su lugar, Jomeini mata a los infieles y los sandinistas cierran *La Prensa* y meten en la cárcel a los dirigentes empresariales por sus declaraciones «antirrevolucionarias».

¿Vamos a ver la misma película en El Salvador o lograremos en la prensa darle otra perspectiva a la historia? De momento debemos darnos cuenta de que ambos bandos han cometido atrocidades, algunas de ellas, debidamente documentadas. Debemos reconocer la gran improbabilidad de que una victoria de la guerrilla lleve a cualquier cosa que no sea un régimen dominado por Cuba, pero, sobre todo, debemos reconocer que el Gobierno de turno, con todos sus problemas con el terrorismo de la derecha, ha seguido políticas como el intento de la reforma agraria y la nacionalización de los bancos de los oligarcas, y que está tratando de celebrar elecciones. La prensa habrá fracasado si permite que estas realidades se pierdan en la vorágine de confusión.

XII. NOTICIAS DESDE HONDURAS

El 4 de febrero, mientras el debate sobre El Mozote se encendía en el Congreso, un diplomático estadounidense y un miembro del personal de la Comisión de Asuntos Exteriores de la Cámara visitaron Colomancagua, un campamento de refugiados en Honduras que acogía a la mayoría de los salvadoreños que habían huido por la frontera de Morazán. La información que obtuvieron en Colomancagua podría haber tenido una relación directa con el debate sobre El Mozote, pero no informaron a Washington de sus hallazgos hasta casi dos semanas después. Llegado el momento, su informe no se hizo público.

P R 172028Z FEB 82
De: Embajada Tegucigalpa
Para: Secretaría Estado Washington D.C. prioritario 6688
C O N F I D E N C I A L Tegucigalpa 1250
Asunto: declaraciones sobre presunta masacre a manos del Ejército salvadoreño

1. Resumen: Durante una visita el 4 de febrero al campo de refugiados salvadoreños en Colomoncagua, un responsable político y Tom Smeeton, miembro del personal de la Comisión de Asuntos Exteriores de la Cámara, entrevistaron a varias familias salvadoreñas recién

llegadas del departamento de Morazán. Éstas hablaron de una batida militar en Morazán entre el 7 y el 17 de diciembre, que afirman que se tradujo en un gran número de víctimas civiles y daños materiales, lo que provocó su éxodo. Los nombres de los pueblos citados y los del artículo del *New York Times* del 28 de enero sobre el mismo tema coinciden.

2. A su llegada a Colomoncagua, el responsable político y Smeeton fueron informados de que el 15 de enero llegaron 279 refugiados nuevos, la primera cifra significativa desde que empezaran a llegar en septiembre de 1981. Durante la entrevista que siguió, una familia de refugiados contó que eran de Cerro Pando, cerca de Meanguera, que afirmaban que fue atacado el 14 de diciembre. Dijeron que aquél fue el tercer barrido que hicieron allí, y el más grande. En los anteriores barridos murieron algunos civiles; esta vez, según decían, quemaron las casas y mataron a muchos habitantes. Después de que una familia huyera del pueblo, pasaron un mes escondidos en las montañas y, al final, consiguieron llegar a Honduras gracias a la ayuda de otras familias en el camino que les dijeron por dónde ir y les dieron provisiones.

3. Otra familia de refugiados dijo que eran de cerca de Cerro El Pedrero. Era el cuarto barrido en la zona. Esta vez tuvieron que huir para salvar sus vidas. Dijeron que muchos se quedaron atrás, gente que vendría a Honduras si supiera el camino y tuviera suficientes provisiones.

4. Nota: lo más significativo de las declaraciones de los refugiados es su decisión de huir esta vez, cuando en el pasado permanecieron durante otros barridos. Esto da crédito a una magnitud e intensidad mayores a las que constan de las operaciones militares en el norte de Morazán.

NEGROPONTE

XIII. LA EXHUMACIÓN

En octubre de 1990, un superviviente de la masacre, Pedro Chicas Romero, de La Joya, fue al juzgado de primera instancia de San Francisco Gotera y pidió que se abriera una investigación sobre los asesinatos. En mayo, algunos miembros de Tutela Legal, la oficina de derechos humanos del arzobispado de San Salvador, que asesoraban legalmente a Chicas y a otros afectados, invitaron a varias personas del Equipo Argentino de Antropología Forense a San Salvador para estudiar la posibilidad de llevar a cabo una exhumación. (El Equipo Argentino de Antropología Forense nació en Buenos Aires, en 1984, durante las exhumaciones de las fosas comunes de quienes «desaparecieron» durante la dictadura militar.) En abril de 1992, después de superar varios obstáculos del Gobierno salvadoreño, tres de los argentinos fueron designados «peritos» del caso. En octubre de ese año, la Comisión de la Verdad los nombró «asesores técnicos».

El 13 de octubre de 1992, cuatro expertos argentinos (Mercedes Doretti, Patricia Bernardi, Luis Fondebrider y Claudia Bernardi) empezaron a trabajar en El Mozote. El Instituto de Medicina Legal de El Salvador y la Unidad de Investigación Especial enviaron varios técnicos para que los ayudaran. Terminaron la exhumación de la sacristía el 17 de noviembre, tras lo cual se llevaron los restos al Instituto de Medicina Legal, a las afueras de San Salvador. Un equipo de expertos estadounidenses (que incluía a Clyde C. Snow, Robert H. Kirschner, Douglas D. Scott y John H. Fitzpatrick) llevaron a cabo una investigación forense.

A continuación se presentan los informes que los antropólogos argentinos y los expertos estadounidenses presentaron a la Comisión de la Verdad.

EQUIPO ARGENTINO DE ANTROPOLOGÍA FORENSE
INFORME ARQUEOLÓGICO

I. INTRODUCCIÓN

El objetivo de este informe es describir los resultados de la excavación arqueológica llevada a cabo en una de las zonas donde los testigos dicen que estaban las fosas comunes de varias decenas de víctimas del incidente que tuvo lugar en El Mozote el 11 de diciembre de 1981.

El pueblo de El Mozote está en el cantón de Guacamaya (jurisdicción de Meanguera), en el departamento de Morazán. Lleva deshabitado varios años. Hay una carretera de tierra (la única que existe) que lleva hasta el pueblo. A un lado hay una fila de casas en ruinas, algunas de hormigón y otras de adobe. Dos picos se alzan sobre el pueblo, El Chingo y Las Cruces. A unos cuarenta metros hacia el interior del pueblo hay un espacio abierto conocido como «el Llano de El Mozote», una especie de plaza central que mide aproximadamente veinte por treinta metros.

A unos treinta metros al noreste de ese centro geográfico se encuentran las ruinas de la iglesia (también conocida como «la Ermita») y del convento de El Mozote. De conformidad con la decisión del juez, la excavación empezaría en la zona del convento, ubicación que de ahora en adelante llamaremos «yacimiento 1».

El trabajo arqueológico en el yacimiento 1 comenzó a las 10:30 horas del 13 de octubre de 1992 y concluyó el 17 de noviembre de ese mismo año. Durante dicho periodo, las excavaciones las llevaron a cabo equipos rotativos formados por el Instituto de Medicina Legal y la Comisión de Hechos Delictivos, junto con tres miembros permanentes del Equipo Argentino de Antropología Forense. Los días 23, 26 y 27 de octubre, el antropólogo forense español José Reverte Comas visitó el yacimiento. También lo visitaron con frecuencia miembros de la División de Derechos Humanos de la Misión de Observadores de las Naciones Unidas en El Salvador (ONUSAL) y de la Comisión de la Verdad de las Naciones Unidas. El contingente policial de la ONUSAL y su presencia las veinticuatro horas del día garantizaron que no se manipularan las pruebas. No ocurrió ningún incidente mientras se excavaba y todo se desarrolló con normalidad. Lo único que causó alguna interrupción fue el clima.

Por último, cabe señalar que las hipótesis presentadas (basadas directamente en los hallazgos arqueológicos) son un intento por llegar a una explicación lógica de dichos hallazgos. Cuando las hipótesis conducen a una única explicación posible, ese resultado se denomina «conclusión».

I.1 YACIMIENTO 1

El yacimiento 1 es una estructura rectangular que mide 6,94 por 4,63 metros y rodeada de un muro de piedra (o bloque inferior) de cincuenta centímetros de alto. Este muro sirve de base del edificio y de apoyo a las paredes. Los restos de la iglesia están a un lado del muro. En el lado suroeste de él hay un espacio abierto de unos 85 centímetros de ancho, que corresponde a la zona en la que estaba la entrada principal del edificio.

Lo primero que había que hacer era despejar los alrededores del yacimiento 1, que estaban llenos de matorrales que no dejaban ver el suelo y que dificultaban la movilidad. Usamos machetes y guadañas para no perturbar la superficie. Una vez completada esta tarea, pudimos observar el edificio en su totalidad y diseñar el proyecto arqueológico.

Cuando retiramos los matorrales, pudimos ver que había restos de las paredes de adobe originales sobre el muro de piedra o bloque inferior. Dichas paredes estaban hechas de ladrillos de adobe, similares a los que habíamos visto en las ruinas de otras casas del pueblo. Sus alturas eran irregulares, y en ningún punto superaban el metro de altura desde el muro. El edificio no tenía techo. Como a metro y medio en dirección suroeste desde la entrada, había dos postes de madera de unos dos metros de altura, con una separación entre ellos de aproximadamente tres metros. Estos postes, junto con las tejas encontradas en los alrededores, formaban el porche del edificio.

I.2 PLANO ARQUEOLÓGICO

En el mundo de la arqueología, antes de empezar a excavar, hay que diseñar un plan de trabajo. Básicamente, hay que determinar cuál es la mejor forma de recuperar los hallazgos teniendo en cuenta los problemas específicos del yacimiento arqueológico.

En el caso que nos ocupa, se decidió diseñar un sistema de cuadrículas con números y letras. El resultado fueron veinte cuadrículas de metro y medio por metro y medio cada una. Las cuatro paredes del edificio se denominaron «Norte», «Sur», «Este» y «Oeste», método más sencillo que llamarlas por su punto exacto en la brújula (noroeste, sureste, noreste y suroeste, respectivamente). Los números (1, 2, 3, 4 y 5) van de norte a sur y las letras (A, B, C y D), de oeste a este. Cada cuadrícula corresponde a una unidad de excavación, y eso nos permitió asignar a cada hallazgo una posición espacial concreta. Además, para poder tener una representación en tres dimensiones de la posición de cada hallazgo, se fijó un nivel «0» como punto de partida artificial para medir las diferentes profundidades. El propósito del nivel 0 era hacer las veces de plano horizontal fijo, establecido de forma artificial, para compensar las irregularidades del terreno.

Con el plano arqueológico ya diseñado, el siguiente paso era dividir al personal, asignándoles unas cuadrículas concretas bajo la dirección del Equipo Argentino de Antropología Forense.

La metodología utilizada durante la excavación pretendía buscar una explicación a la estratigrafía del yacimiento, es decir, el orden y la relación de los diferentes estratos. Por ello decidimos excavar teniendo en cuenta las capas naturales, siguiendo la estructura de cada una de ellas e intentando conseguir niveles homogéneos. Cada hallazgo encontrado se representaba en tres dimensiones y se registraba en un diagrama. Al mismo tiempo, cualquier cosa que no fuera parte de un esqueleto o algo relacionado con uno se inventariaba en un registro general donde se describía qué era, dónde se encontró y a qué podría pertenecer. Una vez que el esqueleto encontrado estaba totalmente al descubierto, se sacaba. Después de exhumar los restos, se rellenaban unas fichas de datos donde costaban el nombre del hueso, una descripción de su estado, la descripción de la ropa y los objetos personales, pruebas de balística y cualquier otro elemento que perteneciera al esqueleto.

Por último, cabe señalar que toda la tierra extraída desde que se empezó a excavar se cribó para recuperar cualquier prueba que hubiera podido pasar desapercibida en el momento y ubicarla en su lugar de origen.

I.3 ESTRATIGRAFÍA

La estratigrafía del yacimiento 1 muestra tres niveles compactos y claramente diferenciados que se extienden homogéneamente a lo largo del área excavada.

Nivel 1. Es el nivel encontrado en la superficie del yacimiento, y el que más penetra en la superficie. Se compone de pequeños bloques de tierra compacta y arcillosa. A primera vista, estos bloques son similares a los observados en las paredes soportadas por el muro de piedra, tanto en color y densidad como en sus características morfológicas y su grado de compactación. Básicamente, el adobe se compone de una mezcla de arcilla y agua hecha a mano y secada al sol. Cabe señalar que este estrato no es una muestra de tierra virgen, sino que se nota la influencia de la mano del hombre. Esta capa tiene una profundidad media de ochenta centímetros y no presenta perturbaciones consecuencia de elementos naturales (madrigueras de animales, desplazamientos de tierra, etcétera) ni otras alteraciones deliberadas (paladas, excavaciones o cualquier indicio de acción humana).

Los principales hallazgos del nivel 1 fueron clavos de diferentes grosores; fragmentos de madera carbonizada, probablemente de las vigas del techo y puede que también de marcos de ventanas; jirones de ropa; algunos fragmentos metálicos; y varios cartuchos de balas (véase el inventario de pruebas de balística). Todos estos elementos se hallaron a una profundidad cercana al nivel 2.

Nivel 2. Este nivel tiene unos quince centímetros de media de profundidad, y también se extiende de forma homogénea a lo largo de todo el yacimiento. Se compone principalmente de restos de tejas rojizas, de las cuales algunas están enteras y otras totalmente fragmentadas. Muchas tienen un color más oscuro por lo que seguramente fueran los efectos del fuego. Estaban colocadas de forma heterogénea: algunas estaban de lado y otras boca arriba o boca abajo. Como consecuencia, esta capa confluye con la parte inferior de la capa de tierra. Los principales hallazgos fueron tejas, clavos de diferentes tamaños y madera carbonizada. En este nivel tampoco había indicios de perturbaciones o alteraciones de ningún tipo.

Nivel 3. Este nivel, el más bajo, está en contacto directo con las tejas que componen el nivel 2. Está formado por esqueletos humanos y pruebas relacionadas. Este nivel, el último del yacimiento, tiene unos 30 centímetros de profundidad y está en contacto directo con el suelo.

Suelo. El suelo del edificio se compone de ladrillos compactos, más oscuros en algunas zonas debido al fuego. También se aprecian en el suelo varios agujeros, algunos de ellos consecuencia directa de las balas.

II. NIVEL 3: RESTOS ÓSEOS

Como se mencionaba en el apartado correspondiente, este nivel contiene esqueletos humanos y pruebas relacionadas. Desde un punto de vista arqueológico, el tipo de enterramiento encontrado en el yacimiento 1 podría definirse como «fosa común primaria sincrónica».

- Es una fosa común, ya que contiene más de un cuerpo.
- En el nivel 3 había un total de al menos ciento diecisiete (117) esqueletos humanos, que forman unidades anatómicas completas. Esto significa que las personas encontradas en el yacimiento 1 murieron allí mismo o fueron trasladadas hasta allí antes del *rigor mortis.* Como resultado, los huesos no estaban descolocados, sino en su posición anatómica. Así, las pruebas sugieren que se trata de un entierro primario, es decir, cuerpos enterrados por primera vez.
- Los esqueletos formaban un estrato compacto y homogéneo. Estaban entrelazados de forma confusa, unos encima de otros, sin

capas de tierra entre medias que indicasen separación alguna en el tiempo o en el espacio. En otras palabras, absolutamente todos los cuerpos fueron enterrados en el mismo momento, no en diferentes fases.

Todos los fragmentos de bala se hallaron dentro del edificio. Se recuperaron 236 fragmentos de balas (núcleos y casquillos), y más del noventa por ciento (240 fragmentos) corresponden a esqueletos y ropa de los cuerpos del yacimiento 1.

Con base en esta información, podemos afirmar que el enterramiento de los cuerpos y las pruebas relacionadas se corresponden con un único hecho que tuvo lugar en un punto determinado en el tiempo.

II.1 CIFRA MÍNIMA DE CUERPOS RECUPERADOS, GRUPOS ETARIOS, ESTADO DE CONSERVACIÓN DE LOS RESTOS ÓSEOS

En el yacimiento 1 se recuperaron al menos ciento diecisiete (117)[*] esqueletos humanos intactos y veinticuatro (24) concentraciones de restos óseos. Utilizamos la expresión «grupo de restos óseos» en referencia a las áreas del yacimiento 1 donde el grado de destrucción, carbonización y/o calcinación de los restos óseos y de su densidad hicieron que fuera imposible recomponerlos en esqueletos individualizados. La mayoría de esos grupos estaban en áreas (cuadrículas B3 y B2) donde los efectos del fuego fueron mayores, lo que causó un gran deterioro en los restos óseos.

Así, *los 117 esqueletos recuperados representan la cifra mínima de cuerpos encontrados en el yacimiento 1, pero no la definitiva.* Es posible que el análisis del laboratorio revele más esqueletos individualizados, con el consiguiente aumento del total.

---

[*] Durante el trabajo arqueológico, el recuento de esqueletos fue de 119. Después de esa fase, se hizo otro recuento y descubrimos que los esqueletos 23, 61 y 72 se habían numerado mal y que los números no cuadraban. También había dos esqueletos con el número 81: uno de un niño y otro de un recién nacido. Así, después de restar tres y sumar uno, la cifra total de cuerpos recuperados en el yacimiento 1 es de al menos 117.

Es importante señalar que uno de los esqueletos (el 33) era de una mujer embarazada, ya que había restos fetales encajados en la región pélvica, con la cabeza entre los huesos coxales y el sacro. Las mediciones del laboratorio de los huesos largos del feto determinarán de cuántos meses estaba embarazada la mujer. Se puede concluir que, puesto que a muchos esqueletos les faltaban algunas partes, los restos óseos presentaban un estado de conservación precario. Esto se explica por varios factores:

- Las características etarias del grupo representado: aunque el informe del laboratorio ofrecerá una estimación final detallada de la edad de cada esqueleto, podemos deducir de las observaciones llevadas a cabo durante la fase arqueológica que casi el 85 por ciento de los restos hallados pertenecían a niños menores de doce años. Esta afirmación se basa en el tamaño de los huesos; en que los centros de osificación primarios y/o secundarios aún no estaban soldados; en la abundancia de dientes primarios o de leche junto con los dientes permanentes; y en el tamaño de la ropa. El de hecho de que los cuerpos aún no hubieran alcanzado la madurez influyó mucho más de lo habitual en el deterioro de los restos, ya que, durante el proceso de maduración esquelética, los huesos tienen menos contenido mineral y son menos resistentes a los efectos de los procesos exógenos, lo que los convierte en extremadamente frágiles.
- Factores exógenos o externos. En este caso, cuando hablamos de dichos factores, nos referimos a cuatro elementos que han contribuido en el deterioro de los restos:

(1) Los numerosos fragmentos de balas (240) que impactaron en el cuerpo o la ropa de las víctimas, produciendo lesiones graves justo antes de su muerte.
(2) Los efectos del fuego, patentes sobre todo en los numerosos restos óseos hallados, en la ropa y en los objetos que los acompañaban, que sufrieron quemaduras de diferentes grados.
(3) El derrumbe del techo y de las paredes del edificio sobre los

cuerpos de las víctimas, que causó daños considerables en los cuerpos debido a las tejas, las vigas y los clavos.

(4) La acidez de la tierra. La que se encontraba en contacto con los esqueletos es similar a la del nivel 1 y a la de las paredes del edificio. Aunque no se midió el nivel de pH durante la excavación, se podría decir que la tierra tuvo un efecto corrosivo en los huesos.

II.2 DISTRIBUCIÓN ESPACIAL DE LOS ESQUELETOS Y LOS GRUPOS DE RESTOS ÓSEOS

Como se indicó anteriormente, los esqueletos formaban un montón entrelazado. No obstante, no estaban extendidos de forma regular en el suelo del edificio, sino que se concentraban en dos áreas:

(1) La primera, más densa que la otra, incluye las cuadrículas B2, B3, C3 y la esquina suroeste de C2. Sólo en esta zona, de unos 10 metros cuadrados, se concentraban 82 esqueletos; es decir, el setenta por ciento del total de los 117 cuerpos exhumados. Con respecto a los grupos de restos óseos, el 80 por ciento se encontraban exclusivamente en las cuadrículas B3 y B2, repartidos, respectivamente, así: en B3, los grupos 13, 15, 18, 19, 20, 21, 22, 23 y 24; y, en B2, los grupos 2, 3, 5, 6, 7, 8, 9, 12 y 17.

(2) La segunda zona se divide en dos subgrupos:

(a) Una incluye la esquina suroeste del yacimiento, es decir, las cuadrículas B5, B4 y partes de C5 y C4. En esta zona hay 17 esqueletos, es decir, casi un 15 por ciento del total.

(b) La otra incluye la esquina noreste del yacimiento, es decir, las cuadrículas C1, parte de C2, D1 y D2. Aquí hay 18 esqueletos, alrededor de un 15 por ciento del total.

En cuanto a la distribución de los grupos de restos óseos, es importante destacar que contienen la mayor concentración de huesos calcinados y objetos relacionados, y que, especialmente en la cuadrícula B3, forman verdaderas masas compactas de huesos, ropa, fragmentos metálicos y otros objetos. Teniendo en cuenta el grado de compactación y de fusión de algunos objetos (como monedas, zapatos, ropa, vidrio y gafas), la ola de calor que tuvo lugar en esta zona seguramente alcanzara temperaturas muy altas. El fragmento de explosivo encontrado en la cuadrícula B3, entre los niveles 2 y 3, puede que tenga alguna relación con esto.

III. PRUEBAS RELACIONADAS CON LOS RESTOS ÓSEOS

III.1 ROPA

El 89,7 por ciento de los cuerpos exhumados en el yacimiento 1 (105 de los esqueletos recuperados) estaban vestidos; es decir, los individuos llevaban ropa puesta en el momento en que fueron asesinados. Además, había prendas de ropa de al menos nueve individuos que no estaban relacionadas con ninguno de los restos óseos; aquéllas se encontraron en los grupos 1, 6, 11, 17, 18, 20, 21 y 22.

De los 105 individuos que estaban vestidos cuando murieron, en 23 se encontraron fragmentos de casquillos y núcleos de balas incrustados en la ropa; en 14 casos, se encontraron cartuchos de balas pegados a la ropa. Así, en 37 casos (35 por ciento de los 105) se encontraron pruebas de balística pegadas a la ropa.

Además, muchas de las prendas tenían agujeros, compatibles con el recorrido de una bala, y en algunos casos estaban en contacto con fragmentos de balas. En otros, éstas no se encontraron, pero sí que podían apreciarse lesiones *peri mortem* en los huesos por debajo de la ropa.

La mayoría de las prendas de ropa presentaban indicios de quemaduras, y en muchos casos se apreciaban grandes agujeros con los bordes chamuscados.

En cuanto al tipo de prendas, la mayoría respaldan los hallazgos del presente informe en cuanto a la edad de las víctimas: vestidos, pantalones, camisetas interiores, pololos, enaguas, calcetines y zapatos de tallas muy pequeñas, tanto de niña como de niño.

OBJETOS PERSONALES

Junto con los restos óseos y la ropa, también se encontraron algunos objetos personales, como monedas y billetes de diferentes valores; juguetes, como canicas, caballitos de plástico, la cabeza de una muñeca y similares; gafas; peines; pasadores; peinetas; medallas; crucifijos; escapularios; fragmentos de espejos, etcétera. Gran parte de estos objetos estaban dañados por el fuego.

III.2 ENSERES DOMÉSTICOS

Se encontraron los siguientes enseres domésticos: platos, tazas, clavos, cucharas, una botella de Coca-Cola, botes con granos de café, botellas de vidrio de varios tamaños, bisagras, tornillos, calabazas, dos morteros de piedra completos, tres machetes, vigas de hierro como las que se usan en la construcción, etcétera.

III.3 PRUEBAS DE BALÍSTICA

Las pruebas de balística recopiladas consisten de balas y cartuchos. Todos los hallazgos se representaron tridimensionalmente en un mapa del yacimiento para mostrar su distribución exacta. Una vez terminado el trabajo arqueológico, había 257 fragmentos de balas (casquillos y/o núcleos) y 244 cartuchos usados. Durante el proceso de limpieza y análisis de los restos óseos en el laboratorio, se encontró un fragmento de cartucho relacionado con el esqueleto 69, y también seis fragmentos de casquillos y/o núcleos de balas relacionados con los esqueletos 6, 74, 44, 42 y 119 y con el grupo 16. Esto eleva la cifra a *245 cartuchos usados y 263 fragmentos de balas (casquillos y/o núcleos)*.

Durante todo el proceso de excavación, cualquier material relacionado con balística pasaba por la Comisión de Hechos Delictivos, que determinaba si los hallazgos eran balas o cartuchos. Los pocos casos dudosos que hubo se clasificaron como «fragmentos metálicos» en el listado de pruebas de balística, y no se tuvieron en cuenta como balas.

Los fragmentos de balas hallados estaban hechos añicos, y, en la mayoría de los casos, eran partes de casquillos o de los núcleos de las balas. Hubo muy pocos casos en los que los fragmentos no estuvieran tan deteriorados, pero igualmente estaban deformados. Por otro lado, casi todos los cartuchos usados recuperados estaban enteros.

Con respecto a la distribución espacial de las balas y los cartuchos usados se pueden indicar varias cosas:

- La casi totalidad de la prueba balística fue hallada en el nivel 3, en contacto directo o incrustados en los restos óseos, la vestimenta, enseres domésticos y el piso del edificio.
- Algunas balas (un total de seis) estaban incrustadas en el bloque superior y en la intersección de dicho bloque con el suelo.
- En al menos nueve casos las balas atravesaron la ropa y el cuerpo y se quedaron incrustadas en el suelo, dejando un agujero diferente a los otros.
- La distribución espacial de la mayor parte de los fragmentos de proyectil coincide con el área de mayor concentración de esqueletos y concentraciones de restos óseos. Se trata de las cuadrículas B2, B3, C3 y la esquina suroeste de C2, donde se encontraron 82 cuerpos (casi el setenta por ciento de los esqueletos) y 18 de los 24 grupos de restos óseos (casi el ochenta por ciento). En estas cuadrículas se hallaron 159 fragmentos de balas: 102 en B3, 13 en B2, 30 en C3 y 14 en C2. En todas ellas, los fragmentos de balas estaban en contacto directo con restos óseos. En otras palabras, 159 fragmentos de balas habían impactado en gran parte de los 82 esqueletos y los 18 grupos de restos óseos descubiertos en esta zona.

La segunda área de concentración de fragmentos de balas coincide con la segunda área de concentración de esqueletos. Se trata de la esquina noreste del interior del edificio, que corresponde a las cuadrículas D1 y D2. En ellas se encontraron tres fragmentos de balas en D1 y 37 en D2. Así, cuarenta fragmentos (aproximadamente el 15 por ciento del total) impactaron principalmente en 18 esqueletos.

Por último, la tercera área de concentración de esqueletos coincide con la tercera área de concentración de fragmentos de balas. Se trata de las cuadrículas B5, B4 y partes de C5 y C4. Se recuperaron 14 fragmentos en B4, cinco en B5, siete en C4 y cuatro en C5. En otras palabras, 28 fragmentos de balas (cerca del diez por ciento) impactaron principalmente en 17 esqueletos.

El 5 por ciento restante estaba repartido entre el resto de cuadrículas.

- La mayoría de los cráneos y esqueletos postcraneales presentaban múltiples fracturas que podrían deberse a diferentes factores: balas, fuego, el derrumbe del techo, etcétera. Esto se examinará más detenidamente en el laboratorio. No obstante, con base en las pruebas de balística encontradas, ya se pueden deducir algunos hechos que expliquen cómo tuvieron lugar algunas de las fracturas.

De los 117 cuerpos encontrados en el yacimiento 1, había fragmentos de balas en 67 de ellos. Dichos fragmentos se extrajeron de las siguientes partes del cuerpo:

Cráneo:	14 individuos
Tórax:	14 individuos
Cráneo y tórax:	3 individuos
Cráneo y miembros superiores y/o inferiores y/o pelvis:	5 individuos
Tórax y miembros superiores y/o inferiores y/o pelvis:	7 individuos
Total:	43 individuos
Miembros superiores y/o inferiores y/o pelvis y/o ropa:	24 individuos
Total:	67 individuos

Esto significa que al menos 43 individuos recibieron disparos en partes del cuerpo donde la herida podría haberles causado la muerte.

Cabe especificar que es posible que otros individuos aparte de los indicados aquí recibieran disparos a pesar de que no se hayan recuperado los fragmentos de balas. Los resultados de los estudios radiográficos de los restos óseos, que indican si las placas de rayos X revelan densidades de metales correspondientes a fragmentos de balas, servirán para complementar estos datos preliminares.

- En la línea de cuadrícula A, que corresponde a la pared oeste y a la entrada del edificio, sólo se encontraron dos fragmentos de balas, uno en A1 y otro en A5, ambos alojados en el interior del muro de piedra.No se hallaron fragmentos de balas en el lado exterior de la pared oeste.
- El modo de dispersión de los cartuchos usados difiere del de las balas. Las zonas donde se encontraron cartuchos usados se dividen en dos áreas principales: 1) cuadrículas A3, A4 y A5, fuera del edificio y en la entrada, y 2) cuadrículas B3 y B4.
- El hecho de que hubiera numerosos cartuchos usados en algunas zonas (en la entrada del edificio, en la cuadrícula A3; fuera de él, en las cuadrículas A4 y A5; y en el interior, en B4) indica que puede que varias personas de las que dispararon estuvieran cerca de ellas. El diagrama 8 sugiere que los tiradores estaban en la entrada y en el interior del edificio, en la zona suroeste, disparando desde o hacia dentro, principalmente hacia las cuadrículas centrales, como B3, y hacia el noreste. Un 85 por ciento de los esqueletos y un 75 por ciento de los fragmentos de balas se encontraron en estas dos zonas.

III.4 ARTEFACTOS EXPLOSIVOS

Durante la excavación se hallaron tres fragmentos metálicos con unas características morfológicas clasificadas por la Comisión de Hechos Delictivos como fragmentos de artefactos explosivos y/o incendiarios.

Los artefactos se encontraron en las cuadrículas B3 y D3; el primero estaba entre los niveles 2 y 3, y el segundo, sobre las tejas del techo, es decir, en el nivel 2. La esquirla no se muestra en el diagrama 8; se encontró en la cuadrícula B2, en el nivel 3, junto con unos restos óseos. Los artefactos explosivos contribuyeron al deterioro de los restos. En concreto, el fragmento explosivo hallado en la cuadrícula B3 corresponde al área en la que había mayor densidad de esqueletos, grupos de restos óseos y, por ende, mayores daños.

IV. CONSECUENCIAS DEL FUEGO

Con respecto al modo de dispersión de los restos óseos calcinados (y de las pruebas que acompañan, que también se vieron afectadas por el fuego), cabe señalar que no todos los objetos hallados presentan los mismos efectos del fuego. Al igual que en los casos anteriores, se pueden diferencias dos zonas:

- La primera zona corresponde al área en la que se hallaron la gran mayoría de los grupos de restos óseos; en consecuencia, dichos grupos presentan un gran deterioro por culpa del fuego: cuadrículas B3, B2, A2 y A1. En los grupos localizados en dichas cuadrículas (1, 2, 3, 4, 5, 6, 7, 9, 13, 14, 15, 18, 19, 20, 21, 22, 23 y 24), los restos óseos, junto con jirones de ropa, monedas parcialmente fundidas y zapatos de plástico derretidos, acabaron formando masas compactas. En algunas de las áreas en cuestión el suelo tenía un color oscuro.
- La segunda zona parece estar situada en la periferia del área 1, en concreto, en las cuadrículas C2 y C3, y contiene grupos de restos óseos en 12, 16, 10, 11 y 8. Había indicios de fuego en la zona 2, pero mucho menos que en la zona 1, en la que el calor debió de haber sido mucho más intenso.

V. EL SUELO DEL YACIMIENTO 1

Una vez extraídos los restos óseos y las pruebas relacionadas, comenzamos con la limpieza del suelo de ladrillo. Tras terminar dicha tarea, observamos que había varios agujeros irregulares en el suelo —un total de treinta y ocho (38)—, en algunos casos, de hasta diez milímetros de profundidad. Cabe destacar que algunos de los agujeros se descubrieron durante la excavación, cuando se hallaron los esqueletos, y que cuando se apartó un hueso roto pudimos ver que éste estaba sobre una bala que a su vez estaba incrustada en un agujero en el suelo. Éstos son los detalles:

- Esqueleto 2: el fragmento de bala correspondiente al agujero en el suelo se halló debajo del cráneo.
- Esqueleto 5: el fragmento de bala correspondiente al agujero en el suelo se halló debajo del omóplato derecho.
- Esqueleto 9: el fragmento de bala correspondiente al agujero en el suelo se halló debajo del fémur derecho.
- Esqueleto 10: los dos fragmentos de balas correspondientes a dos agujeros en el suelo se hallaron debajo del cráneo.
- Esqueleto 26: el fragmento de bala correspondiente al agujero en el suelo se halló en una vértebra cervical.
- Esqueleto 57: el fragmento de bala correspondiente al agujero en el suelo se halló debajo del cráneo.
- Esqueleto 92: el fragmento de bala correspondiente al agujero en el suelo se halló en el cráneo después de limpiarlo en el laboratorio.
- Esqueleto 110: el fragmento de bala correspondiente al agujero en el suelo se halló en la zona del cráneo.
- Esqueleto 113: el fragmento de bala correspondiente al agujero en el suelo se halló cerca de las costillas del lado derecho.

Con respecto al modo de dispersión de los agujeros, éstos dibujan un eje diagonal dentro del edificio que va desde la esquina suroeste hasta la esquina noreste y aumentan en términos de densidad o número de agujeros. Precisamente en las cuadrículas C3 y C2 se concentran veinte (20) de los treinta y ocho (38) agujeros.

VI. FECHA DEL INCIDENTE

Hay dos tipos de objetos de los hallados en el yacimiento 1 que ayudan a determinar la fecha aproximada en la que tuvieron lugar los acontecimientos: las monedas y la base de los cartuchos usados. Con respecto a las monedas, se encontraron 33 en 12 esqueletos (4, 6, 25, 37, 39, 62, 66, 67, 92 y 101) y dos grupos de restos óseos (9 y 21). En el caso de los esqueletos, las monedas estaban en los bolsillos de diferentes prendas. Tanto los esqueletos como los grupos de restos óseos procedían casi en su totalidad de las cuadrículas en las que había restos: A3, B1, B2, B3, B4, C1, C2, C3, C4 y D2.

Cinco de las 33 monedas estaban oxidadas, por lo que fue imposible ver la fecha inscrita en ellas. Las 28 monedas restantes eran de los siguientes años: 1952 (1), 1956 (1), 1962 (1), 1966 (2), 1967 (2), 1972 (4), 1974 (2), 1975 (3), 1976 (5) y 1977 (5); en otra sólo se podía ver «197», y, por último, había un cuarto de real de 1883.

Es decir, no había monedas posteriores a 1981, el año en que supuestamente tuvieron lugar los hechos.

Lo mismo aplica a la fecha inscrita en las bases de los cartuchos usados encontrados en el yacimiento 1. Después del análisis balístico del doctor Douglas Scott pudimos saber que la fecha de fabricación era legible en 184 cartuchos usados de los 245 encontrados, es decir, el 75,1 por ciento. Ninguna de las fechas en los cartuchos es posterior a 1981.

Estos hallazgos confirman la fecha en la que supuestamente tuvieron lugar los hechos que se están investigando.

VII. CONCLUSIONES

Con base en los datos obtenidos en la excavación arqueológica del yacimiento 1 en El Mozote y en el análisis exhaustivo realizado basándose exclusivamente en esos datos, hemos llegado a una serie de conclusiones lógicas y científicamente sostenibles en cuanto a lo que ocurrió allí.

- Todos los esqueletos recuperados así como las pruebas asociadas a ellos fueron depositados al mismo tiempo en una especie de enterramiento o fosa común primaria sincrónica.

Tres son los factores que llevan a dicha conclusión:

(1) El grado de amalgamiento de los restos óseos entre ellos y con las pruebas relacionadas (ropa, balas, objetos personales, etcétera) y su gran densidad.

(2) La ausencia total de capas de tierra intermedias u otros elementos entre los esqueletos que pudieran indicar varias inhumaciones a lo largo del tiempo.

(3) Los esqueletos formaban unidades anatómicas completas; las personas en cuestión murieron en el yacimiento 1 o bien sus cuerpos se depositaron allí antes de que se descompusieran.

Así, las pruebas descartan la posibilidad de que el yacimiento 1 se utilizara como un «cementerio» en el que los cuerpos se depositaran en diferentes eventos temporales a lo largo de un periodo de tiempo.

- No se puede determinar con certeza si todas las víctimas estaban vivas cuando las llevaron al convento. No obstante, puede concluirse que al menos una parte de ellas recibieron disparos de proyectil que bien pueden haber sido letales, en el interior de la vivienda

Esta conclusión se basa en lo siguiente:

(1) Los numerosos fragmentos de balas hallados dentro del edificio, tanto si se correspondían con los restos óseos de los alrededores como si no.

(2) Los fragmentos de balas incrustados en el interior del muro de piedra.

(3) Los agujeros encontrados en el suelo del edificio, vinculados de forma directa a los fragmentos de balas y a los restos óseos.

(4) La presencia y la localización de un gran número de cartuchos usados en el interior del edificio.

(5) De los 245 cartuchos recuperados, 244 correspondían al mismo tipo de munición; sólo uno está vinculado a un tipo de munición diferente.

(6) Los fragmentos de balas hallados pertenecían al mismo tipo de munición que los cartuchos usados.

- En por lo menos nueve casos, las víctimas recibieron disparos dentro de la vivienda, estando en posición horizontal, acostadas sobre el piso. Los disparos se realizaron en una trayectoria de arriba hacia abajo. En por lo menos 6 de los 9 casos citados, estos disparos pudieron haber causado la muerte de las víctimas.

Los siguientes factores respaldan estas afirmaciones:

(1) Observación de lesiones *peri mortem*, así como de fragmentos de balas y agujeros en el suelo debajo de dichos fragmentos. Dicha observación aplica a los esqueletos 2, 5, 9, 10, 26, 57, 92, 110 y 113, localizados en las cuadrículas C1, C2, D1, D2, B4, C3, B2, B3-C3 y B3, respectivamente.

(2) La única manera de que dichos disparos hicieran agujeros en el suelo es que se disparara hacia abajo, ya fuera totalmente en vertical o en diagonal.

(3) En el caso de los esqueletos 2, 10, 92, 110 y 57, las balas que hicieron agujeros en el suelo se hallaron cerca de la zona del cráneo; en el caso del esqueleto 26, cerca de las vértebras cervicales (muy cerca del cráneo).

- Sobre 117 esqueletos individualizados en el campo, 67 esqueletos tenían fragmentos de proyectiles asociados a ellos. En 43 esqueletos sobre este subtotal de 67, los fragmentos fueron encontrados en las zonas del cráneo y/o tórax; es decir, áreas del cuerpo en las que pueden haber provocado la muerte de estos individuos.

- Es probable que varias personas de las que dispararon estuvieran en el vano de la entrada y en la parte suroeste del edificio, disparando hacia el centro tanto desde fuera como desde dentro, principalmente en dirección a las cuadrículas centrales (B3 y C3) y hacia el noreste.

Estas afirmaciones se basan en lo siguiente:

(1) La zona donde se encontraron la mayoría de los cartuchos usados difiere de la zona donde se hallaron la mayoría de los fragmentos de balas:

(a) Más del 40 por ciento de los cartuchos usados se encontraron en la pared oeste del edificio: en la zona de la entrada (64 cartuchos en A3, es decir, el 25 por ciento) y en las cuadrículas a la derecha de la entrada, fuera del edificio (24 cartuchos en A4 y 18 en A5). En la cuadrícula B4 se hallaron 38 cartuchos, alrededor del 15 por ciento del total.

(b) Se encontraron 189 fragmentos de balas en las cuadrículas B3, B2, C3, parte de C2 y en la esquina noreste del edificio (D2 y D1), cuadrículas éstas donde también se hallaron la mayoría de los restos óseos.

(2) Los agujeros en el suelo vinculados a fragmentos de balas y a restos óseos estaban principalmente en el centro y en la esquina noreste del edificio (31 de los 38 agujeros).

(3) No se encontraron fragmentos de balas en la fachada exterior oeste del bloque superior.

- Los efectos del fuego eran notables en los huesos, la ropa y los objetos personales de las víctimas.

Había muchos indicios de fuego en todos los niveles del edificio: en el suelo, en los restos óseos y la ropa de las víctimas; en el nivel 2, en los fragmentos de tejas y de madera del techo; y en la zona más baja del nivel 1, donde también se recuperaron trozos de madera calcinada.

- Aproximadamente el 85 por ciento de las 117 víctimas eran niños menores de doce años.

Esta afirmación se basa en lo siguiente:

(1) La coexistencia de dientes de leche y permanentes, como se ha observado en la mayoría de los esqueletos exhumados del yacimiento 1.
(2) Los centros de osificación primarios y/o secundarios aún no estaban soldados. En el laboratorio se hará un cálculo más preciso de las edades de las víctimas.

- Se exhumaron los restos de una mujer que estaba embarazada en el momento de la muerte (esqueleto 33). Muchos de los huesos del feto se encontraron en la región pélvica.
- Los hechos que se investigan no habrían sucedido después de 1981.

Esta afirmación se basa en lo siguiente:

(1) La fecha era legible en 28 de las 35 monedas recuperadas de los bolsillos de varios esqueletos. Ninguna de ellas era posterior a 1977.
(2) La fecha de fabricación de los cartuchos usados era legible en 184 de los 245 encontrados. En ninguno de ellos la fecha era posterior a 1981.

- Después de los disparos, se lanzaron al edificio uno o más artefactos explosivos y/o incendiarios.
- Todos estos hechos indican que se perpetró un crimen masivo, sin que haya pruebas que respalden la hipótesis de una confrontación entre dos grupos.

ANTROPÓLOGO LUIS FONDEBRIDER
ANTROPÓLOGA PATRICIA BERNARDI
ANTROPÓLOGA MERCEDES DORETTI
(EQUIPO ARGENTINO DE ANTROPOLOGÍA FORENSE)

DOCUMENTOS

INFORME SOBRE LA INVESTIGACIÓN FORENSE
DE EL MOZOTE, EL SALVADOR
10 de diciembre de 1982

A los miembros de la Comisión de la Verdad de las Naciones Unidas:

El siguiente informe se basa en una investigación dirigida por el doctor Clyde C. Snow, antropólogo forense; el doctor en medicina Robert H. Kirschner, médico forense; el doctor Douglas D. Scott, arqueólogo y analista balístico; y el doctor en medicina John J. Fitzpatrick, radiólogo, todos ellos asesores de la Comisión de la Verdad de Naciones Unidas en El Salvador. El informe refleja el análisis de laboratorio de los restos óseos y los artefactos hallados en El Mozote. El Equipo Argentino de Antropología Forense presentará un informe aparte sobre la exhumación.

Durante nuestro trabajo en El Salvador analizamos los restos óseos y los artefactos vinculados exhumados en El Mozote, lo que incluye muestras de balística, ropa y monedas. Visitamos el yacimiento y analizamos el material del Equipo Argentino: fotografías, un vídeo y diagramas. Llevamos a cabo nuestro análisis en un laboratorio especial establecido en el Instituto de Medicina Legal de Santa Tecla, trabajando codo con codo con el Equipo para asegurarnos de que entendíamos perfectamente todos los aspectos de la exhumación. El doctor Gerardo A. Hidalgo Lavín trabajó con nosotros como asesor odontológico, así como varios técnicos del personal del Instituto que también nos prestaron su ayuda. El doctor Scott utilizó las instalaciones de la Comisión de Investigación de Hechos Delictivos para el análisis balístico comparativo. En los apéndices de este informe, preparado por los doctores Snow y Scott, se examinan con mayor detalle los datos antropológicos y el análisis balístico.

Las pruebas físicas de la exhumación de la casa del convento en El Mozote confirman los argumentos de un asesinato masivo. Son las siguientes:

- Hemos identificado 143 restos óseos, incluidos 136 niños y 7 adultos. El promedio de edad de los niños es de aproximadamente 6 años de edad; había 6 mujeres de entre veintiuno y cuarenta años (una de ellas estaba en el tercer trimestre de gestación) y un hombre de unos cincuenta. Puede haber habido un número mayor de muertos. Esta incertidumbre con respecto al número total de esqueletos es una consecuencia de las masivas lesiones *peri mortem*, el daño *post mortem* y el grado de mezcla de los restos. Muchos infantes podrían haber sido totalmente incinerados; otros niños tal vez no fueron contados debido a la extensa fragmentación de las partes del cuerpo.

- Los esqueletos mostraban indicios de traumatismos graves, reflejados en las heridas por arma de fuego de alta velocidad, el aplastamiento *post mortem* y las heridas por calor o fuego.

(1) Heridas por arma de fuego. Al examinar directamente los esqueletos, sólo en unos pocos cráneos pudieron observarse heridas intactas de entrada de proyectil de arma de fuego, debido a la extensa fragmentación que caracteriza estas heridas de alta velocidad. La reconstrucción de cráneos identificó muchas más heridas de entrada pero relativamente pocas de salida. Esto concuerda con la prueba balística en cuestión, en el sentido de que la munición usada en este caso correspondía al tipo que se fragmenta al impactar, volviéndose esencialmente frágil. El examen radiológico de los huesos del cráneo demostró pequeñas densidades metálicas compatibles con fragmentos de proyectiles en 45,2 por ciento (51/115).

(a) En los huesos largos, vértebras, pelvis y costillas se observaron fracturas características de heridas producidas por arma de fuego de alta velocidad. En dichos huesos, este tipo de fracturas se presentan en forma de astillamiento del hueso en el punto de impacto con fracturas longitudinales que se extienden por la diáfisis. En las vértebras y en los huesos de la pelvis se han encontrado de forma recurrente fracturas cóncavas y astillamiento en el punto de impacto. En muchos casos, la prueba de las heridas de bala quedaba totalmente eclipsada por los traumatismos esqueléticos *post mortem*. Gracias al examen radiológico se identificaron pequeños fragmentos de balas en un 23,3 por ciento (12/52) del material postcraneal analizado. Otras heridas de bala claramente identificadas no presentaban fragmentos residuales.

(b) Aplastamiento y heridas por calor o fuego: había pocos cráneos incólumes, y sólo un 5,5 por ciento no presentaban daños, lo que permitió determinar su longitud diafisaria. Como se describe más arriba, había importantes fracturas de cráneo vinculadas a heridas de bala, junto con otras fracturas causadas por la combinación de las llamas del edificio, el derrumbe del techo y la quiebra de las paredes. El fuego no fue uniforme y en ciertas áreas de la estancia el calor fue más intenso, mientras que otras se conservaban relativamente bien. Esto se reflejaba tanto en el modo de quemado de la escena del crimen como en la distribución de las quemaduras observadas en los restos óseos. Con frecuencia, la ropa estaba chamuscada, al igual que los cráneos y los huesos largos, donde además se observaron fracturas por fuego. En muchas de las víctimas el daño en las porciones distales de las extremidades era devastador debido a graves quemaduras *post mortem*. A las lesiones por fuego se suman más daños *post mortem* causados por el peso de las tejas y las paredes. Es probable que algunos niños pequeños (menores de un año) acabaran totalmente incinerados (basándose en una cifra más baja de lo esperada de niños recuperados), pero no se puede determinar el número.

(2) Teniendo en cuenta la poca actividad *post mortem* de los insectos y la ausencia de rastro alguno de animales carroñeros, las muertes coincidieron más o menos en el tiempo, y el incendio posterior y el enterramiento tuvieron lugar en un intervalo de tiempo relativamente corto después de la muerte.

(3) No fue posible determinar la causa concreta de la muerte en todos los casos debido a la ausencia de tejidos blandos, al alcance de los traumatismos esqueléticos *post mortem* y al largo periodo transcurrido tras la muerte. Es posible que algunas de las víctimas murieran estranguladas, apuñalas o asfixiadas. No obstante, no hemos encontrado marcas de cortes o apuñalamiento en los

restos óseos, ni tampoco de fracturas de cráneo deprimidas y conminutas, comunes en las lesiones por contusión en la cabeza. No tenemos forma alguna de determinar si alguna de las víctimas estaba viva cuando empezó el fuego.

(4) Fueron estudiadas doscientas cuarenta y cinco (245) casquillos de arma de fuego recuperadas en el sitio 1 El Mozote. De ellas, 184 tenían sellos discernibles en la base de dichos cartuchos, que identifican esta munición como manufacturada para el Gobierno de Estados Unidos en Lake City, Misuri. Treinta y cuatro (34) de estos casquillos estaban lo suficientemente preservadas como para ser analizadas individualmente y también para establecer categorías de similitud. Todos los proyectiles con excepción de uno parecen haber sido disparados desde fusiles M-16 fabricados en Estados Unidos; se identificaron 24 armas diferentes, lo que coincide con al menos 24 tiradores. La distribución de los cartuchos y los proyectiles, la pauta de las marcas de los proyectiles en el suelo del convento, y el vínculo específico entre los proyectiles y los restos óseos demuestran claramente que quienes dispararon lo hicieron desde dentro de la casa, desde la entrada de la puerta, y probablemente a través de una ventana localizada hacia la derecha de la puerta. Puede que a algunos niños los dispararan en el exterior de la casa y que luego los arrojaran dentro, pero había suficiente munición en el interior como para que todas las muertes hubieran tenido lugar dentro de la casa.

(5) No hay pruebas para apoyar el argumento de que estas víctimas, casi todas niños pequeños, fueran parte de un combate o hubieran sido atrapadas en un enfrentamiento de fuego cruzado. Por el contrario, las pruebas apoyan fuertemente la conclusión de que fueron víctimas intencionales de una ejecución masiva extrajudicial.

XIV. LA GUERRA EN CASA (II)

La exhumación de El Mozote tuvo mucha cobertura en Estados Unidos (como, por ejemplo, en la portada del *New York Times*) y el descubrimiento de los restos suscitó numerosos comentarios, de los cuales muchos señalaban que el hallazgo, entre otras cosas, «exoneraba» el trabajo de quienes informaron por vez primera de la masacre, Alma Guillermoprieto y Raymond Bonner. Varios escritores reprendieron al *Wall Street Journal* por su editorial «La guerra de los medios» (véase «La guerra en casa», más atrás).

A continuación se presentan los dos artículos con los que el *Wall Street Journal* respondió a las críticas. Ahora bien: me veo en la obligación de decirle al lector que estos artículos se reimprimieron no por deseo del autor, sino por la insistencia de los directores del *Journal,* que se negaron a que los editoriales originales se reimprimieran si no se reimprimían también estos dos artículos más recientes, del 26 de febrero y del 19 de marzo de 1993.

SE ACABÓ LA GUERRA, PERO EL SALVADOR SIGUE LIBRANDO LA BATALLA DE LA PROPAGANDA

por David Asmas

EL MOZOTE, EL SALVADOR. Este país se encuentra inmerso en un resurgimiento económico y cultural. Mientras que muchos vecinos centroamericanos de El Salvador (principalmente, Nicaragua) siguen experimentando una triste diáspora a causa de una prolongada guerra, la corrupción y unas políticas económicas estatistas, miles de salvadoreños que huyeron a Estados Unidos vuelven ahora a casa con capital y experiencia. Enemigos acérrimos de los guerrilleros marxistas y del poder político legítimo están empezando a hablar (aunque vacilantes) sobre la reconstrucción del país. En la capital, San Salvador, abundan los atascos, la construcción de oficinas y los barrios residenciales de clase media cuyas casas se venden incluso antes de haberse terminado.

Pero si San Salvador se ha convertido en un símbolo vivo del resurgimiento espiritual del país, la pequeña aldea de El Mozote, en las montañas de difícil acceso ubicadas al este de El Salvador, se ha convertido en símbolo de los horrores de una guerra divisoria, de las profundas heridas que tendrán que cicatrizar antes de que el Estado de derecho consiga la aceptación de todos. El hecho de que El Mozote se haya convertido en el campo de batalla de una guerra propagandística internacional en la que la verdad y la justicia quedan relegadas a un segundo plano está obstaculizando dicha cicatrización.

La primera vez que El Mozote tuvo presencia en la conciencia internacional fue gracias a las noticias en la prensa de una masacre que tuvo lugar allí supuestamente en diciembre de 1981. Un mes después, unos reporteros del *New York Times* y el *Washington Post* conocieron a los supervivientes de la masacre gracias a unos guías de la guerrilla marxista. Estos reporteros también vieron decenas de cuerpos putrefactos esparcidos por las inmediaciones de El Mozote y las aldeas de los alrededores. Muchos de los muertos eran mujeres y niños.

Los guerrilleros y sus partidarios afirmaban que las tropas del Gobierno masacraron a más de setecientos civiles indefensos en una zona donde no había combates. Posteriormente, las virulentas organizaciones de derechos humanos antigubernamentales de San Salvador aumentaron esa cifra hasta casi mil. Los funcionaros de los gobiernos salvadoreño y estadounidense cuestionaron tanto el número de civiles asesinados (que, según ellos, superaba la cifra de personas que vivían en la zona) como la asunción de que todos fueron masacrados por el Ejército.

Obviamente, la investigación sobre la veracidad de las afirmaciones por ambas partes tendría que haberse llevado a cabo en 1982. Sin embargo, debido a que la zona estaba bajo el control de la guerrilla, fue imposible realizar investigaciones exhaustivas, y la verdad de El Mozote se vio eclipsada por la propaganda.

Casi diez años después, Rufina Amaya, la testigo principal entrevistada por los reporteros en 1982, presentó una demanda ante el juez de distrito responsable de El Mozote y exigió que se llevara a cabo una investigación exhaustiva de la masacre. Amaya presentó la demanda justo antes de que el estatuto de limitaciones de diez años entrara en vigor.

Pero investigar la escena diez años después suponía un reto enorme. Incluso a un vehículo todoterreno le costaría sortear las carreteras de montaña que llevan a la zona. Además, durante la temporada de lluvias, El Mozote es prácticamente inaccesible en coche. Sin embargo, aquellos campos de exterminio durante tanto tiempo abandonados pronto se fueron llenando de investigadores. Además de la investigación que llevaron a cabo los representantes locales de la Corte Suprema de Justicia salvadoreña, también se desplazaron hasta allí diferentes equipos de médicos forenses, antropólogos y criminólogos de todo el mundo. Incluso se pidió ayuda a Scotland Yard.

En la carretera que va a El Mozote todavía se ven indicios del control rebelde de la zona: hay propaganda guerrillera del FMLN pintada cuidadosamente en los edificios; los niños llevan gorras del FMLN; dos mujeres rubias «internacionalistas» con camisetas teñidas intentan sin éxito mezclarse con los campesinos salvadoreños... Y, a la entrada de El Mozote, hay un cartel nuevo perfectamente litografiado que anuncia la masacre de más de mil campesinos.

El Mozote se parece más una excavación arqueológica que a la escena de un crimen. Hay varios hoyos recién excavados cercados con cuerda y ramas que delimitan varias parcelas geométricas y ordenadas. Es evidente que en algún momento hubo una cruenta lucha en este lugar. Las pocas paredes que quedan en pie de las nueve estructuras calcinadas que hay en la aldea están salpicadas de agujeros de balas proyectados con armas de fuego desde todos los ángulos posibles. En algunas paredes hay grandes agujeros aparte de los más pequeños, que seguramente se abrieran a modo de troneras. También hay agujeros de balas en el suelo de al menos dos edificios, como si alguien hubiera estado disparando directamente contra los cuerpos apilados en él.

Se ha excavado en cuatro de los diferentes sitios de El Mozote en los que Amaya afirmaba que había cadáveres. De estos cuatro, sólo se hallaron restos en dos. En el yacimiento 2 se encontró un esqueleto. Pero los hallazgos del yacimiento 1 fueron sobrecogedores. En un pequeño convento de 10 por 20 adyacente a una iglesia había 143 restos óseos sepultados bajo las paredes y el techo derrumbados de la estructura parcialmente calcinada. Entre los restos encontrados se determinó que había 136 niños. Parece que la mayoría murieron por heridas de proyectil de alta velocidad. En la cercanía se recuperaron casquillos de alrededor de 150 fusiles M-16 y de algunos AK-47.

Si bien parece que una especie de masacre tuvo lugar, sigue habiendo preguntas sin responder... ¿El Mozote era una zona de guerra antes de que comenzara la matanza de inocentes? ¿Hubo tantos muertos como afirmaron los guerrilleros y otras personas? ¿Quiénes fueron los verdaderos autores del terrible crimen?

La Comisión de Consolidación de la Paz de Naciones Unidas invitó a Clyde Collins Snow, un antropólogo forense de fama mundial, a ayudar al Gobierno con su investigación. «Hasta que no están todas los pruebas, siempre intento mantener una actitud abierta —dice el señor Snow—. Tengo un único testigo vivo y declaraciones de ambas partes. Los grupos de derechos humanos suelen tener sus propias motivaciones, así que tienden a dar cifras más altas. En el otro extremo están los del Gobierno, que dicen que nadie fue asesinado. Sin embargo, no puedo entender cómo acabas con 136 niños muertos sin que nadie se haya pasado de la raya... Yo creo que allí arriba se cometió un crimen de guerra.»

El presidente Alfredo Cristiani no tiene claro que centrarse demasiado en las investigaciones de El Mozote sea lo mejor. «Creo que es mejor para el país no estar siempre mirando al pasado», dijo recientemente en una entrevista en a la Casa Presidencial. Pero el hecho de que El Salvador haya evolucionado tanto como para que sea posible investigar sin exaltaciones los supuestos crímenes de guerra como el de El Mozote es muy esperanzador. Sólo desterrando del reino de la propaganda los casos con mucha carga emotiva como el de El Mozote y sometiéndolos al escrutinio de investigadores independientes habrá esperanza de que el actual auge económico y social de El Salvador se arraigue en un respeto permanente por el Estado de derecho y no en la especulación.

CREDULIDAD

The Wall Street Journal

Desde hace ya más de un año hemos seguido la campaña que afirma que tratamos injustamente a Raymond Bonner, antiguo corresponsal del *New York Times*. No dijimos nada cuando esta acusación fue de boca en boca: de Aryeh Neier, del *Nation*, a Sydney Schanberg, del *Newsday*, a Anthony Lewis, del *Times*, a la National Public Radio y a la *Columbia Journalism Review*, hasta llegar al programa de la CBS «60 Minutes», pero nuestra paciencia llegó a su límite cuando el propio *Times* se sumó con un editorial.

Hablamos de la cobertura que dio Raymond Bonner de El Salvador entre 1981 y 1982, que alcanzó su punto álgido con su reportaje sobre la tragedia en la aldea de El Mozote, controlada por los rebeldes. Por entonces estaba claro que algo horrible había sucedido allí. Podría haber sido un My Lai a manos de las fuerzas del Gobierno, como ha afirmado la Comisión de la Verdad de Naciones Unidas. Supuestamente, los huesos de niños hallados en las excavaciones de El Mozote exculpan al señor Bonner y nos desacreditan a nosotros. En palabras del *Times*, «algunos editorialistas estadounidenses que tildaron de crédulos a los reporteros resultaron acabar embaucados ellos mismos».

Con respecto a esto, nos gustaría aclarar algunas cosas. En primer lugar, nuestro editorial («La guerra de los medios», 19 de febrero de 1982) nunca negó que hubiera habido una masacre en El Mozote. Es más, dijimos que, «siendo realistas, ni la prensa ni el Departamento de Estado tienen la facultad de determinar de manera concluyente lo que pasó en El Mozote en diciembre». Tampoco nos posicionamos en relación con las «garantías» de derechos humanos exigidas por las leyes aprobadas por el Congreso para eludir la responsabilidad de acabar o seguir adelante con el apoyo estadounidense a las acciones antiguerrilleras.

En segundo lugar, no criticamos a los «reporteros», en plural. No dirigimos ni una sola crítica a Alma Guillermoprieto, del *Washington Post*. De hecho, consideramos que su reportaje sobre la misma historia es ejemplar de una buena labor informativa: «La señorita Guillermo-prieto fue más precavida al decir que los guerrilleros llevaron a ambos periodistas "a dar una vuelta" por la zona con el fin de alardear de su control y proporcionar pruebas de la masacre. En otras palabras, al margen de cuánto había de verdad y cuánto de invención, se trataba de un ejercicio de propaganda».

En tercer lugar, de entrada no fuimos nosotros quienes despedimos al señor Bonner. Fue el *New York Times*. Más concretamente, después de que A. M. Rosenthal, por entonces redactor jefe, emprendiera por su cuenta un viaje informativo a El Salvador, fue él mismo quien apartó a Bonner y le mandó de vuelta a Nueva York, donde éste decidió irse. Si el *Times* cree que el señor Bonner queda exonerado, debería dejar de criticarnos y contratarle de nuevo inmediatamente.

No obstante, antes de cuestionar al señor Rosenthal, los actuales directores del *Times* deberían echarle un vistazo a la entrevista de Scott Simon a Bonner del pasado 14 de noviembre en National Public Radio. A continuación ofrecemos un extracto para quienes quieran opinar por sí mismos sobre la credulidad:

SIMON: ¿Cree usted… cree que no ha sido en vano? ¿Ha repercutido en usted la terrible pérdida del tiempo?

BONNER: Lo cierto es que han pasado varias cosas en estas dos últimas semanas. Me han llamado y me han escrito cartas diciendo que estaba en lo cierto. Sí, en parte me siento reivindicado, pero ¿sabes qué reivindicación es realmente importante? La de Alger Hiss. Ésa sí que marca la diferencia.

SIMON: Ajá.

BONNER: Está claro que me criticaron, pero, eh, todos estamos metidos en esto. Todos criticamos y somos criticados. De haber una moraleja, es que tiene que haber unos límites que no podamos sobrepasar cuando nos enfrentemos a supuestos enemigos. Ahora, con el final de la Guerra Fría, el comunismo ya no es el enemigo. ¿Quién es ahora el enemigo, cuál será el próximo adversario? ¿El fundamentalismo islámico? ¿Es ése el siguiente ismo que va a quitarnos el sueño? ¿También se va a difamar a aquellos periodistas que

escriban favorablemente al respecto o que intenten contextualizar-
lo de alguna manera? ¿Se va a difamar a los Peter Arnetts del mundo, que intentan hacer su trabajo quedándose en Bagdad; a los reporteros que hay por ahí retransmitiendo todas esas noticias que no
queremos oír? Hay que tener cuidado con las cruzadas ideológicas,
eso fue precisamente lo que pasó con el comunismo, eso fue lo que
le hicieron a Alger Hiss, y no hay duda de que en 1980 la guerra aún
no había terminado.

SIMON: Ray, muchas gracias por haber venido a hablar con nosotros.

XV. LA COMISIÓN DE LA VERDAD

En enero de 1992, el presidente Alfredo Cristiani y representantes del FMLN firmaron el acuerdo de paz que ponía fin a la
guerra civil salvadoreña (los Acuerdos de Chapultepec, así llamados por el castillo de Ciudad de México donde se firmaron).
Se acordaba la creación de una Comisión de la Verdad, cuyo
objetivo, según el artículo 2, era «la investigación de graves
hechos de violencia ocurridos desde 1980, cuya huella sobre la
sociedad reclama con mayor urgencia el conocimiento público
de la verdad». Las partes designaron tres comisionados: Beli-
sario Betancur, antiguo presidente de Colombia; Reinaldo Fi-
gueredo Planchart, antiguo ministro de Relaciones Exteriores
de Venezuela; y Thomas Buergenthal, profesor de Derecho Internacional y Derecho Comparado en el National Law Center
de la George Washington University y presidente del Instituto
Interamericano de Derechos Humanos de Costa Rica.

En el verano de 1992, la Comisión estableció sus oficinas no
muy lejos del Hotel Sheraton de San Salvador. Frente a ellas había
varias habitaciones pequeñas donde se tomaron declaraciones a
lo largo del verano y parte del otoño. Con anuncios en la prensa,
la radio y la televisión, así como con carteles, se animó a los salvadoreños a que fueran a hablar con los jóvenes miembros de la

MASACRE

Comisión de la Verdad, provenientes de todas partes (varios de los cuales habían perdido algún familiar por culpa de la violencia política). Durante aquellos pocos meses, cientos y cientos de salvadoreños fueron a hablar de lo que había pasado en El Mozote.

En marzo de 1993, la Comisión de la Verdad presentó su informe, titulado *De la locura a la esperanza. La guerra de 12 años en El Salvador*, al secretario general de las Naciones Unidas. El Mozote aparecía como «ejemplo ilustrativo» en el capítulo IV, «Casos y patrones de violencia», sección C, «Masacre de campesinos por las fuerzas armadas». La Comisión descartó la posibilidad de que El Mozote, junto con las masacres del río Sumpul y de El Calabozo en 1982, apareciera como «excesos aislados por parte de los soldados o sus jefes inmediatos». En su lugar, esto fue lo que escribieron: «Todo indica que estas muertes se inscriben dentro de una pauta de conducta, de una estrategia deliberada de eliminar o aterrorizar a la población campesina de las zonas de actividad de los guerrilleros, a fin de privar a éstos de esta fuente de abastecimientos y de información, así como de la posibilidad de ocultarse o disimularse entre ella». Sobre los restos óseos de El Mozote, la Comisión dijo lo siguiente:

Estos pequeños esqueletos son prueba no sólo de la existencia de la fría masacre de El Mozote, sino también de la corresponsabilidad de los mandos superiores, pues demuestran que la prueba de los cadáveres insepultos estuvo mucho tiempo al alcance de cualquier investigación de los hechos. No puede aceptarse en este caso la excusa de que los mandos superiores ignoraran los hechos.

No se tomaron medidas para evitar hechos como ése. Por el contrario, la violencia deliberada, sistemática e indiscriminada contra la población campesina en las áreas de operaciones se mantuvo durante años.

A continuación se presenta completo un capítulo del texto de la Comisión de la Verdad sobre El Mozote:

RESUMEN DEL CASO

El 10 de diciembre de 1981, en la aldea de El Mozote, departamento de Morazán, fueron apresados por unidades del Batallón Atlacatl, sin resistencia, todos los hombres, mujeres y niños que se encontraban en el lugar. Después de pasar la noche encerrados en las casas, el día siguiente, 11 de diciembre, fueron ejecutados deliberada y sistemáticamente, por grupos. Primero fueron torturados y ejecutados los hombres, luego fueron ejecutadas las mujeres y, finalmente, los niños en el mismo lugar donde se encontraban encerrados. El número de víctimas identificadas excedió de doscientas. La cifra aumenta si se toman en cuenta las demás víctimas no identificadas.

Estos hechos ocurrieron en el transcurso de una acción antiguerrillera denominada «Operación Rescate», en la cual, además del Batallón Atlacatl, participaron unidades de la Tercera Brigada de Infantería y del Centro de Instrucción de Comandos de San Francisco Gotera.

En el curso de la Operación Rescate, se efectuaron, además, masacres de la población civil en los siguientes lugares: el día 11, más de veinte personas en el cantón La Joya; el día 12, unas treinta personas en la aldea de La Ranchería; el mismo día, por unidades del Batallón Atlacatl, los moradores de la aldea de Los Toriles, y el día 13, a los pobladores de la aldea de Jocote Amarillo y del cantón Cerro Pando. Más de quinientas víctimas identificadas perecieron en El Mozote y en las demás aldeas. Muchas víctimas más no han sido identificadas.

Sobre estas masacres contamos con el relato de testigos directos así como de personas que posteriormente vieron los cadáveres insepultos. En el caso de El Mozote, fue plenamente comprobada, además, por los resultados de la exhumación de cadáveres practicada en 1992.

A pesar de las denuncias públicas del hecho y de lo fácil que hubiera sido su comprobación, las autoridades salvadoreñas no ordenaron ninguna averiguación y negaron permanentemente la realidad de la masacre.

El ministro de la Defensa y el jefe del Estado Mayor han negado a la Comisión de la Verdad tener información que permita identificar a las unidades y oficiales que participaron en la Operación Rescate. Han expresado que no existen archivos de la época.

El presidente de la Corte Suprema ha tenido una injerencia parcializada y política en el proceso judicial iniciado sobre la masacre en 1990.

DESCRIPCIÓN DE LOS HECHOS

El día 10 de diciembre de 1981 por la tarde llegaron a la aldea de El Mozote, departamento de Morazán, unidades del Batallón de Infantería de Reacción Inmediata (BIRI) Atlacatl, después de haber tenido un encuentro con guerrilleros en las cercanías.

La aldea estaba formada por una veintena de casas situadas en un llano y agrupadas alrededor de una plaza. Frente a la plaza había una iglesia y, detrás de ésta, una pequeña construcción, conocida con el nombre de «el convento» usada por el sacerdote para cambiarse cuando iba al pueblo a oficiar la misa. A poca distancia de la aldea se encontraba una escuela, el Grupo Escolar.

Cuando llegaron los soldados encontraron en la aldea, además de sus vecinos, a otros campesinos refugiados de las zonas circundantes. Ordenaron salir a todos de las casas y los reunieron en la plaza; los hicieron acostarse boca abajo, los registraron y les formularon preguntas sobre los guerrilleros. Luego les ordenaron encerrarse en las casas hasta el día siguiente, con la indicación de que se dispararía contra cualquier persona que saliera. Los soldados permanecieron en la aldea aquella noche.

El día siguiente, 11 de diciembre, en las primeras horas de la mañana los soldados volvieron a reunir a toda la población en la plaza. Separaron a los hombres de las mujeres y los niños y los encerraron en varios grupos en la iglesia, en «el convento» y en varias casas.

Durante aquella mañana procedieron, en diversos sitios, a interrogar, torturar y ejecutar a los hombres. Alrededor del mediodía fueron sacando por grupos a las mujeres, separándolas de sus hijos, y ametrallándolas. Finalmente dieron muerte a los niños. Un grupo de niños que había sido encerrado en «el convento» fue ametrallado a través de las ventanas. Después de haber exterminado a toda la población, los soldados prendieron fuego a las edificaciones.

Los soldados permanecieron la noche del 11 también en El Mozote. Al día siguiente pasaron por la aldea de Los Toriles, situada a dos kilómetros de distancia. Algunos habitantes lograron huir. Los demás, hombres, mujeres y niños, fueron sacados de las casas, puestos en filas y ametrallados.

Las víctimas de El Mozote permanecieron sin sepultura. Durante las siguientes semanas los cadáveres fueron vistos por numerosas personas que pasaron por el lugar. En Los Toriles, los sobrevivientes dieron posteriormente sepultura a los cadáveres.

ANTECEDENTES

El Batallón Atlacatl llegó a El Mozote en el curso de una acción militar denominada «Operación Rescate», que se había iniciado dos días antes, el 6 de diciembre, y en la que participaban, además, unidades de la Tercera Brigada y del Centro de Instrucción de Comandos de San Francisco Gotera.

El Atlacatl era un «batallón de infantería de reacción inmediata», o «BIRI», es decir, una unidad entrenada especialmente para el combate «antinsurgente»; la primera unidad de este tipo en las fuerzas armadas, y había concluido su entrenamiento, bajo la asesoría y supervisión de militares estadounidenses, a comienzos de 1981.

Nueve meses antes de que se realizara la Operación Rescate, una compañía del Batallón Atlacatl al mando del capitán Juan Ernesto Méndez había participado en una operación antiguerrillera en la misma zona. Las tropas fueron atacadas duramente por la guerrilla y se retiraron con grandes bajas sin haber conseguido el objetivo militar que se habían fijado. Este percance del flamante «batallón de infantería de reacción inmediata» dio lugar a comentarios y burlas de parte de oficiales de otras unidades, que lo calificaron de «Batallón de Infantería de Retroceso Inmediato».

La «Operación Rescate» tenía por objeto eliminar la presencia guerrillera en un sector reducido en el norte del Departamento de

Morazán, dentro del cual se encontraban un campamento y un centro de entrenamiento de la guerrilla en el sitio denominado La Guacamaya.

El coronel Jaime Flórez Grijalba, comandante de la Tercera Brigada, tenía a su cargo la supervisión de la operación. El teniente coronel Domingo Monterrosa Barrios, comandante del BIRI Atlacatl, tenía el mando de las unidades participantes.

El 9 de diciembre se produjeron encuentros entre las tropas del Gobierno y los guerrilleros. Ese mismo día, una compañía del BIRI Atlacatl entró al municipio de Arambala. Reunió a toda la población en la plaza, separó a los hombres de las mujeres y los niños. Encerraron a las mujeres y los niños en la iglesia y ordenaron a los hombres tenderse boca abajo en la plaza. Varios hombres fueron acusados de ser colaboradores de la guerrilla. Fueron amarrados, vendados y torturados. Habitantes del lugar encontraron luego los cadáveres de tres de ellos, muertos con arma blanca.

También en el cantón Cumaro fueron reunidos en la plaza los moradores por unidades del Atlacatl en la mañana del día 10. Allí, sin embargo, no ocurrieron muertes.

La participación de unidades del BIRI Atlacatl en todas estas acciones cuenta con pruebas concluyentes. Sin embargo, en el curso de la Operación Rescate, fueron realizadas otras ejecuciones masivas por unidades que no han podido identificarse con precisión.

En todos los casos, las tropas actuaron de igual manera: mataron a los que encontraron, hombres, mujeres y niños, y luego incendiaron las casas del poblado. Así sucedió en el cantón La Joya el día 11 de diciembre; en la aldea de La Ranchera el día 12, y en la aldea de Jocote Amarillo y el cantón Cerro Pando el día 13.

LOS HECHOS POSTERIORES

La masacre de El Mozote se hizo de conocimiento público el 27 de enero de 1982, cuando los diarios *New York Times* y *Washington Post* publicaron artículos de Raymond Bonner y Alma Guillermoprieto, respectivamente, quienes informaron del acaecimiento de la masacre. En el mes de enero, visitaron el lugar de los sucesos y vieron los cadáveres y las casas destruidas. En el curso del año, varias organizaciones de derechos humanos denunciaron la masacre. Las autoridades salvadoreñas negaron que hubiese habido masacre alguna. No se inició ninguna investigación judicial ni se dio a conocer ninguna indagación por parte del Gobierno o las fuerzas armadas.

El 26 de octubre de 1990, por denuncia penal de Pedro Chicas Romero, se abrió un proceso penal en el juzgado de primera instancia de San Francisco Gotera. En el proceso, que para esta fecha aún no ha terminado, se tomó declaración a testigos promovidos por el acusador y, eventualmente, se ordenó la exhumación de los cadáveres, que proporcionó pruebas irrefutables de la masacre en El Mozote. El juez solicitó repetidas veces del Gobierno la lista de los oficiales que participaron en la operación militar. Se le respondió que el Gobierno no disponía de esos datos.

LOS RESULTADOS DE LA EXHUMACIÓN

La exhumación de restos en la ruinas de la pequeña edificación conocida como «el convento», adyacente a la iglesia de El Mozote, se realizó entre el 13 y el 17 de noviembre de 1992.

Los elementos encontrados en el convento fueron analizados por los expertos antropólogos y luego estudiados minuciosamente en el laboratorio del Instituto de Medicina Legal de Santa Tecla y en el de la Comisión de Investigación de Hechos Delictivos por el doctor Clyde Snow (antropólogo forense), el doctor Robert H. Kirshner (patólogo forense), el doctor Douglas Scott, arqueólogo y experto en balística, y el doctor John Fitzpatrick, radiólogo, en colaboración con el Equipo Argentino de Antropología Forense, integrado por Patricia Bernardi, Mercedes Doretti y Luis Fondebrider.

El estudio que realizaron los expertos condujo a las siguientes conclusiones:

(1) «Todos los esqueletos recuperados así como las pruebas asociadas a ellos fueron depositados en un mismo evento tem-

poral [...].» En este sitio no se encontró prueba física que indique que el sitio pueda haber sido un cementerio clandestino en el que se hayan enterrado en distintos momentos a personas muertas.

(2) «Los sucesos que se investigan no habrían sucedido después de 1981.» En el Convento fueron halladas monedas y vainillas de proyectil indicando su fecha de fabricación. En ningún caso esta fecha es posterior a 1981.

(3) En el convento, se encontraron restos óseos correspondientes a un mínimo de 143 personas. Sin embargo, el análisis de laboratorio realizado indica que «puede haber habido un número mayor de muertos. Esta incertidumbre con respecto al número total de esqueletos es una consecuencia de las masivas lesiones *peri mortem*, el daño *post mortem* y el grado de mezcla de los restos. Muchos infantes podrían haber sido totalmente incinerados; otros niños tal vez no fueron contados debido a la extensa fragmentación de las partes del cuerpo».

(4) Los restos óseos y los elementos encontrados en el convento muestran numerosos signos de daño producido por aplastamiento y por un incendio.

(5) La mayoría de las víctimas eran menores de edad.

Los expertos determinaron en un primer momento, después de realizar la exhumación, que «aproximadamente el 85 por ciento de las 117 víctimas eran niños menores de doce años», aclarando que una estimación más exacta de la edad de los individuos se haría en el laboratorio.

Allí fueron identificados los restos de esqueletos identificados de 143 individuos, de los cuales 131 correspondían a niños menores de doce años de edad, cinco a adolescentes y siete adultos. Agregaron que «el promedio de edad de los niños [era] de aproximadamente seis años de edad».

(6) Una de las víctimas era una mujer embarazada.

(7) Aunque no fue posible establecer si todas las víctimas fueron introducidas con vida al convento, «puede concluirse que al menos una parte de ellas recibieron disparos de proyectil

que bien pueden haber sido letales, en el interior de la vivienda».

Estas conclusiones se apoyan en varios elementos:

(1) Se encontró «gran cantidad de fragmentos de proyectiles dentro de la vivienda [...]». «La casi totalidad de la prueba balística fue hallada en el nivel 3, en contacto directo o incrustados en los restos óseos, la vestimenta, enseres domésticos y el piso del edificio». Además, «la distribución espacial de la mayor parte de los fragmentos de proyectil coincide con el área de mayor concentración de esqueletos y concentraciones de restos óseos». La segunda y tercera áreas de concentración de fragmentos de proyectil también coincide con la segunda y tercera área de concentración de esqueletos, respectivamente.

(2) «Sobre 117 esqueletos individualizados en el campo, 67 esqueletos tenían fragmentos de proyectiles asociados a ellos. En 43 esqueletos sobre este subtotal de 67, los fragmentos fueron encontrados en las zonas del cráneo y/o tórax, es decir, áreas del cuerpo en las que pueden haber provocado la muerte de estos individuos».

(3) «En por lo menos nueve casos, las víctimas recibieron disparos dentro de la vivienda, estando en posición horizontal, acostadas sobre el piso. Los disparos se realizaron en una trayectoria de arriba hacia abajo. En por lo menos seis de los nueve casos citados, estos disparos pudieron haber causado la muerte de las víctimas».

(4) «Al examinar directamente los esqueletos, sólo en unos pocos cráneos pudieron observarse heridas intactas de entrada de proyectil de arma de fuego, debido a la extensa fragmentación que caracteriza estas heridas de alta velocidad. La reconstrucción de cráneos identificó muchas más heridas de entrada pero relativamente pocas heridas de salida. Esto concuerda con la prueba balística en cuestión, en el sentido de que la munición usada en este caso correspondía al tipo que se fragmenta al impactar, volviéndose esencialmente frágil. El exa-

men radiológico de los huesos del cráneo demostró pequeñas densidades metálicas compatibles con fragmentos de proyectiles en 45,2 por ciento (51/115)».

«En los huesos largos, vértebras, pelvis y costillas se observaron fracturas características de heridas producidas por arma de fuego de alta velocidad».

(5) Las armas empleadas para disparar contra las víctimas fueron fusiles M-16.

Como señaló el experto en balística, «fueron estudiadas doscientas cuarenta y cinco (245) casquillos de arma de fuego recuperadas en El Mozote. De ellas, 184 tenían sellos discernibles en la base, que identifican esta munición como manufacturada para el Gobierno de Estados Unidos en Lake City, Misuri. Treinta y cuatro (34) de estos casquillos estaban lo suficientemente preservadas como para ser analizadas individualmente y también para establecer categorías de similitud. Todos los proyectiles con excepción de uno (1) parecen haber sido disparados desde fusiles M-16 fabricados en Estados Unidos».

(6) Por lo menos 24 tiradores participaron en el hecho. Lo hicieron «desde dentro de la casa, desde la entrada de la puerta, y probablemente a través de una ventana localizada hacia la derecha de la puerta».

Un elemento importante que se destaca en los resultados de los hallazgos es que «no se encontraron fragmentos de proyectil en la pared externa oeste del muro de arranque».

La prueba anteriormente presentada es plena prueba de que las víctimas fueron ejecutadas sumariamente, tal como lo han afirmado los testigos.

Los expertos que realizaron la exhumación llegaron a la siguiente conclusión: «Toda la información señalada apunta a la idea de un crimen masivo, donde no se encontraron pruebas que pudieran sustentar la posibilidad de un enfrentamiento entre dos bandos».

Por su parte, los expertos que realizaron el análisis de laboratorio dijeron que «las pruebas físicas de la exhumación de la casa del Convento en El Mozote confirman los argumentos de un asesinato masivo». Y sobre el mismo punto agregaron: «No hay pruebas para apoyar el argumento de que estas víctimas, casi todas niños pequeños, intervinieran en un combate o hubiesen quedado atrapadas en un enfrentamiento de fuego cruzado. Por el contrario, las pruebas apoyan fuertemente la conclusión de que fueron víctimas intencionales de una ejecución extrajudicial masiva».

ACTUACIÓN DE LA COMISIÓN

Antes de que la Comisión de la Verdad iniciara sus funciones, el Director de la División de Derechos Humanos de la Misión de las Naciones Unidas para El Salvador (ONUSAL) hizo gestiones eficaces ante el juez de la causa para lograr que se designaran peritos extranjeros calificados.

La Comisión de la Verdad, desde el momento de su instalación, puso especial interés en procurar que la exhumación se efectuara en condiciones que garantizaran el necesario rigor científico e imparcialidad.

La Comisión, además, examinó las publicaciones, la documentación y los recaudos judiciales disponibles. Recibió testimonios directos de los testigos presenciales de los hechos y se hizo presente en el lugar de las exhumaciones.

La Comisión se dirigió tres veces sucesivas por escrito al ministro de la Defensa y una al jefe del Estado Mayor Conjunto de las fuerzas armadas en solicitud de información acerca de las unidades y los oficiales que participaron en la «Operación Rescate», así como las órdenes, informes y otros documentos que existieran en los archivos en relación con la misma. Sólo se obtuvo como respuesta que no existían registros de la época.

Mención especial requiere la injerencia en este caso del presidente de la Corte Suprema de El Salvador, doctor Mauricio Gutiérrez Castro. Cuando el 17 de julio de 1991 representantes de la organización Tutela Legal solicitaron al juez de la causa que designara a expertos extranjeros calificados para realizar las exhumaciones, éste les indicó que requería para ello la aprobación del doctor Gutiérrez Castro. Sólo nueve meses después, el 29 de abril de 1992, luego de las gestiones de ONUSAL, procedió a su nombramiento.

El 16 de julio de 1992, durante una visita que le hicieron los miembros de la Comisión de la Verdad, el doctor Gutiérrez Castro expresó que la exhumación que el juez de la causa había dispuesto demostraría que en El Mozote «sólo [había] enterrados guerrilleros muertos».

Unos días después, el Tribunal de la causa decidió que la designación que había hecho de los expertos extranjeros no era válida sin un complicado procedimiento de consulta a gobiernos extranjeros a través de la Corte Suprema de Justicia, lo que condujo a que la exhumación estuviera a punto de realizarse sin su presencia.

El 21 de octubre el doctor Mauricio Gutiérrez Castro se hizo presente en el lugar de las exhumaciones y, al dar su opinión sobre cómo debía procederse respecto de futuras excavaciones en la zona, expresó que debía ponerse cuidado en no «favorecer a una de las partes (presumiblemente el Gobierno y el FMLN) por las implicaciones de tipo político que encierra [el] proceso, que trascienden a lo que es de tipo jurídico».

CONCLUSIONES

Está plenamente probado que el día 11 de diciembre de 1980, unidades del Batallón Atlacatl dieron muerte en la aldea de El Mozote, de manera deliberada y sistemática, a un grupo de más de doscientos hombres, mujeres y niños, que constituía la totalidad de la población civil que el día anterior habían encontrado en el lugar y que desde entonces tenían en su poder.

Los oficiales al mando del Batallón Atlacatl para el momento de la operación que la Comisión ha logrado identificar son los siguientes:

- comandante del batallón: teniente coronel Domingo Monterrosa Barrios (fallecido);
- ejecutivo: mayor Natividad de Jesús Cáceres Cabrera (hoy coronel);
- jefe de operaciones: mayor José Armando Azmitia Melara (fallecido);
- comandantes de compañías: Juan Ernesto Méndez Rodríguez (hoy coronel), Roberto Alfonso Mendoza Portillo (fallecido); José

DOCUMENTOS

Antonio Rodríguez Molina (hoy teniente coronel), capitán Walter Oswaldo Salazar (hoy teniente coronel), y José Alfredo Jiménez (hoy prófugo de la justicia).

Está suficientemente comprobado que en los días que precedieron y siguieron a la masacre de El Mozote, fuerzas militares que participaban en la «Operación Rescate» masacraron a la población civil en el cantón La Joya, en las aldeas de La Ranchera, Jocote Amarillo y Los Toriles y en el cantón Cerro Pando.

Además del Batallón Atlacatl, participaron en esta operación unidades de la Tercera Brigada de Infantería, cuyo comandante era el coronel Jaime Flores Grijalba (hoy retirado), que además tuvo a su cargo la supervisión de la operación, y del Centro de Instrucción de Comandos de San Francisco Gotera, cuyo comandante era el coronel Alejandro Cisneros (hoy retirado).

El alto mando de las fuerzas armadas, a pesar haber tenido noticia de la masacre y de ser ésta fácilmente comprobable por la profusión de cadáveres insepultos, no hizo o no dio a conocer averiguación alguna y negó reiteradamente su existencia. Hay plena prueba de que el general José Guillermo García, en ese entonces ministro de Defensa, no promovió investigaciones que permitieran esclarecer los hechos. Hay prueba suficiente de que el general Rafael Flores Lima, en ese entonces jefe del Estado Mayor de las fuerzas armadas, supo del acaecimiento de la masacre y tampoco promovió ninguna investigación.

El alto mando tampoco tomó medida alguna para evitar la repetición de hechos similares, de manera que las mismas unidades fueron utilizadas en otros operativos y aplicaron procedimientos similares.

La masacre de El Mozote fue una violación seria del Derecho Internacional Humanitario y de los derechos humanos.

El presidente de la Corte Suprema de Justicia de El Salvador, doctor Mauricio Gutiérrez Castro, ha tenido una injerencia indebida y negativa, con criterios políticos parcializados, en el procedimiento judicial que se sigue en el caso.

La Comisión recomienda que las autoridades correspondientes apliquen las recomendaciones de los informes de los peritos.

285

XVI. EL DEPARTAMENTO DE ESTADO HACE AUTOCRÍTICA

Después de que la Comisión de la Verdad hiciera público su informe en marzo de 1993, Warren Christopher, secretario de Estado de la recién inaugurada Administración Clinton, declaró que estaba «profundamente consternado» por lo que había leído. Unos días después, el secretario designó una comisión de tres miembros para «examinar las actividades y la conducta del Departamento [de Estado]» en el periodo recogido en el informe de la Comisión de la Verdad. La comisión estaba formado por George S. Vest y Richard W. Murphy, ambos oficiales retirados del Servicio Exterior, e I. M. Destler, profesor de la University of Maryland.

La comisión publicó su informe algo más de tres meses después, en julio de 1993. Su «conclusión fundamental», como se afirma en el resumen, era que, «dentro de los parámetros de la política general de Estados Unidos, el personal del Departamento de Relaciones Exteriores hizo un servicio encomiable (y, en ocasiones, demostrando gran valentía) en la promoción de los derechos humanos en El Salvador». No obstante, mencionaba varias advertencias: «Lo cierto es que se cometieron errores: en el tratamiento de ciertos casos, en la gestión de la cobertura informativa durante una década, y especialmente en el fracaso a la hora de averiguar la verdad sobre la masacre de El Mozote de diciembre de 1981».

A continuación se presenta el texto completo del informe de la comisión sobre la gestión del Departamento de la masacre de El Mozote.

LA MASACRE DE EL MOZOTE

La Comisión de la Verdad afirmó que más de quinientos hombres, mujeres y niños fueron masacrados en El Mozote y las aldeas de los alrededores durante un periodo de tres días que comenzó el 11 de diciembre. La masacre la llevaron a cabo unidades del Batallón Atlacatl, un «batallón de infantería de reacción inmediata» (el primero de este tipo en El Salvador) que había completado su entrenamiento contra la insurgencia de la mano de los estadounidenses a principios de año. Radio Venceremos, la radio del FMLN, habló por primera vez de la masacre el 27 de diciembre. Se hizo eco en la prensa internacional gracias a la publicación en portada de sendos artículos en el *New York Times* y el *Washington Post* el 27 de enero de 1982, tras la visita de unos reporteros estadounidenses al lugar de los hechos. El incidente se confirmó diez años después tras la autopsia de los restos hallados en la zona.

El embajador Hinton informó al Departamento de Estado el 8 de enero de que un representante del Consejo Nacional de Iglesias le había preguntado por una masacre en el departamento de Morazán, a lo que él respondió lo siguiente: «Lo cierto es que ni puedo confirmar dichas declaraciones ni tengo razón alguna para creer que son verdaderas». Indicó que ninguna de las fuentes de la embajada había informado de que algo así hubiera ocurrido, y citó un informe de Radio Venceremos del 2 de enero como la única fuente de la que tenía constancia. Entonces dijo que no consideraba que Radio Venceremos fuera una fuente fiable. Unos días después, el escepticismo de la embajada creció debido a una discusión con un periodista estadounidense independiente que, al parecer, había acompañado a las tropas salvadoreñas en una de sus batidas y que no había visto nada inapropiado. Dicho escepticismo siguió creciendo (así como la creencia de que la historia de El Mozote era parte de una campaña de propaganda del FMLN previa a la garantía) debido a una noticia engañosa presentada unos días antes por uno de los periodistas mencionados que escribió el 27 de enero que los entrenadores militares estadounidenses habían visto a los salvadoreñas haciendo uso de la tortura.

Cuando le preguntaron al portavoz del Departamento por la masacre cuando salieron las noticias en el *New York Times* y el *Washington Post* el 27 de enero, aquél dijo que, «si se demostraba que los informes eran ciertos, evidentemente [condenarían] el incidente». Citó en detalle la respuesta del embajador del 8 de enero y añadió que «la embajada [debía] corroborar dichos informes, y que [seguiría] haciéndolo activamente». Insistió en que «[censuraban] ese tipo de violencia, ya [fuera] por parte de la derecha o de la izquierda, infligida por tropas del Gobierno o por insurgentes de la guerrilla».

Los artículos del 27 de enero empujaron a la embajada a llevar a cabo su propia investigación. Envió a la zona al agregado de Defensa adjunto y a un responsable de derechos humanos. No pudieron llegar al lugar (que volvía a estar controlado por los rebeldes), pero lo sobrevolaron en helicóptero y hablaron con la gente de las inmediaciones. La embajada informó de sus conclusiones en un telegrama fechado el 31 de enero. El resumen decía así: «A pesar de que no es posible demostrar o refutar los abusos violentos contra los civiles de El Mozote a manos de las tropas del Gobierno, es cierto que las fuerzas guerrilleras que establecieron posiciones defensivas en El Mozote no hicieron nada por apartarlos del camino de la batalla que sabían que se avecinaba y para la que se habían preparado, ni hay prueba alguna de que quienes se quedaron intentaran huir. En efecto, murieron civiles durante la Operación Rescate, pero no se han encontrado pruebas que confirmen que las fuerzas del Gobierno masacraron civiles sistemáticamente en la zona de operaciones, ni de que la cifra de civiles muertos se acerque ni siquiera remotamente a las citadas en otros informes que circulan a nivel internacional». Mencionaba que seguían trabajando en averiguar qué unidades del Ejército estuvieron presentes en El Mozote.

En el telegrama se describía el departamento de Morazán (donde se encuentra El Mozote), El Mozote propiamente dicho (señalando que por entonces la población era de no más de trescientas personas) y la Operación Rescate del Ejército. Decía que hubo una firme resistencia por parte de la guerrilla y un combate de cuatro horas. Continuaba diciendo que «los civiles que quedaban en las diferentes partes del cantón podrían haber sufrido lesiones como resultado del combate» y añadía que los guerrilleros recuperaron El Mozote el 29 de diciembre. Los diplomáticos citaron a una pareja de ancianos que huyó durante el ataque; ambos decían que habían visto decenas de cuerpos. El alcalde de un pueblo cercano declinó hablar del comportamiento de las fuerzas del Gobierno diciendo que eso era «algo de lo que [había] que hablar en otro momento y en otro país». Él y el sacerdote estaban de acuerdo en que muchos de los refugiados de aquel pueblo cercano venían de familias guerrilleras.

La conclusión del telegrama indicaba que la zona estaba devastada por la guerra. El Gobierno controlaba los pueblos, los guerrilleros estaban al mando de las zonas rurales y la mayoría de los civiles procuraban mantenerse al margen del conflicto. Con El Mozote en manos de los guerrilleros desde agosto de 1981, los diplomáticos pensaban que «los vecinos eran neutrales, aunque algunos podían ser partidarios activos de la guerrilla». También señalaban la incoherencia de las cifras de muertos y añadían que, probablemente, no había más de trescientas personas en todo el cantón. Mencionaban que varios contactos en la zona habían sido incapaces de ofrecer información de primera mano sobre El Mozote y que miembros de la embajada habían visitado «varias localizaciones por todo Morazán» el 30 de enero y entrevistado a los habitantes y a los refugiados de El Mozote y de los cantones cercanos.

El embajador Hinton estaba claramente molesto con las precipitadas conclusiones sobre El Mozote. El 1 de febrero se quejó al Departamento de un telegrama que hablaba de que él «había negado» el incidente. «Agradecería que el Departamento fuera extremadamente cuidadoso a la hora de describir mis puntos de vista sobre la supuesta masacre», escribió, indicando que no tenía ninguna confirmación ni razón alguna para creer a Radio Venceremos. Añadió, no obstante, que había «pruebas nuevas que sugerían firmemente que [había ocurrido] algo que no debería de haber ocurrido, y que [era] muy probable que el Ejército salvadoreño [hubiera cometido] excesos». También tachó la negación del ministro de Defensa de El Salvador de «evasiva sin credibilidad» y le dijo que algo «había ido mal» con la operación. El día siguiente le presionó para que diera los nombres de los líderes del batallón implicados. El ministro de Defensa contestó diciendo que esas historias eran una «novela» y una «sarta de mentiras».

El Departamento le entregó el resumen de la investigación de la embajada a la prensa el 1 de febrero. El subsecretario Enders declaró frente a varios comités de la Cámara y del Senado a lo largo de los días siguientes. Su enfoque del tema ante el Subcomité de Asuntos Interamericanos de la Comisión de Asuntos Exteriores de la Cámara el 2 de febrero fue el típico. Comentó que no había duda de que «la situación de los derechos humanos en El Salvador [era] muy preocupante» y habló de las dificultades de recopilar información precisa. Dijo lo siguiente: «Lo más difícil de evaluar son las reiteradas denuncias de masacres. La ambigüedad radica en el hecho de que, efectivamente, hay incidentes en que los civiles han sufrido de forma brutal a manos de los guerrilleros, de justicieros derechistas, de las fuerzas del Gobierno, de todos ellos o de algunos; pero, al mismo tiempo, la insurgencia se ha inventado o exagerado las presuntas masacres en repetidas ocasiones como medio de propaganda». Mencionó dos casos de 1981 que no se investigaron y criticó firmemente el asesinato de 19 personas en San Salvador (San Antonio Abad) dos días antes, añadiendo que censuraba «categóricamente la desmesurada violencia infligida por las fuerzas salvadoreñas» en aquel incidente.

Continuó diciendo así: «Enviamos a dos personas de la embajada a investigar las declaraciones [...] en relación con la masacre de El Mozote, en la provincia de Morazán. Queda claro por el informe que entregaron que en el pasado mes de diciembre hubo un enfrentamiento entre los guerrilleros que ocupaban El Mozote y las fuerzas atacantes del Gobierno. No se han encontrado pruebas que confirmen que las fuerzas del Gobierno masacraron civiles sistemáticamente en la zona de operaciones, ni de que la cifra de civiles muertos se acerque ni siquiera remotamente a las 733 o 926 víctimas citadas en la prensa. Quiero señalar que preguntaron cuántas personas había en aquel cantón y que les dijeron que probablemente no más de trescientos en diciembre y que ahora hay muchos supervivientes, incluidos los refugiados». Y añadió lo siguiente: «Nosotros, la embajada, estamos intentando investigar todos los informes que recibimos, y aprovechamos toda oportunidad que surge para recalcarles al Gobierno y al Ejército salvadoreños que nos tomamos en serio el ejercicio de los derechos humanos y que así deberían hacerlo ellos también».

En el testimonio citado anteriormente, Enders no mencionó que los miembros de la embajada, a diferencia de los reporteros, en realidad no fueron al lugar. A pesar de que el día anterior él le había dicho a otro subcomité que los individuos enviados no llegaron a entrar en El Mozote, dicha omisión fue muy polémica,* como también lo fue la frase «no se han encontrado pruebas que [lo] confirmen».

La polémica de El Mozote también se vio acentuada por el contexto político. Además de la primera garantía del presidente sobre El Salvador el 28 de enero, también hubo críticos en el Congreso y en la prensa que cuestionaron las afirmaciones de la Administración sobre el apoyo de Nicaragua a los insurgentes salvadoreños (por supuesto, esto era la base de la financiación encubierta de los contras por parte de Estados Unidos, que había comenzado dos meses antes). La Administración tenía en mente enviar más ayudas a El Salvador, y esa misma Administración se había quejado en repetidas ocasiones de que la cobertura informativa de El Salvador favorecía al FMLN. La idea central del testimonio de Enders era cuestionar las noticas de la prensa sobre El Mozote. La respuesta estándar que utilizó entonces el Departamento en el Congreso y en otros intercambios fue más allá. De hecho, se diseñó básicamente para desacreditar la historia repitiendo que se había dado una disputa por el pueblo, que no se apartó a los civiles de la línea de fuego, y que «los guerrilleros [habían] exagerado las cifras de las muertes de civiles con fines propagandísticos».

La embajada en San Salvador no intentó volver a El Mozote. Y la embajada en Tegucigalpa informó el 17 de febrero de que varios refugiados salvadoreños recién llegados de la provincia de Morazán decían que había habido intensas batidas militares en toda la provincia en diciembre, y que quemaron muchas casas y mataron a muchos habitantes. Con la preparación de las elecciones de marzo de 1982 y los avances en algunos casos de interés para Estados Unidos, a la embajada en San Salvador apenas le quedaba tiempo para hacer seguimiento del caso de El Mozote. En Washington, tampoco parecían estar esforzándose por obtener y analizar las numerosas fotografías del lugar que hi-

---

* De hecho, el 1 de febrero, Enders le mencionó al Subcomité de Operaciones (Apropiaciones) Exteriores de la Cámara que el pueblo de «El Mozote estaba de nuevo en manos de los insurgentes y no [habían] podido ir hasta allí», y repitió lo mismo unos días después ante la Comisión de Relaciones Exteriores del Senado. Proporcionó al Senado una copia clasificada del telegrama original.

cieron los reporteros estadounidenses. En mayo, la embajada informó
de que había intentado establecer una base de datos para investigar en
mayor profundidad el incidente de El Mozote, pero dijo que «no pudieron determinar una conclusión definitiva con respecto a las muertes de civiles» que tuvieron lugar allí. Tras revisar todas las fuentes,
daba la impresión de que ninguna de ellas «indicaba específicamente
que cerca de mil civiles fueron masacrados».

Así, El Mozote parece haberse perdido entre los nuevos asuntos de
la embajada. Las elecciones y sus resultados dominaron el panorama
político salvadoreño. La gente a la que entrevistó la comisión recalcó que
el asunto había dejado de preocupar a la embajada y al Departamento.
No obstante, dada la magnitud y la relevancia de los cargos, éste era un
caso que requería un esfuerzo extraordinario (lo que posiblemente incluyera hacer presión para que una misión militar salvadoreña acompañara a varios observadores neutrales al lugar de los hechos). La embajada no parece haber estado por la labor de presionar, y Washington
prefirió evitar el tema y proteger su por entonces asediada política. En
julio, el cauteloso «no se han encontrado pruebas que [lo] confirmen»
de Enders se convirtió, en el informe de la garantía, en «no hay pruebas que confirmen las acusaciones de masacres a gran escala cometidas supuestamente a manos de las fuerzas del Gobierno». Obviamente, dicha conclusión no coincide con el telegrama del 31 de enero ni
con los posteriores mensajes de advertencia de Hinton o las noticias de
la prensa. Esto minó seriamente su credibilidad con sus críticas (y,
probablemente, con las de los salvadoreños) de tal forma que la herida
aún no ha cicatrizado.

La exhumación de 1992 demostró claramente que era cierto que
había tenido lugar una masacre y que las declaraciones de Estados
Unidos al respecto eran falsas. El 11 de diciembre de 1991, dos miembros de la embajada fueron a El Mozote para asistir a una ceremonia en
honor de quienes murieron en la masacre.

LOS MUERTOS

Pocas semanas después de las matanzas en El Mozote y las aldeas cercanas se llevaron a cabo los primeros intentos por recopilar los nombres de los muertos. Apenas pasado un mes desde la masacre, cuando Raymond Bonner, del *New York Times*, visitó el norte de Morazán, los guerrilleros le dieron unos papeles manuscritos: había cientos y cientos de nombres. Después de contarlos por sí mismo, la cifra que publicó fue de 733. Durante las semanas y los meses que siguieron, el número de muertes causadas por la masacre varió bastante. La guerra impidió que se llevaran a cabo investigaciones forenses independientes e incitó la manipulación de las cifras con fines propagandísticos. De hecho, los grandes movimientos de población hacia Morazán consecuencia de la lucha presentaban dificultades prácticas que hacían que fuera imposible hacer un recuento exacto. (Sólo en El Mozote, por ejemplo, donde básicamente murió todo el mundo, un número importante de los que perecieron habían llegado desde fuera buscando refugio.)

En la primavera de 1990, los investigadores de Tutela Legal, la oficina de derechos humanos del arzobispado de San Salvador, fueron a Morazán para empezar a recopilar información para el proceso penal de Pedro Chicas Romero y otras personas el siguiente mes de noviembre. Durante el curso de su investigación, los trabajadores de Tutela Legal entrevistaron a decenas de supervivientes, recopilaron árboles genealógicos y analizaron los certificados de nacimiento de los que aún vivían. Cuando Tutela Legal publicó su informe en noviembre de 1991 había un apéndice con un listado de las personas que habían muerto. Sin duda, dicho listado era el más preciso de todos los que hubo hasta el momento; al no haber otras exhumaciones, seguramente se mantenga como el recuento más completo de las personas que murieron durante la masacre de El Mozote. Contiene casi ochocientos nombres. (Después de su propia investigación exhaustiva, la Comisión de la Verdad concluyó lo siguiente: «Más de quinientas víctimas identificadas perecieron en El Mozote y en las demás aldeas. Muchas víctimas más no han sido identificadas»).

Lo que viene a continuación proviene del listado de Tutela Legal, con algunos cambios para dejar constancia de la información más reciente. En general, las edades son aproximadas, sobre todo en el caso de los niños, que en muchos casos aparecen sin nombre debido a la ausencia de registros oficiales y a los pocos recuerdos de los supervivientes.

PERSONAS MUERTAS EN EL MOZOTE

1. Domingo Claros, veintinueve años, leñador.
2. Cristino Amaya Claros, nueve años, hijo de Domingo Claros.
3. María Dolores Amaya Claros, cinco años, hija de Domingo Claros.
4. Marta Lilián Claros, tres años, hija de Domingo Claros.
5. María Isabel Amaya Claros, ocho meses, hija de Domingo Claros.
6. Isidra Claros, sesenta años, tía de Domingo Claros.
7. Bonifacia Rodríguez o Anastacia Argueta, sesenta y cinco años.
8. Leonisia Rodríguez o Dionisia Rodríguez, veintisiete años, costurera, hija de Bonifacia Rodríguez.
9. Vilma Rodríguez, dos años, hija de Dionisia Rodríguez y Manuel Alvarenda.
10. Martina Rodríguez, treinta y cinco años, hija de Bonifacia Rodríguez y hermana de Dionisia y Vilma Rodríguez.
11. Ruperto Chicas, cuarenta años, labrador, marido de Martina Rodríguez.
12. Mirna Chicas, diez años, hija de Martina Rodríguez y Ruperto Chicas.

13. Niño, seis años, hijo de Martina Rodríguez y Ruperto Chicas.
14. Niña, cuatro años, hija de Martina Rodríguez y Ruperto Chicas.
15. Niño, tres años, hijo de Martina Rodríguez y Ruperto Chicas.
16. Niño, un año, hijo de Martina Rodríguez y Ruperto Chicas.
17. Concepción Márquez, setenta y cinco años.
18. Julia Claros, treinta años, hija de Concepción Márquez.
19. Alberta Claros, dieciocho, hija de Julia Claros.
20. Niña, un año, hija de Alberta Claros.
21. Francisca Claros, once años, hija de Julia Claros.
22. Niña, siete años, hija de Julia Claros.
23. Antolina Claros, veintiocho años.
24. Francisca Claros, dieciéis años, hija de Antolina Claros.
25. Claudio del Cid, veinte años, carpintero, compañero de Francisca Claros.
26. Niña, seis meses, hija de Francisca Claros y Claudio del Cid.
27. María del Cid, sesenta años, madre de Claudio del Cid.
28. Muchacha, quince años, hija de Antolina Claros.
29. Niña, once años, hija de Antolina Claros.
30. Óscar Claros, siete años, hijo de Antolina Claros.
31. Jesús Claros, cinco años, hijo de Antolina Claros.
32. Leonisia Claros, veinticinco años, hija de Concepción Márquez y hermana de Antolina Claros.
33. Fabián Luna, veinte años, jornalero, compañero de Leonisia Claros.
34. Niña, cinco años, hija de Leonisia Claros y Fabián Luna.
35. Lucio Claros, dos años y medio, hijo de Leonisia Claros y Fabián Luna.
36. Niña, siete meses, hija de Leonisia Claros y Fabián Luna.
37. Emilia Claros, treinta y cinco años, hija de Concepción Márquez y hermana de Antolina y Francisca Claros.
38. Melesio Argueta Alvarenga, cuarenta años, jornalero, marido de Emilia Claros.
39. Priscilio Claros, siete años, hijo de Emilia Claros y Melesio Argueta.
40. Muchacha, dieciocho años, hija de Emilia Claros y Melesio Argueta.
41. Niña, diez meses, hija de la víctima cuarenta años y nieta de Emilia Claros y Melesio Argueta.

42. Isabel Argueta, seis años, hija de Emilia Claros y Melesio Argueta.
43. Niño, cuatro años, hijo de Emilia Claros y Melesio Argueta.
44. Niño, dos años, hijo de Emilia Claros y Melesio Argueta.
45. Cosme Argueta, cuarenta y cinco años, hermana de Melesio Argueta.
46. Israel Márquez, ochenta años, comerciante.
47. Paula Márquez, sesenta años, esposa de Israel Márquez.
48. Elvira Márquez Chicas, treinta y cuatro años, embarazada, nieta de Israel Márquez.
49. Sonia Márquez o Sonia Chicas, cinco años, hija de Elvira Márquez y Leonardo Márquez del Cid (víctima 51).
50. Muchacha, diecinueve años, hija de Israel Márquez.
51. Leonardo Márquez del Cid, cuarenta años, labrador, padre de Sonia Márquez (víctima 49).
52. Balbino Márquez del Cid, sesenta años, labrador, padre de Leonardo Márquez.
53. Francisca del Cid, cincuenta y cinco años, esposa de Balbino Márquez
54. Orbelina Márquez, cuarenta y cinco años, costurera, compañera de Leonardo Márquez del Cid.
55. Bruno Claros, cincuenta años, labrador.
56. Hortensia Romero Márquez, treinta y nueve años, esposa de Bruno Claros.
57. Matilde Pereira, setenta años, labradora, madre de Bruno Claros.
58. Rodolfo Claros, quince años, hermano de Bruno Claros.
59. Niño, cinco años, pupilo de Bruno Claros.
60. Muchacho, dieciocho años, hijo de Bruno Claros y Hortensia Romero.
61. Muchacha, dieciséis años, hija de Bruno Claros y Hortensia Romero.
62. Eva Romero, once años, hija de Bruno Claros y Hortensia Romero.
63. Irma Romero, nueve años, hija de Bruno Claros y Hortensia Romero.
64. Bruno Claros, siete años, hijo de Bruno Claros y Hortensia Romero.
65. Hipólita Claros, trece años, hija de Domingo Claros (víctima 1).
66. María Concepción Romero, cuarenta y cuatro años, madre de Hipólita Claros.

67. Melesio Díaz, sesenta y cinco años, carnicero.
68. Norberta Márquez, cuarenta años, compañera de Melesio Díaz.
69. Mártir Díaz, catorce años, hija de Melesio Díaz.
70. Moisés Claros, setenta y cinco años, jornalero.
71. Hombre, noventa años, padre de Moisés Claros.
72. Eugenia Claros, veintisiete años, hilandera de agave, hija de Moisés Claros.
73. David Claros, diez años, hijo de Eugenia Claros y nieto de Moisés Claros.
74. Niña, seis años, hija de Eugenia Claros y nieta de Moisés Claros.
75. Niña, ocho años, hija de Eugenia Claros y nieta de Moisés Claros.
76. Niña, tres años, hija de Eugenia Claros y nieta de Moisés Claros.
77. Niña, dos años, hija de Eugenia Claros y nieta de Moisés Claros.
78. Niña, nueve meses, hija de Eugenia Claros y nieta de Moisés Claros.
79. Benjamín Antonio Claros, cuarenta y cinco años, hijo de Moisés Claros.
80. Anastacia Márquez, cuarenta años, embarazada, compañera de Benjamín Antonio Claros.
81. Matías Márquez, setenta y cinco años, carpintero, padre de Anastacia Márquez.
82. María Argueta, treinta años, compañera de Matías Márquez.
83. Dolores Márquez, veinticinco años, embarazada, hija de Matías Márquez.
84. Lucio Márquez, cuarenta y cinco años, jornalero, compañero de Dolores Márquez.
85. Niño, siete años, hijo de Dolores Márquez y Lucio Márquez.
86. Niño, cinco años, hijo de Dolores Márquez y Lucio Márquez.
87. Dominga Márquez, setenta años, madre de Lucio Márquez.
88. Niña, cinco años, hija de Benjamín Claros (víctima 79) y Anastacia Márquez (víctima 80).
89. Niño, seis años, hijo de Benjamín Claros (víctima 79) y Anastacia Márquez (víctima 80).
90. Niño, nueve años, hijo de Benjamín Claros (víctima 79) y Anastacia Márquez (víctima 80).
91. Niño, once años, hijo de Benjamín Claros (víctima 79) y Anastacia Márquez (víctima 80).

92. Francisco Claros, ochenta años, jornalero, primo de Moisés Claros (víctima 70).
93. Rogelia Díaz, setenta y seis años, esposa de Francisco Claros.
94. Muchacho, dieciséis años, impedido, nieto de Francisco Claros.
95. Paulina Márquez Claros o Paulina Claros o Paulina Díaz, sesenta años.
96. Telésforo Márquez, treinta y cinco años, sordomudo, hijo de Paulina Márquez.
97. Lorenzo Claros o Lorenzo Díaz, veinticinco años, hijo de Paulina Márquez y hermano de Telésforo Márquez.
98. Eugenio Vigil, sesenta años, labrador.
99. Agustina Vigil, veinticinco años, embarazada, hija de Eugenio Vigil.
100. Niña, siete años, hija de Agustina Vigil.
101. Marcelina Vigil, veintidós años, hija de Eugenio Vigil
102. Dionisio Márquez, veinte años, jornalero, esposo de Marcelina Vigil
103. Miguel Márquez, setenta años, jornalero, padre de Dionisio Márquez
104. Niño, cinco años, hijo de Dionisio Márquez.
105. Niña, nueve meses, hija de Dionisio Márquez.
106. María Anselma Márquez, veinticinco años, embarazada, hija de Miguel Márquez.
107. Arturo Gidio Chicas, treinta y nueve años, jornalero, compañero de Anselma Márquez.
108. Lucía Márquez, catorce años, hija de María Anselma Márquez y Arturo Gidio Chicas.
109. Dora Márquez, once años, hija de María Anselma Márquez y Arturo Gidio Chicas.
110. Niña, siete años, hija de María Anselma Márquez y Arturo Gidio Chicas.
111. Niña, cinco años, hija de María Anselma Márquez y Arturo Gidio Chicas.
112. Niño, un año, hijo de María Anselma Márquez y Arturo Gidio Chicas.

113. Muchacha, dieciocho años, hija de Miguel Márquez (víctima 103).
114. Niño, dos días, nieto de Miguel Márquez
115. Marto Vigil, setenta y cinco años, labrador, hermano de Eugenio Vigil (víctima 98).
116. Paula Díaz, setenta y cinco años, esposa de Marto Vigil.
117. Dominga Díaz, treinta años, pupila de Marto Vigil.
118. Niña, cinco años, hija de Dominga Díaz.
119. Magdalena Díaz, sesenta años, hermana de Paula Díaz.
120. Muchacha, diecinueve años, hija de Magdalena Díaz.
121. Muchacha, dieciséis años, hija de Magdalena Díaz.
122. Cesario Márquez, setenta años, labrador.
123. Clementina Pereira o Clementina Argueta, sesenta años, esposa de Cesario Márquez.
124. Muchacha, quince años, hija de Cesario Márquez.
125. Muchacha, catorce años, hija de Cesario Márquez.
126. Niño, once años, hijo de Cesario Márquez.
127. Hilda Márquez, veinticinco años, embarazada, hija de Cesario Márquez.
128. Niña, seis años, hija de Hilda Márquez y Felipe Argueta.
129. Niño, cuatro años, hijo de Hilda Márquez y Felipe Argueta.
130. Niño, tres años, hijo de Hilda Márquez y Felipe Argueta.
131. Niña, un año, hija de Hilda Márquez y Felipe Argueta.
132. Filomena Claros, cincuenta años, hija de Concepción Márquez (víctima 7).
133. Niño, once años, hijo de Filomena Claros.
134. Muchacho, dieciocho años, jornalero, hijo de Filomena Claros.
135. Muchacha, catorce años, hija de Filomena Claros.
136. Niño, siete años, hijo de Filomena Claros.
137. Niño, cinco años, hijo de Filomena Claros.
138. Ascensión Márquez, treinta y nueve años, jornalero, hermano de Concepción Márquez (víctima 17).
139. Susana Claros, cuarenta y ocho años.
140. Eugenia Claros, treinta años, embarazada, hija de Susana Claros y compañera de Ascensión Márquez.

141. Jesús Claros, diez años, hijo de Ascensión Márquez y Eugenia Claros.
142. Rosita Claros, cinco años, hija de Ascensión Márquez y Eugenia Claros.
143. Niño, siete años, hijo de Ascensión Márquez y Eugenia Claros.
144. Niño, tres años, hijo de Ascensión Márquez y Eugenia Claros.
145. Niña, dos años, hija de Ascensión Márquez y Eugenia Claros.
146. Andrea del Cid, sesenta años.
147. Vicenta del Cid, ochenta años, hermana de Andrea del Cid.
148. Rosa del Cid, veinte años, embarazada, hija de Andrea del Cid.
149. Emely del Cid, cuatro años, hija de Rosa del Cid.
150. Mauricio del Cid, nueve meses, hijo de Rosa del Cid.
151. Ángela del Cid, cinco años, hija de Rosa del Cid.
152. Leoncio Díaz, ciento cinco años, carnicero en su juventud.
153. Leoncia Márquez, cien años, compañera de Leoncio Díaz.
154. Gilberto Sorto, veinticinco años, labrador.
155. Felicita Vigil, veinte años, esposa de Gilberto Sorto.
156. Anacleta Sorto, sesenta y cinco años, madre de Gilberto Sorto.
157. Niño, cinco años, hijo de Gilberto Sorto y Felicita Vigil.
158. Niño, tres años, hijo de Gilberto Sorto y Felicita Vigil.
159. Martina Argueta, treinta y cinco años.
160. Niña, doce años, hija de Marina Argueta.
161. Niño, nueve años, hijo de Martina Argueta.
162. Niño, siete años, hijo de Martina Argueta.
163. Niña, dos años, hija de Martina Argueta.
164. Onofre Argueta, diecinueve años.
165. Niña, once años, hija de Onofre Argueta.
166. Niño, nueve años, hijo de Onofre Argueta.
167. Niño, siete años, hijo de Onofre Argueta.
168. Niña, cinco años, hija de Onofre Argueta.
169. Niño, tres años, hijo de Onofre Argueta.
170. Gertrudis Guevara, ochenta años, jornalera.
171. Marcelina Márquez, veinticinco años, compañera de Gertrudis Guevara.
172. Tomás Márquez, cinco años, hijo de Gertrudis Guevara y Marcelina Márquez.

173. Niña, tres meses, hija de Gertrudis Guevara y Marcelina Márquez.
174. Segundo Chicas, veinticinco años, jornalero.
175. Saturnina Romero, veinticinco años, compañera de Segundo Chicas.
176. Niña, nueve meses, hija de Segundo Chicas y Saturnina Romero.
177. Niño, diez años, hijo de Segundo Chicas y Saturnina Romero.
178. Niño, siete años, hijo de Segundo Chicas y Saturnina Romero.
179. Niño, cinco años, hijo de Segundo Chicas y Saturnina Romero.
180. Facundo Chicas, veinticinco años, hermano de Segundo Chicas.
181. Melda Márquez Chicas, veinticinco años, esposa de Facundo Chicas.
182. Niño, doce años, hijo de Facundo Chicas y Melda Márquez.
183. Niño, diez años, hijo de Facundo Chicas y Melda Márquez.
184. Niño, nueve años, hijo de Facundo Chicas y Melda Márquez.
185. Niño, siete años, hijo de Facundo Chicas y Melda Márquez.
186. Niño, dos años, hijo de Facundo Chicas y Melda Márquez.
187. Anselma de Márquez, ochenta años.
188. Chon Márquez, veintidós años, retrasado mental, hijo de Anselma de Márquez.
189. Doroteo N., sesenta años, jornalero.
190. Fernando Guevara, sesenta años, labrador.
191. Florinda del Cid de Guevara, cincuenta y ocho años, amputada (una pierna), esposa de Fernando Guevara y hermana de Francisca del Cid (víctima 53).
192. María Romero, cuarenta y cinco años, comerciante, viuda.
193. Lucas Guevara, treinta y cinco años, jornalero.
194. Andrés Guevara, cincuenta años, jornalero, padre de Lucas Guevara.
195. Rufina Romero, treinta y cinco años, compañera de Lucas Guevara.
196. Telma Romero, doce años, hija de Lucas Guevara y Rufina Romero.
197. Rosita Romero, diez años, hija de Lucas Guevara y Rufina Romero.
198. Candelaria Romero, seis años, hija de Lucas Guevara y Rufina Romero.
199. Joaquín Romero, siete años, hijo de Lucas Guevara y Rufina Romero.

200. José Romero, seis meses, hijo de Lucas Guevara y Rufina Romero.
201. Benito Romero, treinta años, jornalero, hijo de María Romero (víctima 192).
202. Florentina del Cid, veinticinco años, compañera de Benito Romero.
203. Lucía del Cid, diez años, hija de Benito Romero y Florentina del Cid.
204. Camilo del Cid, siete años, hijo de Benito Romero y Florentina del Cid.
205. Rosita del Cid, cuatro años, hija de Benito Romero y Florentina del Cid.
206. Niña, un año, hija de Benito Romero y Florentina del Cid.
207. Eduardo Díaz o Eduardo Claros, treinta años, jornalero.
208. Carmen Claros, dieciocho años, compañera de Eduardo Claros.
209. Jubencio Díaz, diez años, hijo de Eduardo Díaz.
210. Clicerio Díaz, tres años, hijo de Eduardo Díaz.
211. José Díaz, cinco años, hijo de Eduardo Díaz.
212. Deciderio Díaz o Deciderio Claros, cincuenta años, labrador, padre de Eduardo Díaz.
213. María Márquez o María Guevara, cuarenta años, compañera de Deciderio Díaz.
214. Santos Márquez o Santos Guevara, veinte años, hija de María Márquez.
215. Eladio Claros, veinticinco años, jornalero, hijo de Deciderio Díaz y compañero de Santos Márquez.
216. Doris Claros, dieciséis años, hija de Eladio Claros y Santos Guevara.
217. Niño, trece años, hijo de Eladio Claros y Santos Guevara.
218. Niña, once años, hija de Eladio Claros y Santos Guevara.
219. Niño, ocho años, hijo de Eladio Claros y Santos Guevara.
220. Niña, cinco años, hija de Eladio Claros y Santos Guevara.
221. Virginia Claros, dieciséis años, hermana de Eduardo Claros (víctima 207).
222. Olayo Claros, quince años, jornalero, hermano de Eduardo Claros (víctima 207).
223. Martina Claros, quince años, embarazada, compañera de Olayo Claros.

224. Francisca Claros, dieciocho años, hermana de Eduardo Claros (víctima 207).
225. Ignacio Guevara, sesenta años, labrador.
226. Peto Díaz, cincuenta años, labrador.
227. Andrea Márquez, cuarenta y cinco años, compañera de Peto Díaz.
228. Victoriana Díaz Márquez, treinta años, hija de Peto Díaz y Andrea Márquez.
229. Locadio Díaz Márquez, dieciocho años, hijo de Peto Díaz y Andrea Márquez.
230. Eugenia Díaz Márquez, catorce años, hija de Peto Díaz y Andrea Márquez.
231. Niño, cuatro años, hijo de Victoriana Díaz Márquez.
232. Niño, un año, hijo de Victoriana Díaz Márquez.
233. Salomé Márquez, veinticinco años, jornalero
234. Marta Márquez Vigil, cincuenta años.
235. Margarita Márquez Claros, veinticinco años, hija de Marta Márquez.
236. Liria Márquez, siete años, hija de Margarita Márquez.
237. Dinora Márquez, seis años, hija de Margarita Márquez.
238. Amparo Márquez, cuatro años, hija de Margarita Márquez.
239. Rosita Márquez, dos años, hija de Margarita Márquez.
240. Miriam Márquez, un año, hija de Margarita Márquez.
241. Cleotilde Márquez, sesenta años, hermana de Marta Márquez.
242. Cosme Díaz, ochenta años, jornalero.
243. José Marcos Díaz, treinta y cuatro años, comerciante.
244. Rosa Pereira, veintidós años, esposa de José Marcos Díaz.
245. Irma Yanet Díaz, cuatro años, hija de José Marcos Díaz y Rosa Pereira.
246. Lorena Pereira, tres años, hija de José Marcos Díaz y Rosa Pereira.
247. Amílcar Pereira, dos meses, hijo de José Marcos Díaz y Rosa Pereira.
248. Maura Pereira, diez años, estudiante, ahijada de José Marcos Díaz.
249. Alejandro Díaz, sesenta años, comerciante, padre de José Marcos Díaz.

250. María Márquez, cincuenta años, compañera de Alejandro Díaz.
251. Ramón Márquez Díaz, dieciocho años, comerciante, hijo de Alejandro Díaz.
252. Santos Márquez, cuarenta años, labrador.
253. Agustina García, treinta y cinco años, compañera de Santos Márquez.
254. René Márquez, once años, estudiante, hijo de Santos Márquez y Agustina García.
255. Edi Márquez, cinco años, hija de Santos Márquez y Agustina García.
256. Niña, dos años, hija de Santos Márquez y Agustina García.
257. Félix del Cid, diecinueve años, jornalero.
258. Estanislao Chicas, setenta y cinco años, ciego.
259. Angélica Márquez, cuarenta y cinco años, costurera, esposa de Estanislao Chicas.
260. Carlos Chicas, veinticinco años, ciego, hijo de Estanislao Chicas y Angélica Márquez.
261. Narcisa Márquez, veinte años, compañera de Carlos Chicas.
262. Niña, cinco años, hija de Carlos Chicas y Narcisa Márquez.
263. Niña, tres años, hija de Carlos Chicas y Narcisa Márquez.
264. Niña, dos años, hija de Carlos Chicas y Narcisa Márquez.
265. Antonio Chicas, quince años, estudiante, hermano de Carlos Chicas e hijo de Estanislao Chicas.
266. Humberto Chicas, trece años, hijo de Estanislao Chicas y Angélica Márquez.
267. Estanislao Guevara, treinta años, jornalero.
268. Felipa Díaz, veinticinco años, compañera de Estanislao Guevara.
269. Niño, ocho años, hijo de Estanislao Guevara y Felipa Díaz.
270. Niño, siete años, hijo de Estanislao Guevara y Felipa Díaz.
271. Niño, seis años, hijo de Estanislao Guevara y Felipa Díaz.
272. Natividad Argueta, ochenta años.
273. Martina Díaz, sesenta y cinco años, hilandera de agave, esposa de Natividad Argueta.
274. Daniel Romero, cuarenta y ocho años, labrador.

275. Florentina Pereira, cuarenta y dos años, esposa de Daniel Romero.

276. Ana María Romero, dieciséis años, hija de Daniel Romero y Florentina Pereira.

277. Jesús Salvador Romero, trece años, hijo de Daniel Romero y Florentina Pereira.

278. Elmer Nicolás Márquez, dos años, pupilo de Daniel Romero.

279. Leoncio Díaz, sesenta años, comerciante.

280. Edilfonza Díaz, sesenta y ocho años, esposa de Leoncio Díaz.

281. José María Márquez, sesenta años, jornalero.

282. Donatila Pereira, cuarenta y cinco años, costurera, compañera de José María Márquez.

283. Sofía Márquez, veinticinco años, hija de José María Márquez y Donatila Pereira.

284. Oscar Márquez, diecinueve años, hijo de José María Márquez y Donatila Pereira.

285. Niño, siete años, hijo de Sofía Márquez.

286. Niño, tres años, hijo de Sofía Márquez.

287. Niño, dos años, hijo de Sofía Márquez.

288. Evenor Márquez, diecisiete años, jornalero, hijo de José María Márquez y Donatila Pereira.

289. María Fredy Márquez, catorce años, estudiante, hija de José María Márquez y Donatila Pereira.

290. Niña, tres años, hija de José María Márquez y Donatila Pereira.

291. Cayetano Argueta, sesenta años, jornalero.

292. María Ángela Guevara, cincuenta años, compañera de Cayetano Argueta.

293. Niño, doce años, estudiante, hijo de Cayetano Argueta y María Ángela Guevara.

294. Niño, diez años, estudiante, hijo de Cayetano Argueta y María Ángela Guevara.

295. Florencio Argueta del Cid, sesenta y dos años, jornalero.

296. María Valentina Argueta Márquez, treinta años, hija de Florencio Argueta del Cid.

297. Agustina Argueta Márquez, veintidós años, hija de Florencio Argueta del Cid.

298. María Mártir Argueta Márquez, veintitrés años, hija de Florencio Argueta del Cid.

299. Juan Francisco Argueta Márquez, diez años, hijo de Florencio Argueta del Cid.

300. Lucio Márquez, veinticuatro años, jornalero, esposo de María Valentina Argueta Márquez (víctima 296).

301. Evaristo Márquez Argueta, ocho años, hijo de María Valentina Argueta Márquez y Lucio Márquez.

302. Antonio Márquez Argueta, cinco años, hijo de María Valentina Argueta Márquez y Lucio Márquez.

303. Cristino Márquez Argueta, dos años, hijo de María Valentina Argueta Márquez y Lucio Márquez.

304. Celestino Márquez Argueta, un año, hijo de María Valentina Argueta Márquez y Lucio Márquez.

305. Timoteo Argueta Márquez, treinta años, jornalero, esposo de Agustina Argueta Márquez (víctima 297).

306. Santos Argueta Márquez, nueve años, estudiante, hijo de Agustina Argueta Márquez y Timoteo Argueta Márquez.

307. Jesús Argueta Márquez, seis años, hijo de Agustina Argueta Márquez y Timoteo Argueta Márquez.

308. Isabel Argueta Márquez, cuatro años, hija de Agustina Argueta Márquez y Timoteo Argueta Márquez.

309. Santos Claros, treinta años, jornalero, compañero de María Mártir Argueta Márquez (víctima 298).

310. Armando Argueta Claros, ocho meses, hijo de María Mártir Argueta Márquez y Santos Claros.

311. Antonio Márquez, treinta y cinco años, jornalero.

312. Eduvina Márquez, veinticinco años, hermana de Antonio Márquez.

313. Mónica Díaz, ochenta años, asesinada en la zona de Tierra Colorada, jurisdicción de Arambala.

314. Lorenzo Claros, siete años, nieto de Mónica Díaz.

315. Rogelia Orellana, setenta años, asesinada en la zona de Tierra Colorada, jurisdicción de Arambala.

316. Eduardo Hernández, setenta años, jornalero, asesinado en la zona de Tierra Colorada, jurisdicción de Arambala.

317. Sara N., setenta y cinco años, compañera de Eduardo Hernández, asesinada en la zona de Tierra Colorada, jurisdicción de Arambala.
318. Lucita Chicas, treinta y cinco años, sobrina de Israel Márquez (víctima 46).
319. Efraín Ramos o Efraín Márquez, cuarenta años, comerciante, esposo de Lucita Chicas.
320. Niño, dos años, hijo de Efraín Ramos.
321. Niño, cuatro años, hijo de Efraín Ramos.
322. Niño, doce años, hijo de Efraín Ramos.
323. Antonia Guevara, treinta y cinco años.
324. Niño, cinco años, hijo de Antonia Guevara.
325. Niña, diez años, estudiante, sobrina de Antonia Guevara.
326. Niño, ocho años, estudiante, sobrino de Antonia Guevara.
327. Niño, seis años, estudiante, sobrino de Antonia Guevara.
328. Niño, tres años, sobrino de Antonia Guevara.
329. Florinda Díaz, sesenta años.
330. Neftalí Márquez, cuarenta años, jornalero, compañero de Florinda Díaz.
331. Niño, siete años, pupilo de Florinda Díaz y Neftalí Márquez.
332. Perfecto Díaz, sesenta y cuatro años, albañil.
333. Andrea Márquez, cuarenta años, esposa de Perfecto Díaz.
334. Eugenia Díaz Márquez, veinte años, hija de Perfecto Díaz y Andrea Márquez.
335. Niña, tres años, hija de Eugenia Díaz Márquez.
336. Macario Díaz Márquez, quince años, jornalero, hijo de Perfecto Díaz y Andrea Márquez.
337. Victorina Díaz Márquez, dieciséis años, hija de Perfecto Díaz y Andrea Márquez.
338. Niña, tres años, hija de Victorina Díaz Márquez y Francisco Argueta.
339. Niña, dos años, hija de Victorina Díaz Márquez y Francisco Argueta.
340. José Raúl Díaz, catorce años, jornalero, sobrino de Perfecto Díaz.

341. José Cayetano Argueta, cuarenta años, músico.
342. María Guevara, treinta años, compañera de José Cayetano Argueta.
343. Salomé Argueta, dieciocho años, jornalero, hijo de José Cayetano Argueta y María Guevara.
344. José Argueta, catorce años, jornalero, hijo de José Cayetano Argueta y María Guevara.
345. Niño, doce años, jornalero, hijo de José Cayetano Argueta y María Guevara.
346. Lorenzo Argueta, cuarenta años, jornalero.
347. Mujer, dieciocho años, esposa de José Argueta.
348. Salvador Márquez, sesenta y cinco años, jornalero.
349. Medarda Díaz, sesenta años, esposa de Salvador Márquez.
350. Cristina Márquez, veinticinco años, hija de Salvador Márquez y Medarda Díaz.
351. Bartolomé Márquez o Salomé Márquez, cuarenta años, hijo de Salvador Márquez y Medarda Díaz.
352. Rufino Márquez, jornalero, hijo de Bartolomé Márquez.
353. Clementina Márquez o Pasita Díaz, veintiséis años, esposa de Rufino Márquez.
354. Walter Márquez, tres años, hijo de Rufino Márquez y Clementina Márquez.
355. Edith Márquez, doce años, hija de Rufino Márquez y Clementina Márquez.
356. Gloria Márquez, diez años, hija de Rufino Márquez y Clementina Márquez.
357. Norberta Díaz, sesenta años, esposa de Eugenio Vigil.
358. José María Márquez, diez años, hijo de Leonardo Márquez (víctima 51) y Orbelina Márquez (víctima 54).
359. Mario Márquez, seis años, hijo de Leonardo Márquez (víctima 51) y Orbelina Márquez (víctima 54).
360. Maximino Márquez, cuatro años, hijo de Leonardo Márquez (víctima 51) y Orbelina Márquez (víctima 54).
361. Vilma Yanet Márquez, un año, hija de Leonardo Márquez (víctima 51) y Orbelina Márquez (víctima 54)

362. María Santos Pereira Argueta, veinticinco años.

363. Miriam Rodríguez Pereira, nueve años, hija de María Santos Pereira Argueta.

364. Dolores Rodríguez Pereira, siete años, hija de María Santos Pereira Argueta.

365. Lilián Elizabeth Rodríguez Pereira, seis años, hija de María Santos Pereira Argueta.

366. Nilson Rodríguez o Hernán Rodríguez, cuatro años, hijo de María Santos Pereira Argueta.

367. Evelio Rodríguez Pereira, tres años, hijo de María Santos Pereira Argueta.

368. Niño, diez meses, hijo de María Santos Pereira Argueta.

369. Isabel Argueta, sesenta y cinco años, viuda.

370. Margarita Reyna Márquez, cincuenta y cinco años.

PERSONAS MUERTAS EN LA JOYA

371. María Romero Martínez, veinticinco años.

372. Maribel Romero, cinco años, hija de María Romero.

373. Lupita Romero, tres años, hija de María Romero Martínez.

374. Arnoldo Romero, seis meses, hijo de María Romero Martínez.

375. María Heriberta Martínez, treinta años, embarazada (nueve meses) en el momento de la muerte.

376. Anastacio Chicas Romero, edad desconocida, jornalero, compañero de María Heriberta Martínez.

377. Doré Chicas Martínez, siete años, hijo de María Heriberta Martínez y Anastacio Chicas Romero.

378. Anunciación Chicas Martínez, tres años, hija de María Heriberta Martínez y Anastacio Chicas Romero.

379. Justiniano Chicas Martínez, ocho años, hijo de María Heriberta Martínez y Anastacio Chicas Romero

380. Pedro Chicas Martínez, doce años, hijo de María Heriberta Martínez y Anastacio Chicas Romero

381. Marino Chicas Martínez, catorce años, hijo de María Heriberta Martínez y Anastacio Chicas Romero

382. David Chicas Martínez, un año, hijo de María Heriberta Martínez y Anastacio Chicas Romero.
383. Felipa Martínez, sesenta años, madre de María Heriberta Martínez.
384. Vicenta Torres, treinta años.
385. Dora Torres Martínez, tres años, hija de Vicenta Torres.
386. Niña, varios meses de edad, hija de Vicenta Torres.
387. Niña, varios meses de edad, hija de Vicenta Torres.
388. Victorina Chicas, treinta y cinco años, hilandera de agave.
389. Lucrecia Chicas, cinco años, hija de Victorina Chicas.
390. Petrona Chicas o Petronila Chicas, cuarenta años.
391. Catalina Chicas, ocho años, hija de Petrona Chicas.
392. Justina Guevara o Justiniana Guevara, cincuenta años, hilandera de agave.
393. Jacinta Guevara o Jacinta Díaz, veinticinco años, hilandera de agave, hija de Justina Guevara.
394. María Guevara o María Díaz, cinco años, hija de Jacinta Díaz y nieta de Justina Guevara.
395. Roque Guevara o Roque Díaz, cuatro años, hijo de Jacinta Díaz y nieto de Justina Guevara.
396. Ambrosio Guevara, un año, hijo de Jacinta Díaz y nieto de Justina Guevara.
397. Josefina Guevara o Josefina Hernández, cincuenta años.
398. Hilaria Fernández, cuarenta y cinco años, hermana de Josefina Hernández.
399. Lorenzo Vigil, cuarenta años, jornalero.
400. Aminta Vigil Argueta, diecinueve años, hija de Lorenzo Vigil.
401. Pedrito Vigil Argueta, diez años, hijo de Lorenzo Vigil.
402. José Wilfredo Vigil, dos años, hijo de Aminta Vigil Argueta y nieto de Lorenzo Vigil.
403. Niño, tres años, hijo de Aminta Vigil Argueta y nieto de Lorenzo Vigil.
404. Matea Vigil, sesenta años, tía de Lorenzo Vigil.
405. Concepción Vigil, cuarenta años, jornalero e hilandero de agave, hijo de Matea Vigil.

406. Eugenia Martínez, veinticinco años, compañera de Concepción Vigil.
407. Leonarda Martínez, sesenta años, madre de Eugenia Martínez.
408. María Martínez, seis años, hija de Concepción Vigil y Eugenia Martínez.
409. Federico Martínez, cuatro años, hijo de Concepción Vigil y Eugenia Martínez.
410. Niña, seis meses, hija de Concepción Vigil y Eugenia Martínez.
411. María Argueta, treinta años, hermana de Eugenia Martínez.
412. Niño, edad desconocida, hijo de María Argueta.
413. Niño, edad desconocida, hijo de María Argueta.
414. Niña, edad desconocida, hija de María Argueta.
415. Aquilino Díaz o Aquilino Sáenz, treinta y cinco años, jornalero.
416. Francisca Chavarría, cuarenta años, compañera de Aquilino Díaz.
417. Santos Chavarría, nueve años, hijo de Aquilino Díaz y Francisca Chavarría.
418. José Chavarría, ocho años, hijo de Aquilino Díaz y Francisca Chavarría.
419. Niña, edad desconocida, hija de Aquilino Díaz y Francisca Chavarría.
420. Niña, edad desconocida, hija de Aquilino Díaz y Francisca Chavarría.
421. Estanislao Díaz, labrador, padre de Aquilino Díaz.
422. Tomasa Martínez, setenta años, esposa de Estanislao Díaz y madre de Aquilino Díaz.
423. Dominga Chavarría, veinte años.
424. Niño, edad desconocida, hijo de Dominga Chavarría.
425. Niño, edad desconocida, hijo de Dominga Chavarría.
426. Niño, edad desconocida, hijo de Dominga Chavarría.
427. Sebastiana Ramos, treinta y cinco años.
428. Petrona Chavarría, cincuenta años, tía de Francisca Chavarría (víctima 416).
429. Tomasa Chavarría, edad desconocida, madre de Francisca Chavarría (víctima 416).

430. Santos Chavarría, cincuenta y cinco años, hilandero de agave, hermano de Tomasa Chavarría.
431. Faustina Chavarría Luna, quince años, hija de Santos Chavarría.
432. Eustaquia Chavarría Luna, once años, hija de Santos Chavarría.
433. Santos Chavarría Luna, cinco años, hija de Santos Chavarría.
434. Niña, un año, hija de Santos Chavarría.
435. Regino Chavarría, sesenta y cinco años, hermano de Santos Chavarría.
436. Otilia Hernández, treinta años, hija de Regino Chavarría.
437. José Rosario Pérez, veinte años, jornalero e hilandero de agave, compañero de Otilia Hernández.
438. Niño, edad desconocida, hijo de Otilia Hernández y José Rosario Pérez.
439. Niño, edad desconocida, hijo de Otilia Hernández y José Rosario Pérez.
440. Niño, edad desconocida, hijo de Otilia Hernández y José Rosario Pérez.
441. Niño, edad desconocida, hijo de Otilia Hernández y José Rosario Pérez.
442. Marcial Pérez, quince años, hilandero de agave, hermano de José Rosario Pérez.
443. Agapito Luna, veintitrés años, labrador.
444. Inés Martínez, cuarenta y cinco años, jornalero.
445. Margarita Martínez o Margarita Romero, cuarenta años esposa de Inés Martínez.
446. Cristina Martínez, veintitrés años, hija de Margarita Romero e Inés Martínez.
447. Cristina Martínez, nueve meses, hija de Cristina Martínez.
448. Niño, seis años, hijo de Cristina Martínez.
449. Facunda Romero, veinticinco años, hija de Margarita Romero e Inés Martínez.
450. Marta Romero, diez años, hija de Facunda Romero.
451. Niño, ocho años, hijo de Facunda Romero.

LOS MUERTOS

452. Niño, seis años, hijo de Facunda Romero.
453. Hombre, veintidós años, jornalero, hijo de Margarita Romero e Inés Martínez.
454. Muchacho, diecinueve años, jornalero, hijo de Margarita Romero e Inés Martínez.
455. Jacinto Sánchez, ochenta años, jornalero.
456. Amelia Sánchez, noventa y cinco años, hermana de Jacinto Sánchez.
457. Dominga Sánchez, treinta años, hija de Jacinto Sánchez.
458. Mela Sánchez o Angélica Sánchez, catorce años, hija de Dominga Sánchez.
459. Juancito Sánchez, diez años, estudiante, hijo de Dominga Sánchez.
460. Santos Sánchez o Santos Argueta de Sánchez, treinta y cinco años, esposa de José Sánchez.
461. Figenia Sánchez, trece años, hija de José Sánchez y Santos Sánchez.
462. Irma Sánchez, seis años, hija de José Sánchez y Santos Sánchez.
463. Mariana Sánchez, cuatro años, hija de José Sánchez y Santos Sánchez.
464. Espentación Sánchez o Petio Sánchez, dos años, hijo de José Sánchez y Santos Sánchez.
465. Jacinto Sánchez, tres años, hijo de José Sánchez y Santos Sánchez.
466. Concepción Sánchez, tres días, hija de José Sánchez y Santos Sánchez.
467. Reynelda López o Reynelda Elizabeth López, treinta y dos años.
468. Arnoldo López, diez años, hijo de Reynelda López.
469. Edgar Marín López, ocho años, hijo de Reynelda López.
470. Joaquín López, seis años, hijo de Reynelda López.
471. Heriberto López, cuatro años, hijo de Reynelda López.
472. José Dore López, dos años, hijo de Reynelda López.
473. José Cleofás López, ocho meses, hijo de Reynelda López.
474. Francisca Gómez o Francisca Sánchez, setenta y cinco años, esposa de Ismael López.

475. Priscila López, veintidós años, hija de Ismael López.
476. Niña, siete años meses, hija de Priscila López.
477. María Inés Martínez, treinta y cuatro años.
478. Jesús Martínez, ocho años, hijo de María Inés Martínez.
479. Teodoro Martínez, cinco años, hijo de María Inés Martínez.
480. Máxima Martínez, diez años, hija de María Inés Martínez.
481. Niño, cuatro años, hijo de María Inés Martínez.
482. Gregoria Martínez, veinticuatro años, prima de María Inés Martínez.
483. Bernarda Martínez o Cecilia Martínez, doce años, hija de Gregoria Martínez.
484. Esther Martínez, nueve años, hija de Gregoria Martínez.
485. Niña, cinco años, hija de Gregoria Martínez.
486. Niña, tres años, hija de Gregoria Martínez.
487. Niña, nueve meses, hija de Gregoria Martínez.
488. Teodora Ramírez, cuarenta y cinco años.
489. Tránsito Ramírez, veintidós años.
490. Rodolfo Ramírez, ocho años, hijo de Tránsito Ramírez.
491. Florita Ramírez, tres años, hija de Tránsito Ramírez.
492. Cecilia Ramírez, ochenta y cinco años, tía de Tránsito Ramírez.
493. Alejandra Romero, setenta y cinco años.
494. Cristina Guevara, veinticinco años.
495. Niño, tres meses, hijo de Cristina Guevara.
496. Silveria Mejía Romero, veinticinco años, hilandera de agave.
497. Jesús Mejía Chicas, diez años, hijo de Silveria Mejía Romero.
498. María Marta Mejía Chicas, ocho años, hija de Silveria Mejía Romero.
499. Juanita Mejía Chicas, seis años, hija de Silveria Mejía Romero.
500. José Lucas Mejía Chicas, tres años, hijo de Silveria Mejía Romero.
501. Niño, dos años, hijo de Silveria Mejía Romero.
502. Niño, tres meses, hijo de Silveria Mejía Romero.
503. María Marcos Reyes, veinte años.
504. José Francisco Reyes Luna, cinco años, hijo de María Marcos Reyes.

505. María Nely Reyes Luna, tres años, hija de María Marcos Reyes Luna.
506. Evaristo Reyes Luna, seis meses, hijo de María Marcos Reyes Luna.
507. Presentación Márquez, cuarenta y un años, jornalero.
508. María Mártir Márquez, treinta ocho años, esposa de Presentación Márquez.
509. Muchacha, catorce años, hija de Presentación Márquez y María Mártir Márquez.
510. Niña, once años, hija de Presentación Márquez y María Mártir Márquez.
511. Niño, nueve años, hijo de Presentación Márquez y María Mártir Márquez.
512. Niño, siete años, hijo de Presentación Márquez y María Mártir Márquez.
513. Niño, cuatro años, hijo de Presentación Márquez y María Mártir Márquez.
514. Vicenta Márquez, ochenta años, viuda.
515. Enemesio Rodríguez o Enemesio Guevara, treinta y ocho años, jornalero.
516. Donatila Chicas o Domitila Orellana, treinta años, embarazada, compañera de Enemesio Rodríguez.
517. Niña, siete años, hija de Enemesio Rodríguez y Donatila Chicas.
518. Niña, cinco años, hija de Enemesio Rodríguez y Donatila Chicas.
519. Niña, un año, hija de Enemesio Rodríguez y Donatila Chicas.
520. Catarino Rodríguez o Catarino Guevara, setenta años, jornalero, padre de Enemesio Rodríguez.
521. Narcisa Márquez, sesenta y ocho años, esposa de Catarino Rodríguez.
522. Máximo Rodríguez, cuarenta años, jornalero, hijo de Catarino Rodríguez y Narcisa Márquez.
523. Leonarda Márquez, cuarenta años, esposa de Máximo Rodríguez.
524. Elena Rodríguez, dieciséis años, hija de Máximo Rodríguez y Leonarda Márquez.

525. Herminio Rodríguez, catorce años, hijo de Máximo Rodríguez y Leonarda Márquez.
526. Camilo Rodríguez, doce años, hijo de Máximo Rodríguez y Leonarda Márquez.
527. Niño, seis años, hijo de Máximo Rodríguez y Leonarda Márquez.
528. Niño, cuatro años, hijo de Máximo Rodríguez y Leonarda Márquez.
529. Félix Rodríguez, treinta años, hija de Catarino Rodríguez y Narcisa Márquez.
530. Niña, diez años, hija de Félix Rodríguez.
531. Niño, ocho años, hijo de Félix Rodríguez.
532. Niña, seis años, hija de Félix Rodríguez.
533. Niño, cuatro años, hijo de Félix Rodríguez.
534. Pedro Argueta, cuarenta años, jornalero.
535. Pedro Argueta, treinta y cinco años, jornalero, hermano de Pedro Argueta.
536. Julia del Cid, dieciocho años, embarazada.
537. Humberto Chicas, diecinueve años, jornalero, compañero de Julia del Cid.
538. Niño, dos años, hijo de Julia del Cid y Humberto Chicas.
539. Vicente Márquez, sesenta años, jornalero.
540. Servanda Márquez, veintiocho años, hija de Vicente Márquez.
541. Sergio Márquez o Sersido Márquez, veinticinco años, jornalero, hijo de Vicente Márquez.
542. Niño, siete años, hijo de Servanda Márquez.
543. Niño, tres años, hijo de Servanda Márquez.
544. Moncho Márquez, quince años, jornalero, esposo de Mercedes Pereira (asesinada en Los Toriles).
545. Teresa Argueta o Teresa Rodríguez, veintidós años.
546. Pedro Chicas, veintisiete años, labrador, esposo de Teresa Argueta.
547. Niño, edad desconocida, hijo de Pedro Chicas y Teresa Argueta.
548. Niño, edad desconocida, hijo de Pedro Chicas y Teresa Argueta.
549. Niño, edad desconocida, hijo de Pedro Chicas y Teresa Argueta.

550. Niño, edad desconocida, hijo de Pedro Chicas y Teresa Argueta.
551. Niña, cuatro años, hija de Pedro Chicas y Teresa Argueta.
552. Carlos Claros, veinticinco años, jornalero.
553. Lucas Chicas, veinte años, compañero de Carlos Claros.
554. Rumaldo Márquez, treinta años, jornalero.
555. Mélida Chicas, veinticuatro años, esposa de Rumaldo Márquez.
556. Niño, ocho días, hijo de Rumaldo Márquez y Mélida Chicas.
557. Niño, dos años, hijo de Rumaldo Márquez y Mélida Chicas.
558. Niña, once años, hija de Rumaldo Márquez y Mélida Chicas.
559. Niña, ocho años, hija de Rumaldo Márquez y Mélida Chicas.
560. Niña, seis años, hija de Rumaldo Márquez y Mélida Chicas

PERSONAS MUERTAS EN LOS TORILES

561. Narciso Argueta, ochenta años, labrador, padre de Felipe Argueta (asesinado en El Mozote)
562. Abilio Vigil, cuarenta y tres años, labrador.
563. Saturnina Argueta, cuarenta y cinco años, compañera de Abilio Vigil.
564. Estanislao Alvarenga o Estanislao Argueta, sesenta años, padre de Abilio Vigil.
565. Justiniana N., cincuenta años, compañera de Estanislao Alvarenga.
566. Seferina Vigil o Seferina Argueta, quince años, hija de Abilio Vigil y Saturnina Argueta.
567. Francisco Argueta, trece años, hijo de Abilio Vigil y Saturnina Argueta.
568. María Antonia Argueta, once años, hija de Abilio Vigil y Saturnina Argueta.
569. Mercedes Argueta, nueve años, hija de Abilio Vigil y Saturnina Argueta.
570. María Santos Argueta, siete años, hija de Saturnino Vigil y Saturnina Argueta.
571. Niña, cinco años, hija de Saturnino Vigil y Saturnina Argueta.
572. Niña, tres años, hija de Saturnino Vigil y Saturnina Argueta.

573. Niña, un año, hija de Saturnino Vigil y Saturnina Argueta.
574. Manuel Alvarenga o Manuel Santos Pereira Argueta, treinta años, jornalero, compañero de Adonisia Rodríguez (asesinada en El Mozote).
575. Florentina Pereira, setenta años, madre de Manuel Santos Pereira Argueta.
576. Petrona Márquez, treinta y nueve años.
577. Herminio Márquez, cuarenta y un años, jornalero, compañero de Petrona Márquez.
578. María Zoila Márquez, diecisiete años, hija de Petrona Márquez y Herminio Márquez.
579. María Carmen Márquez, quince años, hija de Petrona Márquez y Herminio Márquez.
580. José Santos Márquez, hijo de Petrona Márquez y Herminio Márquez.
581. María Juana Márquez, ocho años, hija de Petrona Márquez y Herminio Márquez.
582. Juan Márquez, cinco años, hijo de Petrona Márquez y Herminio Márquez.
583. Nicolasa Márquez, diecisiete meses, hija de Petrona Márquez y Herminio Márquez.
584. Niño, ocho días, hijo de Petrona Márquez y Herminio Márquez.
585. Crescencio Argueta, ochenta años, jornalero, padrastro de Orbelina Márquez (víctima 54, asesinada en El Mozote).
586. Muchacha, catorce años, hija de Crescencio Argueta.
587. Niña, doce años, hija de Crescencio Argueta.
588. Niño, ocho años, hijo de Crescencio Argueta.
589. Natalia Guevara, cuarenta y cinco años.
590. Rosa Cándida Pereira, catorce años, hija de Natalia Guevara.
591. José Mario Pereira, diez años, hijo de Natalia Guevara.
592. Simeona Vigil, noventa años, suegra de Natalia Guevara.
593. Bertoldino Pereira, setenta años, labrador, hijo de Simeona Vigil.
594. María Márquez, sesenta y cinco años, esposa de Bertoldino Pereira.

595. Inés Pereira Márquez, dieciocho años, jornalero, hijo de Bertoldino Pereira y María Márquez.

596. Carmen Márquez, diecisiete años, compañera de Inés Pereira Márquez.

597. José Ignacio Pereira, veinticinco años, labrador, hijo de Bertoldino Pereira y María Márquez.

598. Mercedes Pereira, dieciséis años, hija de Bertoldino Pereira y María Márquez.

599. Jesús Pereira, trece años, hijo de Bertoldino Pereira y María Márquez.

600. Juan Ángel Pereira, cincuenta y cinco años, jornalero, hijo de Simeona Vigil.

601. Nélida Romero, diez años, nieta de Simeona Vigil.

602. Marto Vigil, veinticinco años, jornalero.

603. Guillerma Márquez, veinticinco años, embarazada, esposa de Marto Vigil.

604. José Vigil, ocho años, hijo de Marto Vigil y Guillerma Márquez.

605. María Vigil, siete años, hija de Marto Vigil y Guillerma Márquez.

606. Ángel Vigil Márquez, seis años, hijo de Marto Vigil y Guillerma Márquez.

607. Niño, cuatro años, hijo de Marto Vigil y Guillerma Márquez.

608. Niña, dos años, hija de Marto Vigil y Guillerma Márquez.

609. Luis Vigil, cincuenta años, jornalero, tío de Marto Vigil.

610. José Vigil, treinta años, labrador, primo de Mario Vigil.

611. Bernarda Márquez, veinticinco años, esposa de José Vigil.

612. Niño, siete años, hijo de José Vigil y Bernarda Márquez.

613. Niño, cinco años, hijo de José Vigil y Bernarda Márquez.

614. Niño, un año, hijo de José Vigil y Bernarda Márquez.

615. Agustina Márquez, cuarenta y seis años, madre de Bernarda Márquez.

616. José Danilo Márquez, treinta y cinco años, labrador.

617. Marta Chicas, treinta años, esposa de Danilo Márquez.

618. José Márquez, diez años, hijo de Danilo Márquez y Marta Chicas.

619. Niño, ocho años, hijo de Danilo Márquez y Marta Chicas.

620. Niño, doce años, hijo de Danilo Márquez y Marta Chicas.

621. Niño, cinco años, hijo de Danilo Márquez y Marta Chicas.
622. Niño, un año, hijo de Danilo Márquez y Marta Chicas.

PERSONAS MUERTAS EN JOCOTE ARMIRILLO

623. Celestina Vigil, cincuenta años, madre de Florentina del Cid (asesinada en El Mozote con sus hijos).
624. Florentina del Cid Vigil, treinta años, embarazada.
625. Camilo del Cid, doce años, hijo de Florentina del Cid Vigil.
626. Jazmín del Cid, ocho años, hijo de Florentina del Cid Vigil.
627. Niña, tres años, hija de Florentina del Cid Vigil.
628. Genoveva Díaz, sesenta años.
629. Modesta N., cuarenta años.
630. Niño, dos meses, hijo de Modesta N.
631. Niña, nueve años, hija de Modesta N.
632. Niña, seis años, hija de Modesta N.
633. Lorenza Márquez, cuarenta años.
634. Benedicto Márquez, nueve años, hijo de Lorenza Márquez.
635. Modesto Márquez, seis años, hijo de Lorenza Márquez.
636. María Bernalda Márquez, cuatro años, hija de Lorenza Márquez.
637. María Argueta, treinta y cinco años.
638. Santos Hernández, doce años, estudiante, hijo de María Argueta.
639. Niño, 10 meses, hijo de María Argueta.

PERSONAS MUERTAS EN CERRO PANDO

640. Saturnina Díaz, veintidós años.
641. Eusebia Díaz, diez años, hija de Saturnina Díaz.
642. Estela Díaz, dos años, sobrina de Saturnina Díaz.
643. Niña, veinte días, hija de Saturnina Díaz.
644. Antolín Díaz, veintidós años, hilandero de agave.
645. Tomasa Argueta, compañera de Antolín Díaz.
646. Niño, tres años, hijo de Antolín Díaz y Tomasa Argueta.
647. Niño, dos años, hijo de Antolín Díaz y Tomasa Argueta.

648. Niña, quince días, hija de Antolín Díaz y Tomasa Argueta.
649. Juan Chicas, veintinueve años, hilandero de agave.
650. Ciriaca Argueta, treinta años, compañera de Juan Chicas.
651. Luciano Chicos Argueta, quince años, hilandero de agave, hijo de Juan Chicas.
652. Gervasio Chicas Argueta, doce años, hilandero de agave, hijo de Juan Chicas.
653. Tránsito Chicas Argueta, nueve años, hijo de Juan Chicas.
654. Nicolasa Chicas Argueta, seis años, hija de Juan Chicas.
655. Dionisio Argueta o Leonisio Argueta, treinta y dos años, hilandero de agave.
656. Félix Portillo o Félix Díaz, compañera de Dionisio Argueta.
657. Niña, diez años, hija de Dionisio Argueta y Félix Portillo.
658. Niña, siete años, hija de Dionisio Argueta y Félix Portillo.
659. Regino Argueta, cuarenta años, hilandero de agave, hermano de Dionisio Argueta.
660. Mártir Portillo, treinta y cinco años, esposa de Regino Argueta.
661. Matilde Argueta Portillo, dieciséis años, jornalera, hijo de Regino Argueta y Mártir Portillo.
662. Filiberta Chicas, dieciséis años, compañera de Matilde Argueta.
663. Gerardo Argueta, veintinueve años, hilandero de agave.
664. Juana Argueta, veinticuatro años, compañera de Gerardo Argueta.
665. Niña, nueve años, hija de Gerardo Argueta y Juana Argueta.
666. Miguel Argueta, veinticinco años, hilandero de agave.
667. Dominga Argueta, veintidós años, compañera de Miguel Argueta.
668. Niña, cinco años, hija de Miguel Argueta y Dominga Argueta.
669. Niña, tres años, hija de Miguel Argueta y Dominga Argueta.
670. Niña, dos años, hija de Miguel Argueta y Dominga Argueta.
671. Catarino Argueta, sesenta y cinco años, hilandero de agave, padre de Ciriaca Argueta (víctima 650).
672. Francisca Argueta, setenta años, esposa de Catarino Argueta.
673. Timoteo Argueta, veintiocho años, artesano, hijo de Catarino Argueta y Francisca Argueta.

674. Romana Pereira, veintiocho años, compañera de Timoteo Argueta.

675. Muchacha, quince años, hija de Timoteo Argueta y Romana Pereira.

676. Niño, ocho años, hijo de Timoteo Argueta y Romana Pereira.

677. Niño, cinco años, hijo de Timoteo Argueta y Romana Pereira.

678. Jorgen Argueta, ochenta años, madre de Dionisio Argueta (víctima 655).

679. Genaro Argueta, ochenta y dos años, labrador, compañero de Jorgen Argueta.

680. Edilfonzo Argueta, cincuenta y un años, labrador, hijo de Jorgen Argueta y Genaro Argueta.

681. Lola Martínez, veinte años.

682. Niña, ocho años, hija de Lola Martínez.

683. Lucio Argueta, veinticuatro años, jornalero, hijo de Catarino Argueta (víctima 671) y Francisca Argueta (víctima 672).

684. Mujer, veintidós años, compañera de Lucio Argueta.

685. Niño, tres años, hijo de Lucio Argueta.

686. Niño, dos años, hijo de Lucio Argueta.

687. Justo Martínez, cuarenta y cinco años, cerrajero.

688. Ángela Argueta, treinta y tres años, esposa de Justo Martínez.

689. Tomás Martínez Argueta, veinte años, hijo de Justo Martínez y Ángela Argueta.

690. Dionisia Martínez, dieciocho años, compañera de Tomás Martínez Argueta.

691. Niño, dos meses, hijo de Tomás Martínez Argueta y Dionisia Martínez.

692. Esteban Martínez Argueta, dieciséis años, hijo de Justo Martínez y Ángela Argueta.

693. Muchacho, catorce años, hijo de Justo Martínez y Ángela Argueta.

694. Niña, doce años, hija de Justo Martínez y Ángela Argueta.

695. Niña, nueve años, hija de Justo Martínez y Ángela Argueta.

696. Máximo Argueta, treinta años, hilandero de agave, hijo de Catarino Argueta (víctima 671).

697. Heriberta Ramos, veintiocho años, compañera de Máximo Argueta.

698. Muchacho, quince años, hijo de Máximo Argueta y Heriberta Ramos.

699. Muchacho, trece años, hijo de Máximo Argueta y Heriberta Ramos.

700. Niño, diez años, hijo de Máximo Argueta y Heriberta Ramos.

701. Niño, ocho años, hijo de Máximo Argueta y Heriberta Ramos.

702. Mateo López, cincuenta y cinco años, hilandero de agave.

703. Agustina Martínez, treinta años, esposa de Mateo López.

704. Muchacha, quince años, hija de Mateo López y Agustina Martínez.

705. Niña, doce años, hija de Mateo López y Agustina Martínez.

706. Niña, nueve años, hija de Mateo López y Agustina Martínez.

707. Niño, seis años, hijo de Mateo López y Agustina Martínez.

708. Vítor Martínez, sesenta años, madre de Agustina Martínez.

709. Jesús Luna, setenta y ocho años, jornalero, compañero de Vítor Martínez.

710. Catarino Martínez, veintiséis años, hilandero de agave, hijo de Vítor Martínez.

711. Fermina Chicas, veinticuatro años, compañera de Catarino Martínez.

712. Niño, diez años, hijo de Catarino Martínez y Fermina Chicas.

713. Niño, siete años, hijo de Catarino Martínez y Fermina Chicas.

714. Niño, cinco años, hijo de Catarino Martínez y Fermina Chicas.

715. Martín Martínez, treinta y dos años, hilandero de agave, hermano de Catarino Martínez.

716. Fermina Argueta, veintinueve años, compañera de Martín Martínez.

717. Niña, diez años, hija de Martín Martínez y Fermina Argueta.

718. Niña, siete años, hija de Martín Martínez y Fermina Argueta.

719. Niño, cinco años, hijo de Martín Martínez y Fermina Argueta.

720. Pablo Chicas, veintiocho años, hilandero de agave.

721. Dionisia Argueta o Leonisia Mejía, veinticuatro años, compañera de Pablo Chicas.

722. Muchacha, trece años, hija de Pablo Chicas y Dionisia Argueta.
723. Andrés Chicas Argueta, once años, hijo de Pablo Chicas y Dionisia Argueta.
724. Niña, nueve años, hija de Pablo Chicas y Dinonisia Argueta.
725. Niño, seis años, hijo de Pablo Chicas y Dinonisia Argueta.
726. Nasaria Argueta, setenta años, madre de Dionisia Argueta.
727. Rafael Argueta Mejía, veintisiete años, hilandero de agave, hijo de Nasaria Argueta.
728. Leoncia Argueta, veinticuatro años, compañera de Rafael Argueta Mejía.
729. Niño, cinco años, hijo de Rafael Argueta Mejía y Leoncia Argueta.
730. Niña, dos años, hija de Rafael Argueta Mejía y Leoncia Argueta.
731. Tiburcio Mejía, treinta y cinco años, jornalero, hijo de Nasaria Argueta.
732. Eloísa Portillo o Arcadia Portillo, treinta años, compañera de Tiburcio Mejía.
733. María Mejía, veintinueve años, hija de Nasaria Argueta.
734. Andrés Flores, cuarenta y ocho años, jornalero, compañero de María Mejía.
735. Esolástico Mejía, cuarenta años, hilandero de agave, primo de María Mejía.
736. Bruna Argueta, cuarenta y dos años, compañera de Colástico Mejía e hija de Jorgen Argueta (víctima 678) y Genaro Argueta (víctima 679).
737. Muchacha, quince años, hija de Colástico Mejía y Bruna Argueta.
738. Niña, doce años, hija de Colástico Mejía y Bruna Argueta.
739. Niña, nueve años, hija de Colástico Mejía y Bruna Argueta.
740. Sinforoso Pereira, treinta años, jornalero.
741. Eugenia Díaz, veintiocho años, compañera de Sinforoso Pereira.
742. Niño, ocho años, hijo de Sinforoso Pereira y Eugenia Díaz.
743. María Ramos, setenta y cinco años, viuda.
744. Patricia Argueta, setenta y cinco años, artesana.
745. Miguel Argueta, cincuenta y ocho años, labrador.

746. Edilfonza Argueta, cuarenta y ocho años, compañera de Edilfonzo Argueta (víctima 680).
747. Aurelia Ramírez, setenta años.
748. Susana Ramírez, treinta y dos años, hija de Aurelia Ramírez.
749. Enemesia Luna, setenta y cinco años, viuda.
750. Felipe Chicas, treinta y ocho años, jornalero.
751. Concepción Portillo, treinta y cinco años, albañil.
752. Dominga Portillo, veintiocho años, costurera, esposa de Concepción Portillo.

PERSONAS MUERTAS EN JOATECA

753. Máximo Pérez, veintiocho años, catequista.
754. Benedicto Pérez, diez años, hijo de Máximo Pérez.
755. Estanislasa Pérez, ocho años, hija de Máximo Pérez.
756. Rómulo Pérez, cuatro años, hijo de Máximo Pérez.
757. Agustina Pérez, veintitrés años.
758. Niña, tres días, hija de Agustina Pérez.
759. Crescencia Pérez, dieciocho años, hermana de Máximo Pérez.
760. Carlos Ortiz, cuarenta y ocho años, jornalero.
761. Tereso de Jesús Luna, dieciocho años, jornalero, sordomudo.
762. Natividad Luna, dieciocho años, prima de Tereso de Luna.
763. Octaviana Luna, ocho meses, hija de Natividad Luna.
764. Julia N., doce años.
765. Mujer, cincuenta años.
766. Muchacha, quince años, hija de la víctima 765.
767. Muchacha, trece años, hija de la víctima 765.

AGRADECIMIENTOS

Este libro tiene su origen en el artículo «A Reporter At Large: The Truth of El Mozote», que ocupó la mayor parte del ejemplar del 6 de diciembre de 1993 de la revista *The New Yorker*. Entre los redactores a quienes quisiera darles las gracias está, en primer lugar, su directora, Tina Brown: ella fue quien decidió que la revista debía contar con un artículo sobre El Mozote, que yo lo escribiera y que ocuparía casi la totalidad de la edición. También quiero dar las gracias a Eleanor Gould Packard y Elizabeth Pearson-Griffiths, por su esmerado y diligente trabajo de edición; a Peter Canby, por la comprobación de datos; a William Vourvoulias, también por la comprobación de datos y por su ayuda a la hora de traducir, y a David Kirckpatrick, de nuevo por la comprobación de datos y por su inestimable esfuerzo filtrando los documentos desclasificados. Gracias también a Joseph Cooper, Christine Curry-Burris, Hendrik Hertzberg, Caroline Mailhot, Gerald Marzorati, Chip McGrath, Françoise Mouly, Pamela McCarthy, Maurie Perl, Crary Pullen, Josselyn Simpson y Lawrence Weschler. Y, no por primera vez, a John Bennet, que posee de sobra todas esas cualidades fundamentales en un editor director (determinación, criterio e integridad) y con quien tengo una deuda de gratitud en particular.

También quiero agradecerle a mi colega Thomas Long su incansable ayuda durante mi cobertura periodística en El Salvador. Gracias también a Mercedes Doretti y Claudia Bernardi, del Equipo Argentino de Antropología Forense; a María Julia Hernández y David Morales, de Tutela Legal; a Stephen Ferry; a James Chance, del *World Policy Journal*; a Tim Golden y James LeMoyne, del *New York Times*; a Susan Kandel y Linda Garrett, de la organización sin ánimo de lucro El Rescate; a Peter Korn-bluh y Kate Doyle, del Archivo Nacional de Seguridad; a Cynthia Arnson, de Americas Watch; a Aryeh Neier, antiguo miembro de Human Rights Watch; a Joel Millman, de la revista *Fortune;* a Michael Pollan, de *Harper's Magazine*, y a Mark A. Uhlig, que trabajó en el *New York Times.*

A Raymond Bonner, a Susan Meiselas y, en especial, a mi colega y amiga Alma Guillermoprieto, les doy mis más sentidas gracias: he hecho todo lo posible por terminar la historia que ellos comenzaron hace doce años.

Gracias a mis padres por su apoyo y entusiasmo incondicionales y, sobre todo, a Catherine Lee, quien, mientras escribía este libro, creyó en mí y me ofreció su apoyo y su amor una vez más.

Por último, le dedico este libro a mi hermana, Sheila Beth Danner, firme partidaria de contar siempre la verdad por muy dura que ésta sea.

ENERO DE 1994

SUMARIO

· ALIOS · VIDI ·
· VENTOS · ALIASQVE ·
· PROCELLAS ·

© Mark Danner, 1993
© A Vintage Original, Abril 1994
© Malpaso Ediciones, S. L. U.
c/ Diputación, 327 Ppal. 1. ª
08009 Barcelona
www.malpasoed.com

Título original: *The Massacre at El Mozote*
Texto en las páginas 235-240: "La guerra de los medios", ©
Dow Jones and Company, 1982
Imágenes interiores: © The New York Times Company,
1982; © Dow Jones and Company Inc. 1982,1993; © Stephen
Ferry/Matrix ; © Susan Meiselas/Magnum; © Michel
Philippot/Sygma
Mapas interiores: © Mike Reagan, 1994
Traducción: Rocío Gómez de los Riscos
ISBN: 978-84-16420-52-0
Depósito legal: DL B 17717-2016
Primera edición: septiembre 2016

Imagen de cubierta: © Peter Horree / Alamy Stock Photo

Impresión: Novoprint
Diseño de interiores: Sergi Gòdia

Maquetación y corrección: Àtona Víctor Igual, S. L.